资本的逻辑

企业规范、融资及IPO整体解决方案

程继明 编著

机械工业出版社
CHINA MACHINE PRESS

本书分为上下两篇。上篇为认识论——全面认识资本市场，共四章，主要介绍了多层次资本市场体系及投资机构生态。下篇为方法论——按照 IPO（首次公开发行）要求对接资本市场，共八章。本书一方面从战略上按照 IPO 要求规范企业各项行为，即第五章、第六章、第七章、第八章、第九章及第十章依据 IPO 审核体系，结合 2017 年 IPO 审核案例，按照相关法律法规，对发审委审核重点进行剖析，并对拟 IPO 企业或融资企业针对性提出应重点关注的问题及解决思路，第十一章着重选取了若干典型行业，结合其行业特点分析了规范及审核要点；另一方面从战术上对接资本市场，第十二章从商业计划书、配合尽职调查、企业估值及对赌协议等方面对接资本市场作出有针对性、高效的战术安排。本书适合中小企业管理者、创业者、投资人士以及研究企业管理、IPO 规则及案例的学者阅读。

图书在版编目（CIP）数据

资本的逻辑：企业规范、融资及 IPO 整体解决方案／程继明编著. —北京：机械工业出版社，2018.4

ISBN 978-7-111-59383-6

Ⅰ.①资… Ⅱ.①程… Ⅲ.①中小企业-上市公司-企业融资-研究 Ⅳ.①F276.6

中国版本图书馆 CIP 数据核字（2018）第 045087 号

机械工业出版社（北京市百万庄大街 22 号 邮政编码 100037）
策划编辑：马 佳 责任编辑：马 佳
责任校对：赵 蕊 封面设计：张文贵
责任印制：孙 炜
北京中兴印刷有限公司印刷

2018 年 4 月第 1 版·第 1 次印刷
170mm×242mm·19.25 印张·278 千字
标准书号：ISBN 978-7-111-59383-6
定价：69.00 元

凡购本书，如有缺页、倒页、脱页，由本社发行部调换

电话服务 网络服务
服务咨询热线：（010）88361066 机 工 官 网：www.cmpbook.com
读者购书热线：（010）68326294 机 工 官 博：weibo.com/cmp1952
（010）88379203 金 书 网：www.golden-book.com
封面无防伪标均为盗版 教育服务网：www.cmpedu.com

序 言

改革开放四十年来，中国取得的经济成就令世人瞩目。中国特色社会主义进入新时代，从十九大到二十大，是“两个一百年”奋斗目标的历史交汇期。我们既要全面建成小康社会、实现第一个百年奋斗目标，又要乘势而上开启全面建设社会主义现代化国家新征程，向第二个百年奋斗目标进军。

一、中国经济发展潜力巨大

国内外有越来越多的声音唱空中国，对中国经济发展前景持悲观态度。但这些声音低估了中国经济增长的潜力，并没有充分考虑中国经济发展中各种综合因素。

根据索洛经济增长模型，从劳动、资本、技术、制度和知识五个层面上分析，中国的经济增长潜力巨大。劳动力层面上，农村的改革会进一步释放劳动力，并且中国在以机器人为代表的高端加工业上与美日等发达国家的差距在缩小，可以进一步提高劳动生产率。资本层面上，随着金融市场改革的加速，资本市场的效率会进步提高，民营企业、中小企业的融资问题会得到进一步解决。技术层面上，军用技术向民用产业的转化将在很多领域带动技术进步，特别是民营企业的专利申请已经居世界领先地位，中国的研发支出已经居世界第二位，“大众创业、万众创新”的局面将为原创技术的发展奠定坚实基础。制度层面上，通过改革开放实现的从计划经济到市场经济的转换可以带来巨大的经济增长效益，即改革红利。知识层面上，随着教育的发展，以 80 后、90 后为代表的具有先进知识的中国新一代会带来更多的知识创新。

二、制度改革贯穿中国经济增长

改革开放四十年来，中国政府在制度层面一步步推动市场化革新。

80 年代，中国经济依靠“简政放权”。中央向地方放权、政府向企业放权、企业向个人放权，这增加了地方政府、企业和个人的自主权和积极性。

90 年代，依靠金融市场的建立和金融体制的改革推动了中国经济的发展。中国政府在财政金融体系进行了许多大胆的尝试，比如进行分税制改革，股份制改革，现代股票市场建立，同时推动国债市场化。以上的尝试打破了长久以来的“金融压抑”（Financial Repression），建立了一个初步金融市场和金融体制的框架。

2000 年后，中国加入 WTO 后抓住市场机遇。扩大了国际市场需求，进一步推动了政策性银行与地方政府的合作，加强中国基础设施投资建设，实现了政府财政收入 10% 以上的高速增长。国家开发银行的贷款支持刺激了下游民营企业的“溢出”效应，提高了全要素增长率。根据模型测算，国家开发银行为中国经济发展贡献了 17.7% 的全要素增长率。

三、完善以资本市场为主体的金融体系

中国金融市场是中国经济发展的核心。目前以银行间接融资方式为主的金融体制仍然占主导地位，这种情况与金融市场的发展方向不相适应，阻碍了金融市场的健康发展。因此，需要进一步推动金融市场的改革。

欧洲成立以银行为主体的金融体系，和日本属于一类。中国金融体制早期参照欧洲日本体制，建立了以银行为主体的金融市场结构，现在看来这种体制有很多弊病。主要是以银行为主体的金融体系没有以资本市场为主体的金融体系更有效率，所以中国一定也会走像美国这样的以资本市场为主体的金融体系的道路。

经济危机后，有人认为资产证券化导致了金融危机，所以我们就不应该搞资产证券化，但是通过资产证券化才能使资产流动起来，从而提高资产的使用效率。

中国需要金融创新，同时也需要厘清相关监管部门职能，这样才能形成一个完善的资本市场体系。

四、债券市场发展的重要机遇

中央成立金融稳定和发展委员会意义非常重大。这里面有稳定也有发展，其实金融防范风险保持稳定，发展是重要方面。我认为债券资本市场发展迎来重要机遇。

近几年债券资本市场特别是公司债市场迅速发展，因为我国传统上债券市场是以国债为主，发展到以政策性金融债和金融债为主，下一步很自然地向公司债、企业债为主的方向发展。

公司债需要进一步发挥直接融资职能。我们现在的公司债市场很大程度上就是一个贷款市场，也就是说公司债要求抵押、担保，和贷款是一样的，不是一个信用市场。投资人并非基于发行人信用来决策投资，这样很大程度上限制了中小企业和民营企业的融资，公司债市场不能很好地发挥金融市场的功能。

公司债发展可以增加基金产品组合。组合成风险稳定但是回报相对比较高的产品，或者回报固定但风险比较小的产品，以适应不同投资者的需要，这可以使股市、房市的主要投资者转向投资固定收益类基金产品。

债券资本市场是人民币国际化重要前提。外国投资者最在意中国的资本市场流动性情况，即是否与世界市场打通，一旦发生风险能否快速变现。大家都买美元资产，不是因为美国经济好，而是因为美元资产流动性最好。

五、新兴产业催生 PE 和基金管理人

存贷款利率放开以后，2016 年开始银行的利润率大幅度下降，由于竞争因素，贷款利率开始下降，存款利率开始上升，所以利差变小。各个银行都采取混业经营的办法，收购证券、保险、信托、租赁、资本等机构，这样的混业经营也预示着原有的存贷款业务为主体的金融结构和模式不再适应新形势下的经济发展。

2000 年以后的十年中国经济两位数增长，那个时候的需求十分强劲，银行觉得做什么贷款都有需求，所以银行通过抵押、担保对借款人本身信用的评级等等来决定和选择项目。但是对于项目本身的效应，银行不可能花更多

时间去看这些东西。在经济结构转型，总需求开始相对下降、平稳，特别是新兴产业对银行是一个很大的挑战，比如双创产业、高科技产业，这些就不太适合银行做。这就催生了一个新的产业——基金管理行业，特别是 PE、VC，金融体系脱虚向实，有人要更多地去看项目，要培养一大批能看项目的人，所以这部分产业是一定要发展的。

《资本的逻辑》注重理论与实践结合，结合《公司法》《证券法》等相关法律法规，剖析企业规范及资本化过程中的焦点和重点，有助于中小企业全面认识多层次资本市场，掌握并遵循资本市场规律，有效缩短中小企业与资本市场距离；有助于充分利用多层次资本市场服务供给侧结构、服务实体经济。

国家开发银行原副行长

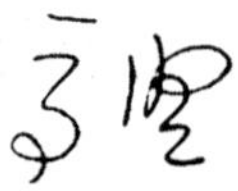

2018 年 3 月

前 言

在“双创”战略及商事改革等政策春风下，中小微企业正在成为我国经济新动能培育的重要源泉之一。根据2011年6月18日，工业和信息化部、国家统计局、国家发展和改革委员会、财政部联合印发的《中小企业划型标准规定》及相关统计数据显示，目前我国中小企业有4000万家，占企业总数的99%。据国家工商总局统计，我国中小企业创造的最终产品和服务价值相当于国内生产总值（GDP）总量的60%，纳税占国家税收总额的50%，完成了65%的发明专利和80%以上的新产品开发。特别是近年来，在新经济、新技术、新业态、新模式的推动下，国内又催生出了一大批中小微企业。这些企业中的佼佼者，往往在很短的时间里，就成长为细分行业的“隐形冠军”，成为“各领风骚的独角兽企业”。中小微企业正在成为我国经济结构优化升级的重要支撑，也是保障和改善民生的重要依托。

然而，中国越来越有钱与中小企业“融资难”“融资贵”并存的尴尬境地长期存在。一方面，中国越来越有钱已是不争事实。根据世界银行报告，中国GDP总量全球排名第二，人均GNI迈入中等偏上收入组，外汇储备余额为全球最高水平。另一方面，中小企业“融资难、融资贵”问题依然凸显，阻碍我国中小企业快速发展，尤其随着我国经济进入新常态，中小企业在转型升级发展过程中面临的“融资难、融资贵”问题日益突出，引起了中央和社会各方面的高度重视。

认识问题是解决问题的前提和基础。“融资难、融资贵”问题不是单一原因造成，而是融资交易双方以及所处环境等多因素综合导致。中小企业与现有金融体制“水土不服”，银行只愿意“锦上添花”而不是“雪中送炭”，而资本化不足是“融资难、融资贵”的最重要因素。一个人、一个企业乃至一个国家有没有“钱”取决于它能不能将各种未来收入流和现实财富资本化、票据化，不取决于它有多少金银。资本化包括但不限于资源资本化、企业资本化、收入流资本化、人力资本化。美国经济跟其他国家的差别很大程度上在于它有着任何资产、任何未来收入流都能提前变现的证券化、资本化体系。而我国当前资本化还相当不足，金融市场体系不健全、不合理，中小企业融资方式单一，基本靠银行贷款，融资渠道狭窄。

资本化是解决“融资难、融资贵”问题的根本出路。首先，目前金融市场体系现状、金融体制与“双创”战略的匹配度以及中小企业自身因素，决定着中小企业走向资本市场实现直接融资的必要性。其次，纵观 G20 等国家发展经验，从长远发展来看，推动更多金融资源通过资本市场进行配置，提高直接融资比重，是全球金融体系发展的趋势，决定着中小企业走向资本市场实现直接融资的必然性。第三，2014 年至今，国家出台一系列促进资本市场健康发展、显著提高直接融资比重优化金融结构、深化投融资体制改革等政策，以及我国目前多层次资本市场日益成熟、投资机构生态体系日益完善，决定着中小企业走向资本市场实现直接融资的可行性。此为本书第一章内容。

全面认识资本市场是通向资本之路的前提和基础。“知彼知己、百战不殆”。如何对接纷繁芜杂的资本市场、浩如烟海的法律法规、形形色色的投资机构等都是摆在众多中小企业面前棘手的问题，全面认识资本市场方可找准自己通向资本市场的坐标和方向。本书第二章简要介绍了主板、中小板、创业板发展历程、上市规则和上市条件，全国中小企业股份转让系统（俗称“新三板”）的特点及现状，中证机构间报价系统及中国青年创新创业板定位及功能，区域性股权交易中心（或股权交易所，俗称“四板”）的前世今生，以及上述交易所、新三板、报价系统、四板市场比较，IPO 流程及综合成本分析，旨在快速全面认识目前我国多层次资本市场体系。直接融资既包括股权融资，还包括债券融资，与中小企业相关的是中小企业债及双创债，此部分内容成为第三章。本书第四章简要介绍了我国目前私募股权投资机构的生态，并重点分析了政府引导基金，旨在帮助中小企业对投资机构了然于心。

按照 IPO 标准规范发展是通向资本之路的途径和根本。投资机构青睐一个企业最主要是基于以下几个基本要素：企业的成长性（即投资价值）、规范性（即风险防范）以及 IPO 潜质（成功退出的最佳渠道）。很多企业在寻求股权投资过程中，总会感到迷茫、困惑与束手无策，很难获得投资机构青睐，究其因，一方面是因为对投资机构决策因子知之甚少，另一方面是因为自身的规范性、成长性及 IPO 可能性存在实质性缺陷。本书提出要按照 IPO 标准要求规范自身，以及有效对接资本市场就是基于上述考虑。一方面，战略上按照 IPO 要求规范企业各项行为，练好内功，这是获得投资机构青睐、成功走向 IPO 之根本。第五章、第六章、第七章、第八章、第九章及第十章依据 IPO 审核体系，分别从企业主体、规范运行、独立性、持续盈利能力、财务与会计等方面，对企业股东资质、出资规范、股改、实际控制人、股份转让、公司治理、内部控制、独立性、同业竞争、关联交易、持续盈利能力、财务基础、财务真实性、商业模式、股权激励、募资运用等若干情形，结合 2017 年 IPO 审核案例，依据相关法律法规，对发审委审核重点进行剖析，并对拟 IPO 企业或融资企业针对性提出应重点关注的问题及解决思路。第十一章着重选取了若干典型行业，结合其行业特点分析了规范及审核要点，更加具有针对性和操作性。该七章旨在全过程、全方位、系统化提升企业管理水平。另一方面，在此基础上，第十二章从商业计划书、配合尽职调查、企业估值及对赌协议等方面，有针对性、高效对接资本市场作出战术安排。

综上所述，如果能解决中小企业三个层面需求或其一，将实现本书初衷。第一，满足中小企业规范发展需求。规范运行，提升公司管理水平，这是所有企业家都期待的，但每每谈到管理时，首先想到的就是空洞、抽象的管理理论，从何处下手提升管理水平，如何提升管理水平是摆在每一个企业家面前的棘手难题。纵观全球资本市场，我国 IPO 审核相对严格，而且指导性规范文件极其丰富和完善，20 多年来的审核实践，积累了丰富案例，因而以 IPO 标准规范自身无疑是高标准、严要求，为中小企业提升管理水平明确了方向。第二，满足中小企业融资需求。中小企业“融资难、融资贵”问题原因诸多，中小企业所能做到的就是练好内功，提升自身的规范水平、内在价值，从而逐步满足投资机构的条件，这是走向资本市场、成功实现直接融资的根本和基石，而非怨天尤人，亦非试图改变社会。第三，满足中小企业 IPO 需求。我国目前 IPO 审核制更加注重实质性审核、风险审核及综合性审核，尤其是自 2017 年 9 月开始实行大发审委制度以来，审核从严趋势已经明晰，如何全面、系统、准确地理解和把握 IPO 审核大要点及焦点，提前布局、全面梳理、整体谋划是至关重要的。

除此之外，如果能帮助投资机构及投资人士更加深入地挖掘企业价值、发现企业风险点及客观剖析 IPO 有无“硬伤”；同时，如果能帮助立志于研究企业管理、IPO 规则及案例的学者，将不胜荣幸。

创新、简洁和实务一直是本书追求的风格。第一，创新性。本书绝大部分采用 2017 年发审委审核之案例，并结合 2017 年下半年最新一期证监会发行部门窗口指导精神，可以有效把握当前最严格上市审核之脉络。同时，对审核体系进行了独特地梳理和解读，以便于更加快速、直观把握相关要点。第二，简洁性。本书更多地关注和剖析每一个规范模块的焦点、重点及要点，不追求面面俱到。第三，实务性。本书在下篇基本采取案例解析、法律法规、审核要点及拟 IPO 企业应关注的重点体例，有利于中小企业有的放矢。

企业 IPO、规范及管理是一个庞大的课题，同行在此方面研究颇深，本书定有诸多不足之处，甚至诸多不准确之处，还恳请同行赐教和包容。

目 录

下篇　方法论：按照 IPO 标准对接资本市场

上篇

认识论：
全面认识资本市场

第一章
资本化是解决融资难融资贵问题的根本出路

中国越来越有钱与中小微企业“融资难”、“融资贵”并存，其根源之一是资本化不足。资本化是资本主义的核心精神之一，为创业者提供了一种提前兑现财富的机器。制度供给及多层次资本市场发展为我国企业资本化提供可能性。

第一节　资本化为创业者提前兑现财富

中小企业在我国经济运行和社会发展中占有重要地位，对于促进市场竞争、增加经济活力、推动技术进步，特别是提供就业机会具有不可替代的作用。但长期以来，“融资难、融资贵”问题就是阻碍我国中小企业快速发展的绊脚石，尤其随着我国经济进入新常态，中小企业在转型升级发展过程中面临的“融资难、融资贵”问题日益突出，引起了中央和社会各方面的高度重视。习近平总书记指出，“要解决中小企业融资难的问题，为中小企业提供可靠、高效、便捷的服务”。

一、中国越来越有钱与中小微企业越来越没钱并存

（一）中国越来越有钱是不争事实

世界银行报告发布了 2016 年全球各个国家的 GDP 数据，显示全球 GDP（国内生产总值）总量达 74 万亿美元。其中，总量排名第一的美国占比 24.32%；排名第二为中国，总量占比 14.84%；排第三、第四的分别是日本、德国，各占比

5.91%、4.54%。

世界银行把全世界经济体划入四个收入组别：高收入、中等偏上收入、中等偏下收入以及低收入。2017年最新的划分标准是人均国民总收入（英文缩写为GNI）超过12,235美元就算高收入国家，人均GNI为3,956美元至12,235美元为中等偏上收入组。中国2016年的人均GNI为8,260美元，迈入中等偏上收入组。

截至2017年12月末，我国外汇储备余额为31,399亿美元，为全球最高水平。无论从绝对规模看，还是用其他各种充足性指标进行衡量，我国外汇储备规模都是充裕的。

（二）中小企业“融资难、融资贵”

中小企业融资分内源和外源融资。内源融资主要指中小企业经营过程中资本的原始积累和经营利润资本化。外源融资主要指企业向外部经济主体筹募资金，包括发行股票或债券、银行贷款及其他借款。“融资难、融资贵”主要发生在企业外源融资过程中。

从实际情况看，中小企业“融资难”主要表现在五个方面：贷款门槛高、信贷手续繁、办理增信难、资金时间匹配差、贷款稳定性弱。“融资贵”表现在四个方面：银行贷款利率高、第三方服务费用高、银行续贷成本高、民间融资成本高。

二、资本化缺失与“融资难、融资贵”内在逻辑

中小企业“融资难”“融资贵”不是单一因素所致，而是包括社会发展阶段、中小企业自身特点、银行偏好、金融体制等，但资本化不足是其根本原因。

（一）中小企业与现有金融体制“水土不服”

经营波动较大。据美国小企业管理局统计，近30%的小企业在成立两年内消失，约56%的小企业因经营失败、倒闭或破产等原因，在4年内退出市场。在我国，中小企业5年内淘汰率近70%，能够存活10年以上的中小企业仅占1%。中小企业的高风险在客观上导致其融资的难度和偏高成本。

可抵押物较少。即使属于新兴产业或国家重点战略支持产业的中小企业，

虽然科研能力强、具有核心知识产权，企业经营状况良好，但是由于企业轻资产特点，现有评价体系很难准确价值评估，无法通过知识产权抵质押获得信贷，同样面临“融资难”问题。

（二）银行只愿意“锦上添花”而不是“雪中送炭”

现代商业银行本质上是一个以盈利为目的的企业，它必须加强风险控制，衡量自己的贷款风险和收益。于是，在金融市场上很容易出现“银行傍大款”现象。对中小企业来说，银行更愿意“锦上添花”而不是“雪中送炭”。

我国四大国有商业银行信贷份额占全部信贷的75%以上，服务对象主要锁定在数量上占少数的国有经济和大型企业，而对数量巨大的中小企业，则会采取种种限制条款与防范措施，“惜贷”“畏贷”现象严重。

金融市场管制导致资金需求过度放大，风险溢价上升，“加成率”过高。企业融资成本可用贷款利率来衡量，贷款利率由银行基准利率、各种风险溢价和“加成率”构成。据中国企业联合会《2013中国500强企业发展报告》披露，中国工商银行、中国农业银行、中国银行、中国建设银行、交通银行5家商业银行的平均利润率高达23.6%，其利润占中国500强企业利润总额的35.6%。

（三）资本化不足是“融资难、融资贵”的重要因素

陈志武教授在《金融的逻辑》中提到“钱、资本、财富”的逻辑关系，财富不一定能一下子变成钱，财富的范围比资本大，资本比钱的范围大。改革开放前的中国是一个有财富但没有资本的社会。

资本化包括但不限于资源资本化、企业资本化、收入流资本化、人力资本化。美国经济跟其他国家的差别不在于别的方面，就在于它有着任何资产、任何未来收入流都能提前变现的证券化、资本化体系。以前，当中国人说“张三有钱”，意思是“张三过去赚了很多钱，并还剩下许多”，是一个过去的概念。但在美国，人们说“盖茨有钱”，这不仅包括他过去剩余收入的总和，还包括盖茨未来各种收入的折现值，是一个“过去”加“未来”的概念。一个国家有没有“钱”取决于它能不能将各种未来收入流和“死”财富证券化、票据化，不仅仅取决于它有多少金银。

而我国当前资本化还相当不足，金融市场体系不健全、不合理，中小企业融资方式单一，融资渠道狭窄，我国中小企业融资渠道主要是银行贷款。

第一，银行体系结构不合理、层次不分明。少数国有商业银行处于垄断地位，几家股份制银行和地方性金融机构不仅数量有限，而且与国有银行业务趋同、市场趋同，没有制定出合理的市场定位战略，导致整个金融市场体系中缺乏专门针对中小企业的区域性和地方性金融机构。

第二，股权融资和债券融资条件较高，一般中小企业很难达到上市和发行条件。对大部分中小企业来说，不在上市备选企业之列。其他的融资方式有的没有开展，或者发挥的作用不大。

第三，社会中介服务体系不健全，缺少专门为中小企业提供融资服务的专业机构和担保机构。截至 2011 年年底，全国 4439 家中小企业信用担保机构担保贷款额仅占全国中小企业贷款余额的 1.9% 。

第四，民间金融市场存在较大风险。由于缺乏国家有效监管，游离于正规金融体系之外，民间金融利率远高于银行贷款利率，增加了中小企业的经营和财务成本。而且民间金融运行较为隐蔽，很可能滋生出高利贷、地下钱庄等不法行为，影响中小企业融资市场的正常秩序。

三、资本化为创业者提供提前兑现财富机器

美国资本主义的核心精神不仅包括投机，还包括它活跃的股票文化。股市为创业者提供了一种提前兑现财富的机器。美国跟其他国家相比，有着最快、最深的财富兑现机器。

从长远发展来看，推动更多金融资源通过资本市场进行配置，提高直接融资比重，是全球金融体系发展的趋势，也是经济社会发展的必然要求。特别是当经济处于结构调整和转型升级的阶段时，直接融资体系的风险共担、利益共享、定价市场化和服务多层次的特性，使其更有利于推动中小企业和创新型企业成长壮大，从而有效地促进经济转型。2008 年全球金融危机后，尽管美国是危机的发源地，但其经济复苏速度再次超过欧洲和日本等国，这些都从一个侧面反映出直接融资比重更高的金融体系对经济的弹性和可持续

发展有更好的支持作用。

目前，我国正处在转变经济增长方式、促进经济转型升级的关键时期，特别是高科技产业和战略新兴产业的发展，对金融结构的调整和资本市场的发展提出了非常迫切的现实要求，提高直接融资比重的任务也愈加紧迫。

提高证券化率的重要举措是加快多层次资本市场建设。协同发展场内和场外、公募和私募、股票、债券和期货的多层次资本市场体系。

第二节　资本化国际视野和可行性

一、资本化两种口径

我国通常将融资方式分为“直接融资”和“间接融资”。直接融资通常指股票和债券融资，间接融资通常指银行贷款。直接融资和间接融资的比例关系，既反映一国的金融结构，也反映一国中两种金融组织方式对实体经济的支持和贡献程度。

直接融资和间接融资的概念最早起源于1955年一篇发表在《美国经济评论》上的题为《从金融角度看经济增长》的论文。1996年，朱镕基同志兼任中国人民银行行长时提出“扩大直接融资规模”，首次将此概念引入中国。

在世界银行等国际机构的研究中，一般不采用直接融资和间接融资概念，而代之以“市场主导型金融体系”和“银行主导型金融体系”。这组概念与直接融资和间接融资的概念略有差异。直接融资和间接融资的概念可以简单地概括为增量法，更多的是指融资增量，即每年或一段时间内从资本市场和银行分别融通资金的总额。而市场主导型和银行主导型可以称为存量法，它更多的是指规模和存量，即一国的金融体系中，资本市场和银行的规模之比。

两者的具体计算方法如下：

（一）增量法

直接融资比重＝（非金融企业股票融资＋企业债券）×100%/社会融资规模

我国常用的直接融资比重指标是增量法，指每年新增非金融企业直接融资（股票和债券）占新增社会融资规模的比重。这也是人民银行提出“社会融资规模”概念后，在《金融业发展和改革“十二五”规划》中所使用的统计口径，该规划提出2015年底该比重达到15%以上的发展目标。

增量法反映了短期内直接融资的增长情况，适用于制定短期政策目标，但如前所述，也存在一定的局限性，如不能反映金融存量结构；易受市场环境、政策影响，波动较大；国际数据可得性差，难以进行国际比较等。

（二）存量法

直接融资比重 = （股市市值 + 政府债券余额 + 非政府债券余额）×100%/（银行贷款余额 + 股市市值 + 政府债券余额 + 非政府债券余额）

国际上研究金融结构普遍采用存量法，选取股市市值、债券余额和银行贷款余额等几个数据进行计算，得到直接融资比重或资本市场规模在金融体系中的比重。一般认为，这个比重较高的为市场主导型国家，较低则为银行主导型国家。存量法反映了经过长期发展所形成的金融体系结构，受短期波动的影响较小，主要的波动因素来自股市市值的变化。且大多数国家都有公开的金融存量数据，因此易于国际比较。

二、资本化是资本主义的核心精神之一

陈志武教授指出，当年英国盛世靠的是它的海外商业贸易，而美国盛世靠的是它的科技创新。这两种特色盛世所需要的金融支持也不同：前者需要的是债务、银行和报信，而后者需要的是以股票为代表的风险资本。这就是为什么美国比当年的英国更需要一个活跃、发达的股票交易和股权融资市场。“投机”不只是美国资本主义的精神，而是所有资本主义的精神，也是财富创造的必要动力。

祁斌、查向阳等对1990～2012年G20国家金融结构演变趋势进行的相关

研究对发达国家的资本化提供了数据佐证。

（一）发达国家直接融资比重相对较高

1. 无论是高收入国家，还是中等收入国家，直接融资比重在过去23年间整体均呈上升趋势，目前大致处在65%～75%的区间内

按照存量法计算，在20世纪90年代，发达国家的直接融资水平已经达到了60%，因其经济和金融体系的发展进入相对成熟阶段，金融体系结构趋于稳定。此后呈现缓慢上升趋势，近年接近70%的水平。

中等收入国家在20世纪90年代初期，直接融资比重处于40%～50%，这既与这些国家经济发展水平有关，也与其中一些国家（如中国）资本市场发展历史较短有关。但此后稳步攀升，近年也达到了60%～70%的水平，与高收入国家水平接近。

总体而言，G20整体的直接融资比重从1990年的平均55.0%，上升至2012年的平均66.9%。高收入与中等收入国家直接融资比重变化趋势，如图1－1所示。

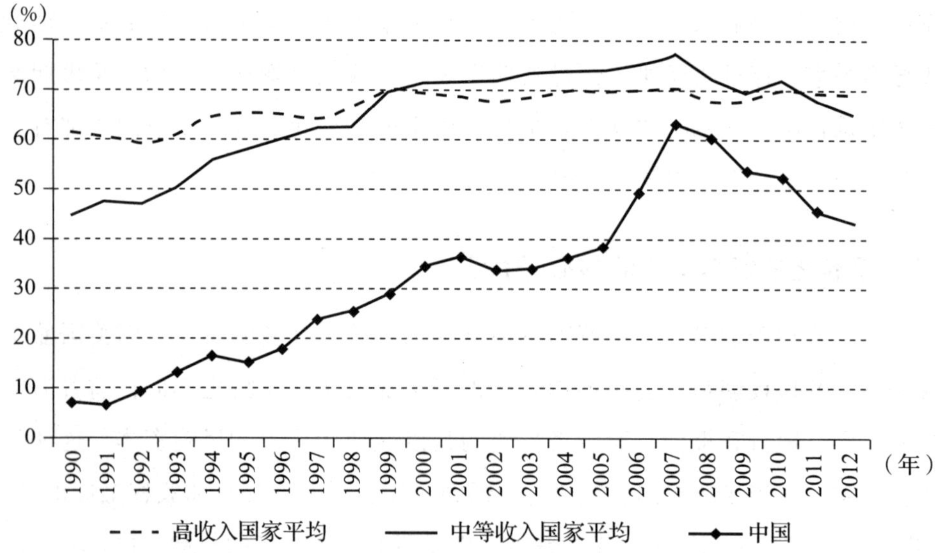

图1－1：高收入与中等收入国家直接融资比重变化趋势

数据来源：世界银行

2. 高收入国家中，美国的直接融资比重一直相对较高，德、日等国的直接融资比重近年来与美英差距有所缩小

在高收入国家中，美国的金融结构显现出较为显著的市场主导型的特征。在20世纪90年代初期，按照存量法计算，其直接融资比重已经超过80%，此后一直处在这个水平之上。即便是在2008年发生金融危机的前后，其直接融资比重都没有发生太大的变化，2007年的数值为85.4%，2008年为84.5%，2009年为84.6%，2012年上升到87.2%，近期达到88.0%。这不仅因为美国股市在较短的时间内回升，也与美国债市规模庞大有很大关系，2012年，美国债市的余额总量大致是股市的两倍，且规模相对比较稳定。

传统意义上的“银行主导型”国家，如日本和德国，在20世纪90年代，其直接融资的比例在40%~50%，近年来资本市场也取得了长足的发展，金融结构不断趋近于“市场主导型”国家。两国2012年直接融资比重分别达到69.2%和74.4%。美国、德国和日本的直接融资比重变化趋势，如图1-2所示。

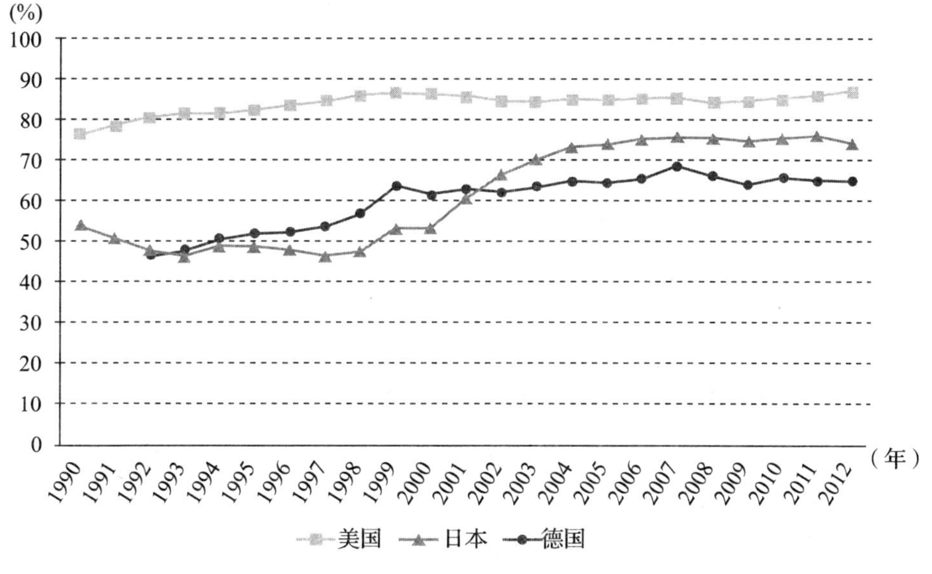

图1-2：美国、德国和日本的直接融资比重变化趋势

数据来源：世界银行

3. 中等收入国家的资本市场发展历史各不相同，近年来呈较快发展势头，但总体来说波动性较大，部分国家股市市值存在虚高情况

中等收入国家的资本市场发展水平与其历史和经济发展阶段高度相关。例如，印度的资本市场发展很早，起步于19世纪末期，在20世纪90年代初就达到了近60%的水平，近年来缓步增长到70%左右。而巴西、印尼等国在20世纪90年代初，直接融资的比重还很低，近年来已经上升到60%以上的水平且比较稳定。与其他新兴市场相比，中国资本市场起步于20世纪90年代初，发展历程最短。印度、巴西和印尼的直接融资比重变化趋势，如图1－3所示。

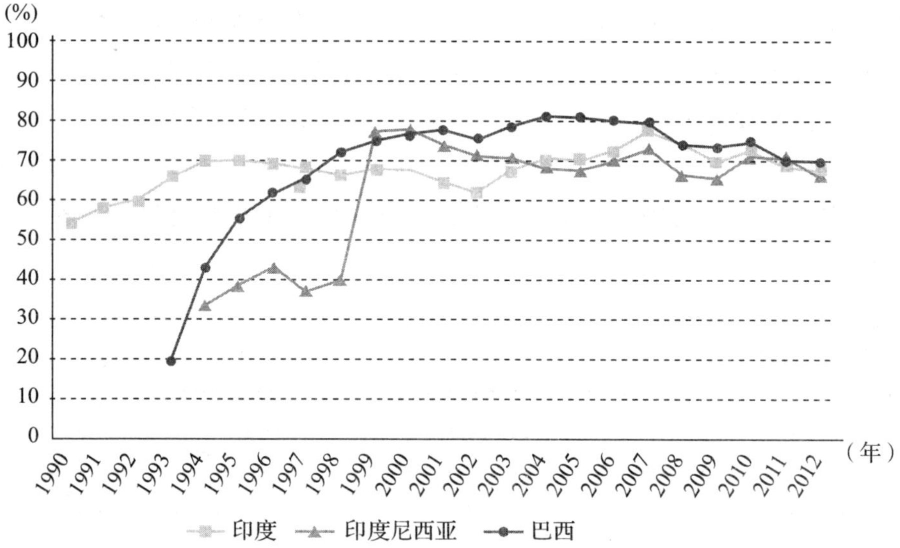

图1－3：印度、巴西和印尼的直接融资比重变化趋势

数据来源：世界银行

（二）用增量法计算我国近年来直接融资比重的变化

增量法统计显示，我国直接融资比重自2002年至今基本呈持续增长态势，2012年底已达15.9%。需要特别指出的是，这一比例的上升，主要来源于企业债券融资额的大幅上升，而股票市场的融资额相对较低。我国社会融资规模中直接融资比重，如图1－4所示。

由于各国历年的融资额数据比较缺乏，世界银行等国际机构也不按照增量法进行分析，因此，按此口径难以进行国际比较。

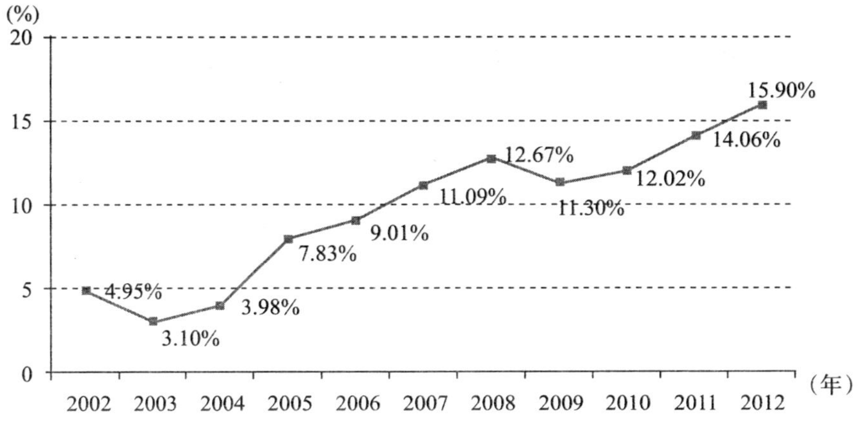

图1－4：我国社会融资规模中直接融资比重

数据来源：人民银行

三、制度供给及资本市场发展为资本化提供可能性

（一）证券化政策环境逐步完善从制度供给方面提供了可能性

近年来，我国大力发展直接融资相关政策，使证券化政策环境逐步完善（见表1－1）。

表1－1　大力发展直接融资相关政策

文件名称	时间	主要内容
《国务院关于进一步促进资本市场健康发展的若干意见》(国发〔2014〕17号)	2014年5月8日	促进直接融资与间接融资协调发展，提高直接融资比重；加快多层次股权市场建设；积极发展债券市场；发展私募投资基金
《关于多措并举着力缓解企业融资成本高问题的指导见》（国务院办公厅）	2014年8月	大力发展直接融资，扩大中小企业各类非金融企业债务融资工具及集合债、私募债发行规模。健全多层次资本市场体系，继续优化主板、中小企业板、创业板市场的制度安排

（续）

文件名称	时间	主要内容
《关于进一步显著提高直接融资比重优化金融结构的实施意见》（国务院常务会议）	2015 年 12 月 23 日	从市场体系、融资工具、渠道中介服务、投融资功能平衡发展及营造直接融资稳定健康发展的环境等五方面提出了具体的政策措施
《中共中央国务院关于深化投融资体制改革的意见》	2016 年 7 月 5 日	大力发展直接融资。依托多层次资本市场体系，拓宽投资项目融资渠道；有针对性地为“双创”项目提供股权、债权以及信用贷款等融资综合服务；支持重点领域投资项目通过债券市场筹措资金；设立政府引导、市场化运作的产业（股权）投资基金，积极吸引社会资本参加，鼓励金融机构以及全国社会保障基金、保险资金等有效参与

（二）多层次资本市场体系和私募投资机构逐步完善和丰富从基础条件方面提供了可能性

经过将近 30 年的发展，我国已经初步形成主板中小板创业板、新三板、区域性股权交易中心及中证机构间报价系统等多层次资本市场体系，并正在进一步走向完善；债券市场也得到大力发展；风险投资及各类私募股权投资基金得到快速发展。这为中小企业走向资本市场，提升直接融资比重，从基础条件方面提供了可能性。

第二章
多层次资本市场是资本化主战场

二十多年来，中国资本市场从不成熟逐步走向成熟，从监管缺位到监管逐步完善，从初具规模到发展壮大，从主战场主板中小创到“苗圃”与“土壤”功能的新三板，从中证机构间报价系统到地方股权交易中心，多层次资本市场已经建成并且不断壮大。

第一节 资本化“桥头堡”：主板、中小板、创业板

一、发展历程

证券市场是金融市场的重要组成部分，在金融市场体系中居重要地位。从20世纪90年代初开始，中国证券市场经历了二十多年的发展历程，从不成熟逐步走向成熟，从监管缺位到监管逐步完善，从初具规模到发展壮大。中国证券行业的发展主要经历了五个阶段。

（一）第一阶段：中国证券市场的建立

1984年11月14日，上海飞乐音响股份有限公司发行新中国成立后首只公开发行股票。

1986年11月14日，我国改革开放“总设计师”邓小平在北京人民大会堂会见美国纽约证券交易所董事长约翰·凡尔霖时，向来宾赠送了改革开放后我国公开发行的第一只股票——一张面额为人民币50元的上海飞乐音响公司股票，成为我国股票市场发展史上的标志性事件之一。

1990年12月，新中国第一家经批准成立的证券交易所——上海证券交易所成立。

1991 年 4 月，经国务院授权中国人民银行批准，深圳证券交易所成立。以沪深交易所成立为标志，中国证券市场开始其发展历程。

（二）第二阶段：全国统一监管市场的形成

1992 年 10 月 25 日，证券委及证监会成立，标志着中国证券市场开始逐步纳入全国统一监管框架，全国性市场由此开始发展。

1993 年，国务院先后颁布了《股票发行与交易管理暂行条例》和《企业债券管理条例》，初步构建了最基本的证券法律法规体系。

1997 年 4 月 18 日，财政部发布《中华人民共和国国债托管管理暂行办法》，授权中央国债登记结算有限公司主持建立和运营全国国债托管系统。

1997 年 6 月 16 日，我国银行间债券市场成立。交易成员为全国银行间同业拆借市场成员。

1998 年 4 月 7 日，基金金泰、基金开元分别在上海证券交易所（以下简称：上交所）和深圳证券交易所（以下简称：深交所）上市，成为首批上市的证券投资基金。

1998 年，国务院证券委撤销，中国证监会成为中国证券期货市场的监管部门，并在全国设立了派出机构，建立了集中统一的证券期货市场监管框架，证券市场由局部地区试点试验转向全国性市场发展阶段。

（三）第三阶段：依法治市和市场结构改革

1999 年 7 月 1 日起《中华人民共和国证券法》（以下简称：《证券法》）正式实施，成为我国证券市场健康发展的强有力保障。

2002 年 12 月，中国证监会颁布并施行《合格境外机构投资者境内证券投资管理暂行办法》，标志着我国 QFII 制度正式启动。

2003 年 10 月 28 日，《中华人民共和国证券投资基金法》（以下简称：《证券投资基金法》）在十届全国人大常委会第五次会议上获得通过。

2004 年 6 月 1 日，起《证券投资基金法》施行，为基金的规范运作提供法律保障。

（四）第四阶段：深化改革和规范发展

2004 年 1 月 31 日，《国务院关于推进资本市场改革开放和稳定发展的若干意见》（“国九条”）出台，明确了证券市场的发展目标、任务和工作要求，是资本市场定位发展的纲领性文件。

2004 年 5 月 18 日，深交所获准设立中小企业板块，是证券市场制度创新的一大举措。

2005 年 4 月，经国务院批准，中国证监会发布了《关于上市公司股权分置改革试点有关问题的通知》，启动股权分置改革试点工作。股权分置改革后 A 股进入全流通时代，大小股东利益趋于一致。

2006 年 1 月，修订后的《证券法》《中华人民共和国公司法》（以下简称《公司法》）正式施行。

2006 年 9 月 8 日，中国金融期货交易所成立。

2007 年 6 月 28 日，南海成长创业投资有限合伙企业在深圳成立，成为新修订的《中华人民共和国合伙企业法》生效后国内首家真正意义上的私募股权基金。

2007 年 8 月 14 日，中国证监会颁布《公司债券发行试点办法》，我国公司债发行正式启动。

2008 年 1 月 9 日，黄金期货在上海期货交易所成功上市。

（五）第五阶段：多层次资本市场的建立和完善发展

2009 年 10 月 30 日，创业板开市，首批 28 只股票齐发，刷新了中国股市多股齐发的历史纪录，标志着多层次资本市场体系框架基本建成。

2013 年 12 月 14 日，国务院发布《关于全国中小企业股份转让系统有关问题的决定》，新三板全国扩容，多层次资本市场建设取得实质性进展。

2014 年 5 月 9 日，国务院印发《关于进一步促进资本市场健康发展的若干意见》（“新国九条”），表示进一步促进资本市场健康发展，健全多层次资本市场体系，对于加快完善现代市场体系、拓宽企业和居民投融资渠道、优化资源配置、促进经济转型升级具有重要意义。

二、上市条件比较（见表 2－1）

表 2－1　主板、中小板、创业板上市条件比较

条件	主板、中小板	创业板
主体资格	依法设立且合法存续的股份有限公司	依法设立且持续经营三年以上的股份有限公司

（续）

条件	主板、中小板	创业板
经营年限	持续经营时间应当在3年以上（有限公司按原账面净资产值折股整体变更为股份公司可连续计算）	持续经营时间应当在3年以上（有限公司按原账面净资产值折股整体变更为股份公司可连续计算）
盈利要求	（1）最近3个会计年度净利润均为正数且累计超过人民币3000万元，净利润以扣除非经常性损益前后较低者为计算依据	最近两年连续盈利，最近两年净利润累计不少于1000万元，且持续增长
	（2）最近3个会计年度经营活动产生的现金流量净额累计超过人民币5000万元；或者最近3个会计年度营业收入累计超过人民币3亿元	或者最近一年盈利，且净利润不少于500万元，最近一年营业收入不少于5000万元，最近两年营业收入增长率均不低于30%
	（3）最近一期不存在未弥补亏损	净利润以扣除非经常性损益前后孰低者为计算依据。（注：上述要求为选择性标准，符合其中一条即可）
资产要求	最近一期末无形资产（扣除土地使用权、水面养殖权和采矿权等后）占净资产的比例不高于20%	最近一期末净资产不少于2000万元
股本要求	发行前股本总额不少于人民币3000万元	企业发行后的股本总额不少于3000万元
主营业务要求	最近3年内主营业务没有发生重大变化	发行人应当主营业务突出。同时，要求募集资金只能用于发展主营业务
董事及管理层	最近3年内没有发生重大变化	最近2年内未发生重大变化
实际控制人	最近3年内实际控制人未发生变更	最近2年内实际控制人未发生变更
同业竞争	发行人的业务与控股股东、实际控制人及其控制的其他企业间不得有同业竞争	发行人与控股股东、实际控制人及其控制的其他企业间不存在同业竞争
关联交易	不得有显失公平的关联交易，关联交易价格公允，不存在通过关联交易操纵利润的情形	不得有严重影响公司独立性或者显失公允的关联交易

（续）

条件	主板、中小板	创业板
成长性与创新能力	—	发行人具有较高的成长性，具有一定的自主创新能力，在科技创新、制度创新、管理创新等方面具有较强的竞争优势
		符合“两高五新”标准，即
		1. 高科技：企业拥有自主知识产权的
		2. 高增长：企业增长高于国家经济增长，高于行业经济增长
		3. 新经济：1）互联网与传统经济的结合 2）移动通讯 3）生物医药
		4. 新服务：新的经营模式
		5. 新能源：可再生能源的开发利用，资源的综合利用
		6. 新材料：提高资源利用效率的材料；节约资源的材料
		7. 新农业：具有农业产业化；提高农民就业、收入的）
募集资金用途	应当有明确的使用方向，原则上用于主营业务	应当具有明确的用途，且只能用于主营业务
限制行为	（1）发行人的经营模式、产品或服务的品种结构已经或者将发生重大变化，并对发行人的持续盈利能力构成重大不利影响	（1）发行人的经营模式、产品或服务的品种结构已经或者将发生重大变化，并对发行人的持续盈利能力构成重大不利影响
	（2）发行人的行业地位或发行人所处行业的经营环境已经或者将发生重大变化，并对发行人的持续盈利能力构成重大不利影响	（2）发行人的行业地位或发行人所处行业的经营环境已经或者将发生重大变化，并对发行人的持续盈利能力构成重大不利影响

（续）

条件	主板、中小板	创业板
限制行为	（3）发行人最近一个会计年度的营业收入或净利润对关联方或者存在重大不确定性的客户存在重大依赖	（3）发行人在用的商标、专利、专有技术以及特许经营权等重要资产或者技术的取得或者使用存在重大不利变化的风险
	（4）发行人最近一个会计年度的净利润主要来自合并财务报表范围以外的投资收益	（4）发行人最近一年的营业收入或净利润对关联方或者有重大不确定性的客户存在重大依赖
	（5）发行人在用的商标、专利、专有技术以及特许经营权等重要资产或技术的取得或者使用存在重大不利变化的风险	（5）发行人最近一年的净利润主要来自合并财务报表范围以外的投资收益
	（6）其他可能对发行人持续盈利能力构成重大不利影响的情形	—
违法行为	最近36个月内未经法定机关核准，擅自公开或者变相公开发行过证券，或者有关违法行为虽然发生在36个月前，但目前仍处于持续状态；最近36个月内无其他重大违法行为	发行人最近3年内不存在损害投资者合法权益和社会公共利益的重大违法行为；发行人及其股东最近3年内不存在未经法定机关核准，擅自公开或者变相公开发行证券，或者有关违法行为虽然发生在3年前，但目前仍处于持续状态的情形
发审委	设主板发行审核委员会，25人	设创业板发行审核委员会，加大行业专家委员的比例，委员与主板发审委委员不互相兼任
初审征求意见	征求省级人民政府、国家发改委意见	—
保荐人持续督导	首次公开发行股票的，持续督导的期间为证券上市当年剩余时间及其后2个完整会计年度；上市公司发行新股、可转换公司债券的，持续督导的期间为证券上市当年剩余时间及其后2个完整会计年度。持续督导的期间自证券上市之日起计算	在发行人上市后3个会计年度内履行持续督导责任

（续）

条件	主板、中小板	创业板
创业板其他要求	无	1. 发行人的经营成果对税收优惠不存在严重依赖 2. 在公司治理方面参照主板上市公司从严要求，要求董事会下设审计委员会，并强化独立董事履职和控股股东责任 3. 要求保荐人对公司成长性、自主创新能力作尽职调查和审慎判断，并出具专项意见 4. 要求发行人的控股股东对招股说明书签署确认意见 5. 要求发行人在招股说明书显要位置做出风险提示，内容为“本次股票发行后拟在创业板市场上市，该市场具有较高的投资风险。创业板公司具有业绩不稳定、经营风险高等特点，投资者面临较大的市场波动风险，投资者应充分了解创业板市场的投资风险及本公司所披露的风险因素，审慎作出投资决定” 6. 不要求发行人编制招股说明书摘要

第二节　资本化“土壤”及“苗圃”：新三板

一、新三板前世今生

（一）老三板

新三板最早发源于北京中关村，之所以叫“新”三板，是因为还存在一个“老”三板，当时主要是承载原STAQ、NET系统挂牌公司和退市企业的公司股权转让。

1999 年交易所 STAQ 和央行 NET 系统停止运行，但遗留的 8 家挂牌公司仍存在流通股转让的需求。2001 年 6 月经证监会批准，证券公司帮这 8 家在深交所系统里划出部分代码，代为办理股份转让，这就是新三板最早的前身“代办股份转让系统”。2002 年 8 月起，为了解决主板退市公司股份转让问题，退市公司也纳入了代办股份转让试点范围。

（二）新三板出世

2006 年，为了拯救老三板里交易十分冷淡的局面，证监会就决定拉进一些高科技的企业，恰好与国家大力扶持高新技术企业的战略不谋而合，于是 2006 年，有关方面便在北京中关村科技园区建立了新的股份转让系统，也就是新三板。

（三）新三板扩容

2012 年，为了让新三板真正成为主板市场的重要补充，2012 年，国家决定做大新三板市场，把原来中关村这一个试点，扩展到北京、上海、天津、武汉四个高科技园区，这就是“新三板扩容”。

（四）新三板独立

2013 年，原先新三板一直挂靠在深交所下面，眼见着这个市场越做越大，国家便决定让其自立门户，2013 年 1 月，“全国中小企业股份转让系统”在北京金融街正式揭牌，作为独立的公司在工商总局注册，负责新三板的运营管理。

2013 年 12 月 14 日，国务院印发《国务院关于全国中小企业股份转让系统有关问题的决定》（国发〔2013〕49 号）。新三板迎来了更大规模的扩容。这次彻底打破了地域限制，由四个园区扩展到全国。

2014 年 5 月 19 日，启用新交易结算系统，全国中小企业股份转让系统公司管辖的新的新三板才正式替代中国证券业协会管辖的老的新三板。

（五）新三板爆发

做市商制度。2014 年 8 月，政府推出了做市商制度，通俗解释就是允许中间商来大拆小，让入股新三板的门槛大大降低，彻底改变了此前不温不火的交易状况，随着市场量迅速提升，新三板挂牌企业也开始呈指数增长。2014 年年初，挂牌企业仅 356 家，2014 年一年的时间便膨胀至 1572 家。

指数设立。2015 年，随着新三板交易规则的逐步完善，3 月 18 日，三板成指、三板做市两大指数正式发布，标志着新三板市场行情自此有了“风向标”。

爆发之年。2016 年，新三板交易规则的逐步完善，6 月 27 日，新三板分层方案正式实施，953 家企业入围创新层。9 月 12 日，私募做市试点业务正式启动，首批不超过 10 家，包括九鼎、朱雀、天星在内的 33 家私募机构争做首批做市私募机构，流动性改观大为可期。截止到目前，挂牌企业数已达 9122 家，预计年底破万，新三板真正迎来爆发之年。

二、新三板特点

2017 年 2 月 10 日，证监会主席刘士余在监管工作会议上谈及多层次资本市场建设时指出，新三板既要有苗圃功能，又要发挥土壤功能。让一批创新能力强、诚实守信、市场前景好的企业，“能够转板的就转板，不愿意转板的就在新三板里面绽放”，这是未来中国资本市场又一道风景线。

根据《国务院关于全国中小企业股份转让系统有关问题的决定》（国发〔2013〕49 号）及相关文件精神，总结新三板特点如下。

设立背景和目的：缓解中小微企业融资难、融资贵，发展多层次资本市场。

市场性质：国务院批准设立、中国证监会统一监管的全国性证券交易场所（仅三家）。

运营机构：全国中小企业股份转让系统有限责任公司。

市场定位：为中小微企业提供股权、债券融资、股票公开转让、资产重组等资本市场服务；达到股票上市条件的，可以直接向证券交易所申请上市交易（即转板）。

注册制雏形：发行后证券持有人累计不超过 200 人的，证监会豁免核准，无需再提交证监会发行审核委员会审核。加强事中、事后监管，保障投资者合法权益。

投资者：投资者适当性管理制度。鼓励证券公司、保险公司、证券投资基金、私募股权投资基金、风险投资基金、合格境外机构投资者、企业年金等机构投资者参与市场，逐步将全国股份转让系统建成以机构投资者为主体的证券交易场所。

随着《非上市公众公司监督管理办法》的出台实施，在新三板挂牌的公司，在法律地位上，比同在沪深交易所上市的公司——都是公众公司。

第三节 资本化有生力量：中证机构间报价系统及地方股权交易中心

一、中证机构间报价系统与中国青年创新创业板

（一）中证机构间报价系统

中证机构间报价系统股份有限公司前身为中证资本市场发展监测中心有限责任公司。中证资本市场发展监测中心有限责任公司于2013年2月27日成立，注册资本20亿元，是中国证监会批准并授权中国证券业协会按照市场化原则管理的金融机构。

2014年6月4日，中国证监会《关于中证资本市场发展监测中心有限责任公司变更经营范围的批复》（证监函〔2014〕165号）批准市场监测中心变更经营范围，主要负责运营机构间私募产品报价与服务系统（简称“报价系统”）。股东及资本金均发生较大变化（见表2-2）。

表2-2 中证机构间报价系统股东情况

类别	股东名称	认缴情况	
		认购的股数（股）	增资扩股后持股比例
发起人	上海证券交易所	612, 673, 341	8.11%
	深圳证券交易所	612, 673, 341	8.11%

（续）

类别	股东名称	认缴情况	
		认购的股数（股）	增资扩股后持股比例
股东	上海期货交易所	612,673,341	8.11%
	中国金融期货交易所	102,112,223	1.35%
	中国证券登记结算	102,112,223	1.35%
新股东	券商类（40家）	2,060,000,000	27.28%
	私募类（26家）	2,948,000,000	39.05%
	其他（上市公司等）（4家）	450,000,000	6.45%

（二）中国青年创新创业板

1. 中国青年创新创业板创立

中国青年创新创业板是根据《共青团中央办公厅关于联合中国证券业协会创设“中国青年创新创业板”的函》（2016年4月1日），由共青团中央与中国证券业协会联合发起，依托报价系统建立的为青年创新创业提供信息展示、项目宣传、创业融资、孵化培育、信用评级等服务的互联网市场。

2016年10月15日上午，双创平台启动仪式暨中国青年创新创业论坛在中关村国家自主创新示范区展示中心隆重召开。中共中央政治局委员、国家副主席李源潮出席了本次活动。共青团中央第一书记秦宜智与证监会副主席李超共同鸣锣宣布双创平台正式上线。

中国证券业协会会长陈共炎出席了启动仪式。国家发改委、中国科学技术协会、中国青年创业就业基金会等相关单位领导也出席会议，500多名青年和青年创业者、创业服务机构代表参加，共同见证了双创平台的起航。

2. 中国青年创新创业板定位

中国青年创新创业板是团中央和中国证监会落实国家“双创”战略的重要举措。中国青年创新创业板依托中证机构间报价系统，报价系统股东为上海证券交易所、深圳证券交易所、上海期货交易所、中国金融期货交易所、中国证券登记结算有限责任公司、40家券商、26家私募机构及4家上市公司等机构，股东阵容强大，有利于推进各项金融创新，有效为挂牌企业提供增值服务。

中国青年创新创业板是中国多层次资本市场的重要组成部分。中国多层次资本市场体系即主板、创业板、新三板、四板（包括中国青年创新创业板和区域性股权交易中心）。其中主板、创业板属于公募（场内）资本市场，该板块上市企业可面向公众发行股票，股东数量不限；新三板、四板属于私募（场外）资本市场，该板块挂牌企业只能面向特定人群通过私募方式进行股权交易。主板、创业板、新三板、四板是资本市场的不同阶段。四板主要为中小微企业提供挂牌、融资、培训、政策支持等服务。

中国青年创新创业板是没有行政区域限制的四板市场。《国务院办公厅关于规范发展区域性股权市场的通知》（国办发〔2017〕11 号）明确，区域性股权市场是主要服务于所在省级行政区域内中小微企业的私募股权市场，不得为所在省级行政区域外的企业私募证券或股权的融资、转让提供服务。中国证券监督管理委员会关于《区域性股权市场监督管理试行办法》（2017 年 5 月 5 日）明确，区域性股权市场不得为其所在省级行政区域外企业证券的发行、转让或者登记存管提供服务。区域性股权市场可以与证券期货交易所、全国中小企业股份转让系统、机构间私募产品报价与服务系统、证券期货经营机构、证券期货服务机构、证券期货行业自律组织，建立合作机制。

3. 中国青年创新创业板功能

（1）展示功能

企业可展示的信息包括但不限于公司基本信息、股东情况、竞争优势、产品与服务、行业发展状况、管理团队、发展规划及融资需求等信息，通过挂牌提升企业公众形象、认知度，知名度，能够起到很好的广告效应，增加了品牌的价值。

（2）融资功能

中小微企业融资时要面临银行贷款高要求、民间借贷高成本、场内资本市场高门槛高费用等难题，而挂牌后，可以面向广大投资者进行包括私募股权融资和私募债券融资在内的多种融资方式。

截至目前，已经近 3000 个参与人，其中包括证券公司、私募投资基金、公募基金、银行、保险、信托、期货、私募市场、投资咨询机构等，为下一步企业融资奠定了坚实的市场基础。中国青年创新创业板可以发行企业私募债、资产管理计划、收益凭证、次级债、并购重组债、资产证券化等各类私募债务融资工具和私募投资基金等私募产品，多元化产品为企业融资提供了更加灵活的融资方式。

其中中国青年创业就业基金、中证创新创业投资基金等基金专门服务于中国青年创新创业板挂牌项目。

（3）增信功能

挂牌企业获得非上市公众公司地位，更快速对接金融机构，提升公司的融资能力。无论是股权融资、政府资金还是获得债权性质融资（股权质押贷款、信用贷款、中小企业私募债等）的可能性、便利性大大提升。

（4）交易功能

交易场所具有股权定价功能、价值发现功能、股权流通功能，挂牌企业的股权可以合法进行股权交易，投资人获得退出渠道，企业管理层及核心技术人员所持股份激励作用显现。

（5）规范功能

通过机构的辅导以及后续持续的资本市场培训、路演演练等资本市场活动，可以有效提高公司治理和规范运作水平，为企业今后实现IPO或者挂牌新三板奠定基础。

4. 中国青年创新创业板挂牌条件

（1）合法设立的股份有限公司及有限责任公司等。

（2）具备持续经营能力。

（3）核心团队（董监高）平均年龄不超过40岁。

（4）所属行业为非产能过剩行业。

（5）具有创新属性，包括但不限于发明专利、商业模式创新等。

（6）中国青年创新创业板规定的其他条件。

需要说明的是，无论哪类企业，都必须经过中国青年创新创业板认可的推荐机构的推荐，方可挂牌。

二、地方股权交易中心

（一）地方股权交易中心的前世

在谈目前的区域性股权交易中心之前，先谈两家交易场所。

一家是天津的天津股权交易所。一开始，天津股权交易所如下定位：经天津市人民政府批准设立的公司制交易所，“在天津滨海新区设立全国性非上市公众公司股权交易市场创造条件”的重要平台，成为中国主板、中小板、创业板市场的必要补充和重要基础支撑。可见，天津股权交易所其实就是想成为国内的新三板，但是后续北京的中关村科技园区非上市股份有限公司进入代办股份系统进行转让被扶正成为新板，天津股权交易所从全国性沦为区域性格局。

另一家是号称“中部纳斯达克”的河南省技术产权交易所，如图 2-1 所示。

中国中部“纳斯达克”郑州起航

2010年11月13日08:22　大河网·大河报

美国纳斯达克有意与河南省技术产权交易所合作。昨日，其国际部高级副总裁罗伯特在郑州接受本报记者采访。

□首席记者 杜超 记者 席韶阳 文社小伟 图

核心提示

昨天，郑东新区CBD成为2500多名嘉宾的会聚地。上午9点30分，国家工业和信息化部部长李毅中、河南省省长郭庚茂在国际会展中心轩辕堂共同按下电子按钮，国家区域性（河南）中小企业产权交易市场开市锣敲响。

图 2-1　中国中部“纳斯达克”郑州起航

2010 年 11 月 12 日，河南省技术产权交易所挂牌，美国纳斯达克有意与河南省技术产权交易所合作，旨在打造为国家区域性（河南）中小企业产权交易市场，即中国中部“纳斯达克”。

《大河报》报道，当时任省长郭庚茂看到公司铭牌“河南省技术产权交易所”时，当即向董事长陈有亭指出：“怎么叫这个带有局限性的名字？最好叫‘中国郑州股权交易所’，现在就得赶紧研究这个问题，不然名字固化后就不好办了。”河南省技术产权交易所时任董事长陈有亭发言说：“这标志着中国多层次资本市场的破冰之旅起航。它是对主板、中小板和创业板市场的重要补充和完善，任重道远。我们将在国家工信部和河南省委、省政府的领导下，探索、规范、提高，把试点市场办好、办大。争取让它成为中国的纳斯达克，为中原经济区建设和我国资本市场发展做出重大贡献！”

后续中部纳斯达克开盘不久就停盘了，留下一地鸡毛。

（二）地方股权交易中心的今生

由于北京的新三板扶正后，各地的区域性股权交易中心只能成为四板市场。

截至 2016 年年底，全国共有 40 家区域性股权市场（除云南外其他省市均已设立），挂牌企业 1.74 万家，展示企业 5.94 万家，2016 年为企业实现融资 2871 亿元，在支持中小微企业多样化融资、推动中小微企业规范运作、增强金融服务普惠性等方面发挥了积极作用。区域性股权市场已成为多层次资本市场体系的“塔基”，但还存在法律地位不明晰、监管责任未落实、管理制度不健全等问题，易酿成金融风险。

（三）地方股权交易中心的未来

1. 2017 年 1 月 20 日，《国务院办公厅关于规范发展区域性股权市场的通知》（国办发〔2017〕11 号）规定：区域性股权市场由所在地省级人民政府按规定实施监管，并承担相应风险处置责任。证监会负责制定统一的区域性股权市场业务及监管规则。运营机构名单由省级人民政府实施管理并予以公告，同时向证监会备案。

本通知印发前，省、自治区、直辖市、计划单列市行政区域内已设立运营机构的，不再设立；尚未设立运营机构的，可设立一家；已设立两家及以上运营机构的，省级人民政府要积极稳妥推动整合为一家，证监会要予以指导督促。

区域性股权市场不得为所在省级行政区域外的企业私募证券或股权的融资、转让提供服务。对不符合本条规定的区域性股权市场，省级人民政府要按规定限期清理，妥善解决跨区域经营问题。

2.《区域性股权市场监督管理试行办法》（中国证券监督管理委员会令第 132 号）规定；区域性股权市场不得为其所在省级行政区域外企业证券的发行、转让或者登记存管提供服务；区域性股权市场可以与证券期货交易所、全国中小企业股份转让系统、机构间私募产品报价与服务系统、证券期货经营机构、证券期货服务机构、证券期货行业自律组织，建立合作机制。

三、多层次资本市场比较（见表2－3）

表2－3　多层次资本市场比较

比较项目	沪深交易所	新三板	报价系统	四板市场
性质	全国性证券交易所	全国性证券交易场所	区域性股权交易中心互联互通	地方股权交易中心
设立方式	国务院批准	国务院批准	证监会批准	省级人民政府批准
监管机构	证监会	证监会	证监会	省级人民政府
上市/挂牌制度	保荐制度	主办券商制度	推荐挂牌制度	推荐挂牌制度
交易制度	竞价交易	做市转让、协议转让	协议转让	协议转让
督导制度	主板（中小板）：上市当年剩余时间及其后两个完整会计年度；创业板：上市当年剩余时间及其后三个完整会计年度	主办券商持续督导	—	—

（续）

项目	沪深交易所	新三板	报价系统	四板市场
融资方式	首次公开发行、定向增发、配股	定向增发	定向增发	定向增发
公司性质	上市公司	非上市公众公司	非上市非公众公司	非上市非公众公司

第四节　IPO 基本流程、成本及审核理念

一、基本流程

一般情况下，企业自筹划改制到完成发行上市总体上需要 3 年左右，主要包含重组改制、尽职调查与辅导、申请文件的制作与申报、发行审核、路演询价与定价及发行与挂牌上市等阶段。

（一）股份公司的设立

根据《中华人民共和国公司法》第七十八条的规定，股份有限公司的设立可以采取发起设立或者募集设立两种方式。现实中，一般都是采用发起设立，主要有以下三种方式。

1. 新设设立。即 5 个以上发起人出资新设立一家股份公司。
2. 改制设立。
3. 整体变更。

（二）上市前辅导

1. 企业上市辅导的内容

由辅导机构在尽职调查的基础上，根据发行上市相关法律、法规和规则以及上市公司的必备知识，针对企业的具体情况和实际需求来确定，包括以下主要方面：

（1）组织由企业的董事、监事、高级管理人员（包括经理、副经理、董事会秘书、财务负责人、其他高级管理人员）、持有 5% 以上（含 5%）股份

的股东（或其法定代表人）参加的、有关发行上市法律法规、上市公司规范运作和其他证券基础知识的学习、培训和考试，督促其增强法制观念和诚信意识。

（2）督促企业按照有关规定初步建立符合现代企业制度要求的公司治理结构、规范运作，包括制定符合上市要求的公司章程，规范公司组织结构，完善内部决策和控制制度以及激励约束机制，健全公司财务会计制度等。

（3）核查企业在股份公司设立、改制重组、股权设置和转让、增资扩股、资产评估、资本验证等方面是否合法，产权关系是否明晰，是否妥善处置了商标、专利、土地、房屋等资产的法律权属问题。

（4）督促企业实现独立运作，做到业务、资产、人员、财务、机构独立完整，主营业务突出，形成核心竞争力。

（5）督促企业规范与控股股东及其他关联方的关系，妥善处理同业竞争和关联交易问题，建立规范的关联交易决策制度。

（6）督促企业形成明确的业务发展目标和未来发展计划，制定可行的募股资金投向及其他投资项目的规划。

（7）对企业是否达到发行上市条件进行综合评估，诊断并解决问题。

（8）协助企业开展首次公开发行股票的准备工作。辅导机构和企业可以协商确定不同阶段的辅导重点和实施手段。辅导前期的重点可以是摸底调查，形成全面、具体的辅导方案；辅导中期的重点在于集中学习和培训，诊断问题并加以解决；辅导后期的重点在于完成辅导计划，进行考核评估，做好首次公开发行股票申请文件的准备工作。

2. 注意事项

（1）辅导机构适格性

根据《证券经营机构股票承销业务管理办法》（证委发〔1996〕18 号）的规定，持有企业 7% 以上的股份或者是企业前 5 名股东之一的证券经营机构，不得成为该企业的保荐机构。如果企业想使辅导机构与保荐机构合二为一，就不宜选择上述不具备独立性的证券经营机构担任辅导机构。

（2）辅导期限调整

《证券发行上市保荐制度暂行办法》（证监会令第18号）、《首次公开发行股票辅导工作办法》（证监发2001125号）已经废止。上市辅导期至少一年的规定已经失效。

2009年6月14日起开始施行的《证券发行上市保荐业务管理办法》将上市辅导期至少一年的限制性规定去掉，不再对上市辅导期时间做硬性规定。

（三）筹备和发行申报

1. 准备工作

聘请律师和具有证券业务资格的注册会计师分别着手开展核查验证和审计工作。

和保荐机构共同制定初步发行方案，明确股票发行规模、发行价格、发行方式、募集资金投资项目及滚存利润的分配方式，并形成相关文件以供股东大会审议。

对募集资金投资项目的可行性进行评估，并出具募集资金可行性研究报告；需要相关部门批准的募集资金投资项目，取得有关部门的批文。

对于需要环保部门出具环保证明的设备、生产线等，应组织专门人员向环保部门申请环保测试，并获得环保部门出具的相关证明文件。

整理公司最近3年的所得税纳税申报表，并向税务部门申请出具公司最近3年是否存在税收违规的证明。

2. 申报股票发行

（四）发行核准

申报。发行人应当按照中国证监会的有关规定制作申请文件，由保荐人保荐并向中国证监会申报。特定行业的发行人应当提供管理部门的相关意见。

受理。中国证监会收到申请文件后，在5个工作日内作出是否受理的决定。

初审。中国证监会受理申请文件后，由相关职能部门对发行人的申请文件进行初审。中国证监会在初审过程中，将征求发行人注册地省级人民政府是否同意发行人发行股票的意见，并就发行人的募集资金投资项目是否符合国家产业政策和投资管理的规定征求国家发改委的意见。

预披露。根据《证券法》第二十一条的规定，发行人申请首次公开发行股票的，在提交申请文件后，应当按照国务院证券监督管理机构的规定预先披露有关申请文件。因此，发行人申请文件受理后、发审委审核前，应当将招股说明书（申报稿）在中国证监会网站预先披露。发行人可以将招股说明书（申报稿）刊登于其企业网站，但披露内容应当与中国证监会网站的完全一致，且不得早于在中国证监会网站的披露时间。

审核。相关职能部门对发行人的申请文件初审完成后，由发审委组织发审委会议进行审核。

决定。中国证监会依照法定条件对发行人的发行申请作出予以核准或者不予核准的决定，并出具相关文件。自中国证监会核准发行之日起，发行人应在6个月内发行股票；超过6个月未发行的，核准文件失效，须重新经中国证监会核准后方可发行。此外，发行申请核准后、股票发行结束前，发行人发生重大事项的，应当暂缓或者暂停发行，并及时报告中国证监会，同时履行信息披露义务。影响发行条件的，应当重新履行核准程序。股票发行申请未获核准的，自中国证监会作出不予核准决定之日起6个月后，发行人可再次提出股票发行申请。

（五）促销和发行

1. 询价

首次公开发行股票，应当通过向特定机构投资者询价的方式确定股票发行价格。

2. 路演

在发行准备工作已经基本完成，并且发行审查已经原则通过（有时可能是取得附加条件通过的承诺）的情况下，主承销商（或全球协调人）将安排承销前的推介与询价，此阶段的工作对于发行、承销成功具有重要的意义。

（六）上市

1. 拟定股票代码与股票简称。
2. 上市申请。
3. 审查批准。
4. 签订上市协议书。
5. 披露上市公告书。

6. 股票挂牌交易。

7. 后市支持。

二、会计成本和机会成本

（一）会计成本

《上市公司执行企业会计准则监管问题解答 2010 年第一期（总第四期）》的“问题3. 上市公司在发行权益性证券过程中发生的各种交易费用及其他费用，应如何进行会计核算?”

上市公司为发行权益性证券发生的承销费、保荐费、上网发行费、招股说明书印刷费、申报会计师费、律师费、评估费等与发行权益性证券直接相关的新增外部费用，应自所发行权益性证券的发行收入中扣减。发行权益性证券过程中发生的广告费、路演及财经公关费、上市酒会费等其他费用应在发生时计入当期损益。

拟 IPO 企业上市会计成本、专项成本见表 2-4、2-5。

表 2-4 拟 IPO 企业上市会计成本

	规范化成本	上市专项费用
界定	规范自身运作所需支付的成本	上市过程所需支付中介机构及相关方费用
举例	补缴税款、计提安全生产费、补缴五险一金、新增董监高人员费用等	保荐费、承销费、审计费、律师费、评估费、信息披露费等
对发行人的影响	可能有重大影响	影响较小
承担方式	企业自身承担/大股东承担	大部分可以从募集资金中抵扣

表 2-5 拟 IPO 企业上市专项成本

公司基本情况	
发行前总股本：6000 万股	发行数量：2000 万股
发行价格：20 元/股	融资金额：4 亿元

（续）

公司基本情况			
承销费比例：5%			
上市费用统计			
阶段	**费用名称**	**预计金额（万元）**	**参考标准**
改制阶段	财务顾问费	100	包括上市顾问费、审计费、评估费等，参照市场标准协商确定
发行阶段	保荐费	300	参照市场标准协商确定
	承销费	2000	按照5%费率，双方协商确定
	会计师费用	300	参照市场标准协商确定
	律师费用		
	评估费用		
上市及其他	上市初费和年费	100	根据规定
	股票登记费		根据规定
	信息披露费		根据具体情况
	印刷费		
	差旅费		
合计		2800	占融资金额比例为7%，其中承中介机构费用（含承销费）可从发行收入中扣减，不影响当期损益

（二）机会成本

A股IPO发行条件之一是股权清晰，通常要求受报后的企业股权结构不能发生变动，这样就限制了进行股权融资。A股IPO另一发行条件是三年内业务不能发生重大变化。这里的变化既包括质的变化（变化行业），也包括量的变化（并购重组）。政策窗口指导认为，如果购买第三方资产超过拟上市公司同类指标20%以上，就会被要求延长运行期限。

也就是说，只要企业上报了IPO申报材料，在相当长的一段时间里，就不能股权融资、不能进行大的并购重组，基本只能依靠内生发展。

三、审核理念

（一）实质性审核

从理论上讲，实质性审核是我国当前实施的股票发行核准制（“实质性审核主义”）与注册制（“完全信息披露主义”）的根本区别。与注册制仅对信息披露的齐备性、一致性、可理解性进行审核不同，我国现行的核准制是以强制性信息披露和合规性审查为核心，并对发行人的投资价值进行实质性审核。

（二）风险审核

我国的证券市场处于“新兴 + 转轨”阶段，由于市场及投资者不够成熟，为了充分保护投资者利益，证券监管机构更倾向于假设发行人是“坏人”，审核的目的就是通过发现疑点，把“坏人”揪出来和拒之门外。同时，证券监管机构认为投资者不具备足够的风险识别能力，是需要保护的对象，因此对于发行人的任何可能导致风险的因素必须加倍审视。

（三）综合考量

很多审核中被关注的事项之间是相互联系或者相互依存、相互影响的。

除了一些具有明显“硬伤”的企业可能是被一票否决外，大多数发行人无法通过发行部初审会和发审会的原因往往是多个因素复合交织的结果。公司往往在不同方面存在多个问题。同意与否实质上体现了审核中对多个问题综合影响的容忍度。

第三章
债券市场是资本化的重要力量

从 1981 年财政部恢复发行国债开始至今，中国债券市场经历了曲折的探索和发展历程。目前，形成了交易所、银行间和柜台市场统一分层的市场体系，形成了发改委、财政部、人民银行、银监会、证监会及保监会多头监管局面。包括公司债、企业债及双创债等在内的信用债是企业资本化重要路径。

第一节　债券市场体系

一、债券市场框架

目前，我国的债券市场形成了交易所（上交所、深交所）市场、银行间市场和商业银行柜台市场三个子市场在内的统一分层的市场体系。按照交易场所划分，上交所和深交所市场属于场内市场，银行间市场和商业银行柜台市场属于场外市场。目前，场外市场的交易量占到我国债券市场交易总额的 95% 以上；场内市场以上交所为主，占比达 90% 以上。

二、监管体系

我国的债券市场监管机构主要包括发改委、财政部、人民银行、银监会、证监会和保监会等。对债券市场的监管体系可以分为债券发行监管、挂牌交易和信息披露监管、清算结算和托管监管、市场参与主体的监管以及评级机构等相关服务机构的监管等（见表 3－1）。

表3－1　债券市场监管体系

<table>
<tr><th colspan="3">监管类别</th><th>监管机构</th></tr>
<tr><td rowspan="20">产品发行审批监管（发行时信息披露监管）</td><td colspan="2">国债、地方政府债券</td><td>财政部</td></tr>
<tr><td colspan="2">中央银行债、央行票据</td><td rowspan="4">人民银行</td></tr>
<tr><td rowspan="6">金融债</td><td>政策性银行债</td></tr>
<tr><td>特种金融债</td></tr>
<tr><td>非银行金融机构债</td></tr>
<tr><td>商业银行债</td><td rowspan="2">人民银行、银监会</td></tr>
<tr><td>证券公司短期融资券</td></tr>
<tr><td>证券公司债券</td><td>人民银行、证监会</td></tr>
<tr><td colspan="2">保险公司债券</td><td>保监会</td></tr>
<tr><td rowspan="10">非金融机构债</td><td>企业债</td><td>发改委</td></tr>
<tr><td>中期票据</td><td rowspan="5">人民银行（通过交易商协会完成注册，并实行自律管理）</td></tr>
<tr><td>短期融资券</td></tr>
<tr><td>超短期融资券</td></tr>
<tr><td>中小企业集合债券</td></tr>
<tr><td>中小企业集合票据</td></tr>
<tr><td>资产支持证券</td><td rowspan="2">人民银行、银监会、证监会</td></tr>
<tr><td>可转换债券</td></tr>
<tr><td>分离交易可转化债券</td><td rowspan="2">证监会</td></tr>
<tr><td>公司债券</td></tr>
<tr><td colspan="2">国际机构债券</td><td>人民银行、发改委、证监会、财政部</td></tr>
<tr><td rowspan="3">交易场所监管</td><td colspan="2">交易所市场（沪深两市）</td><td>证监会</td></tr>
<tr><td colspan="2">银行间市场</td><td>人民银行</td></tr>
<tr><td colspan="2">商业银行柜台市场</td><td>人民银行、银监会</td></tr>
<tr><td rowspan="3">清算、结算和托管机构监管</td><td colspan="2">中证登</td><td>证监会</td></tr>
<tr><td colspan="2">中央结算公司</td><td>人民银行、财政部、银监会</td></tr>
<tr><td colspan="2">上清所</td><td>人民银行</td></tr>
</table>

三、信用债监管体系

中国信用债根据监管机构可以分为以下三类：发改委（企业债）、证监会（公司债）、银行间交易商协会（票据、短期融资券等），另外还有金融企业发债（主要是商业银行，由银监会和人民银行共同监管），包括金融债、次级债包括信贷资产证券化等。

中国企业发债最早从发改委的企业债开始，中国从计划经济过渡到市场经济，过去很多投资需要发改委审批，发改委审批项目同时提供资金配套，企业完成项目审批到募集资金过程就是融资过程。另外，证监会的公司债，主要是由上市公司发行（2007 年开始），2015 年新政扩展到全体企业。除了发改委、证监会，还有在人民银行主管的银行间交易商协会，银行间交易商协会从 2005 年创设短期融资券，2008 年开始创设中期票据。也就是说企业法人也可以向交易商协会申请短期融资券和中期票据等融资工具。

这三大监管体系下的债券融资工具本质上没有差别，都属于企业信用发债，属于企业直接融资工具，监管也没有太大差别。但是随着市场的发展，发改委主导的企业债，逐渐成为地方政府融资平台发行债券的通道。证监会主管的公司债和交易商协会主管的短期融资券和中期票据主要是面向各种类型的企业，地方政府融资平台也可以通过证监会发行公司债或者通过交易商协会发行短期中期票据等，但是证监会和交易商协会对地方政府审核越来越严，所以地方政府融资平台在这两个平台发行债券越来越少。

相比银行贷款，债券融资具有以下几个方面优势：（1）融资成本更低；（2）减少企业融资压力，提供多样化融资渠道；（3）债券融资成本更加市场化，2016 年发行债券融资成本 3% 左右，今年上升到 5% ~6% ，能够迅速反映出市场供需情况；（4）通过债券融资，减少企业对银行贷款的依赖，提升企业对银行的议价能力；（5）发行债券是在公开市场上融资，对企业自身的管理水平以及对资金的使用有要求，对企业规范机制要求高，降低融资风险。

与股权融资相比，债券融资具有以下几个方面优势：（1）能够给企业带来杠杠收益，可事先锁定融资成本，不会分享企业的剩余收益；（2）不会稀释股权；（3）信息披露成本相对低。

四、债券市场参与主体

（一）发行主体

经过三十多年的探索和发展，我国债券一级市场经历了一个由计划管理模式向市场调控模式转变的过程，其作为资源配置、政府宏观经济调控手段的作用日益增强。

债券发行主体包括财政部、中国人民银行、地方政府、政策性银行、商业银行、财务公司等非银行金融机构、证券公司、非金融企业或公司等。发行的债券产品包括政府债券（国债、地方政府债）、中央银行债（即央行票据）、金融债券（政策性金融债、商业银行债券、特种金融债券、非银行金融机构债券、证券公司债、证券公司短期融资券等）、企业债券、短期融资券、中期票据、资产支持证券、国际机构债、可转债债券，以及政府支持机构债（目前包括汇金公司发行的债券）和政府支持债券（2011 年以来铁道部发行的债券）等。

（二）投资主体

我国所有的投资者都可以通过不同形式参与到债券市场，投资主体包括人民银行、政策性银行等特殊机构、商业银行、信用社、邮储银行、非银行金融机构、证券公司、保险公司、基金（含社保基金）、非金融机构等机构投资者和个人投资者。

第二节　债券市场发展情况

一、发展历程

中国债券市场从 1981 年财政部恢复发行国债开始至今，经历了曲折的探索和发展历程（见表3－2）。回顾债券市场发展状况，大致可以分为萌芽、起步、规范整顿、加速发展四个阶段。

表 3-2 债券市场发展历程

发展阶段	特点	标志性事件
萌芽阶段 1981～1986年	1. 以国债发行为主，发展缓慢	1. 财政部正式发行国债，债券市场诞生
	2. 企业集资既没有政府审批，也没有相应法律法规，截止1986年底，约发行100亿元人民币企业债	2. 1984年，少量企业自发地开展类似企业债融资活动
	3. 没有成型的交易机制和交易场所，债券不能进行交易	3. 1985年，央行同意工行和农行发行金融债
起步阶段 1987～1997年	1. 以国债为主的二级市场开始形成，交易所市场处于主导地位 2. 企业债从央行到国家计委归口管理	1. 1987年3月《企业债券管理暂行条例》由国务院颁布，企业债从央行到国家计委归口管理
		2. 1990年12月，上交所、深交所成立，上交所成为最主要债券交易场所
		3. 1995年，国债在上交所招标发行试点成功
规范整顿阶段 1998～2004年	1. 企业债审批带有浓厚的计划经济色彩，以大型央企和银行担保为信用基础，发行规模不大	1. 1998年，央行发布《政策性银行金融债券市场发行管理暂行规定》
	2. 2003年，央行票据诞生标志着银行间债券市场真正崛起	2. 1999年，证券公司和基金公司获准进入银行间市场
加速发展阶段 2005年至今	1. 债券市场多头监管格局形成 2. 银行间债券市场成为债券市场主体	1. 2005年，央行和银监会推出《信贷资产证券化试点管理办法》
		2. 2005年5月，央行颁布《短期融资券管理办法》，启动企业短期融资票据市场
		3. 2007年8月，证监会颁布《中国债券发行试点办法》，启动中国公司债券市场
		4. 2007年9月，银行间市场交易协会成立
		5. 2009年9月，中债信用增进投资股份有限公司成立

二、发展现状和前景

（一）规模将大幅提升

中国国内债券市场是世界第三大债券市场，截至2017年一季度末，流通债券共计59万亿人民币（约合8.5万亿美元），仅次于美国和日本。虽然中国债市规模庞大，增长迅速，在过去十年中市场规模增长了九倍，但是相对于中国GDP总量仅占到77%，不及马来西亚、泰国等亚洲新兴市场国家，更是远低于日本、美国、英国等发达国家的占比水平。

高盛预计，到2027年中国债市规模将达到229万亿人民币，相当于GDP总量的134%。作为对比，目前中国债市规模为59万亿人民币，相当于GDP总量的77%。也就是说，2027年中国债市流通市值将是当前规模的3.88倍。

随着财政部进一步紧抓解决地方政府债务问题，高盛预计未来十年共计6万亿人民币的非债券借贷将被转换为地方公债，再加上政策银行发行债券，预计到2027年政策债券和地方公债总额将达到126万亿人民币。

据此高盛预计私有部门债券总量将在2027年达到60万亿人民币，其中流通公司债42万亿人民币，金融债18万亿人民币。

（二）外资渗透率将得到很大提升

目前，境外投资者的渗透率仍然很低。截至2017年一季度末，境外投资者持有的中国国内债券总额约为8,300亿元人民币，占整个债市规模的1.4%。

2016年允许境外机构投资者直接进入中国银行间债券市场。对于机构投资者来说，将中国国内债券纳入全球债券指数将是关键性的里程碑。期间或将有高达2,500亿美元的境外资本流入中国债市，可能会大大减轻中国的资本外流压力，甚至导致资金流向的反转。

目前境外投资者有三种途径进入中国债市：QFII、RQFII和中国银行间债券市场（CIBM）注册。第四种途径，即“债券通”计划。2017年5月16日，中国人民银行和香港金融管理局联合声明批准“债券通”项目的设立。类似于此前设立的“沪港通”“深港通”“债券通”将通过香港证券交易所，向境外投资者打开中国国内债券市场的大门。

（三）债券持有者将发生很大变化

虽然中国债市规模增长迅速，大部分债券仍集中在少数持有者手中。根据中国债券信息网统计数据显示，至2017年一季度末，约56%的中国国内债券由商业银行持有。2007年末，商业银行持有的债券约占中国债市规模的59%，所以在过去十年中这一比例未有明显改变。若将目光转向政府债券持有情况，这一倾向就会更加严重。G20国家当中银行持有的政府债券占比平均不到20%，而中国的银行持有政府债券的比率则高达68%。这说明中国债市还没有起到“金融脱媒”的作用，大部分债券仍然由商业银行持有，资金供给仍未能绕开商业银行体系。

相比之下，公司债则开始脱离商业银行，向基金机构转移。2007年末，商业银行持有近45%的公司债，而基金机构持有比例仅为8%；到2017年一季度末，商业银行持有比例已降至18%，而基金机构持有比例则增长至47%，跃升成为公司债的最大持有者，反映出越来越多的储蓄散户正将银行账户当中的存款转投基金机构。

第三节　信用债助推中小企业资本化

一、信用债现状

（一）公司债比重仍然远远小于银行信贷比重

虽然截至2017年第一季度末，公司债券市场已占到社会融资规模的11%（一季度末），远高于2007年末的1.8%，但银行贷款仍然是非政府借贷方的主要融资渠道，债市仅占到公司部门信贷来源的很小部分。

（二）债券融资比重超过股票融资比重

企业债券融资占比也在逐步提升，目前已经远超同属于直接融资的股票融资。经过过去十几年发展，中国企业债券融资占比逐步提升，从2003年的

1.5%提升到2016年的16.85%，企业债券融资规模从2003年的499亿提升至2016年的29,993亿元。此外，直接融资方式中，企业债券融资占比（16.85%）已经远超非金融企业境内股票融资比例（6.97%）。

二、信用债政策环境

（一）公司债政策环境

2015年上半年证监会出台新的《公司债券发行与交易管理办法》（见表3-3），修订内容包括：1. 扩大发行主体范围，将原来限于境内证券交易所上市公司、发行境外上市外资股的境内股份有限公司、证券公司的发行范围扩大至所有公司制法人；2. 丰富债券发行方式，建立非公开发行制度；3. 增加债券交易场所，将公开发行公司债券的交易场所由上海、深圳证券交易所拓展至全国中小企业股份转让系统；非公开发行公司债券的交易场所由上海、深圳证券交易所拓展至全国中小企业股份转让系统、机构间私募产品报价与服务系统和证券公司柜台；4. 简化发行审核流程，取消公司债券公开发行的保荐制和发审委制度；5. 实施分类管理，将公司债券公开发行区分为面向公众投资者的公开发行和面向合格投资者的公开发行两类，并完善相关投资者适当性管理安排。

表3-3 《公司债券发行与交易管理办法》修订事项

2015年《公司债券发行与交易管理办法》修订项目	具体内容
扩大发行主体范围	将原来限于境内证券交易所上市公司、发行境外上市外资股的境内股份公司、证券公司的发行范围扩大到所有公司制法人
丰富债券发行方式	建立非公开发行制度
增加债券交易场所	将公开发行的交易场所由上海、深圳证券交易所拓展到全国中小企业股份转让系统；非公开发行的交易场所由上海、深圳证券交易所拓展到全国中小企业股份转让系统、机构间私募产品报价与服务系统和证券公司柜台
简化发行审核流程	取消公司债券公开发行的保荐制和发审委制度
实施分类管理	将公司债公开发行区分为面向公众投资者的公开发行和面向合格投资者的公开发行两类，并完善相关投资者适当性管理安排

证监会体系的变化，进一步释放了大量工商企业的融资需求，另外证监会将债券大量审批流程下放到上交所和深交所，提高了审核效率，从4~6个月，到最短的1个月，最近一段时间的整顿恢复到2~3个月，但也是极大提升了审批效率。

受益于2015年证监会对《公司债券发行与交易管理办法》的修订以及相关政策调整提高发行审核效率，公司债发行规模2015~2016年增长迅速，2016年公司债券发行规模同比增长168%，发行规模达到27,812亿元。

（二）企业债政策环境

目前主要通过发改委申请企业债发行的主要是地方政府融资平台，2014年国务院开始加强对地方政府债务管理改革，要求以后不得增加政府债务融资，地方政府债务统一纳入预算管理，而且要清理存量控制增量，对发改委体系的企业债发展产生重要影响（见表3-4）。

由此最近两年发改委体系推出了地下城市综合管廊专项债、城市停车场建设专项债、养老产业等与具体产业项目对应的项目债券。同时还配合国务院对经济创新的支持，推出双创债，对环保产业支持的绿色债，从而起到一定的对产业政策结合的目的。2016年由于发改委对于专项债发行的推动，企业债发行规模有了明显提升，2016年提升到5,917亿元，同比增长超过70%。未来随着与产业结合的专项债发行规模的提升以及发改委对债券发行效率提升的改革，企业债券市场将进一步发展。

表3-4 企业债政策文件

政策发布时间	部门	文件名称	主要内容
2014年4月	国务院	《国务院关于加强地方政府性债务管理意见》	地方政府融资平台不得增加政府债务，地方政府债务将统一纳入预算管理，清理存量，控制增量
2014年10月	发改委	《企业债券审批新增注意事项》	发改委提高审核门槛，地方政府融资需求下降，企业债券申报难度明显增加
2014年10月	财政部	《地方政府存量债务纳入预算管理清理甄别办法》	清理地方政府性存量债务进入实质性阶段，2015年全面开启市场化元年

（续）

政策发布时间	部门	文件名称	主要内容
2015 年 5 月	发改委	《关于充分发挥企业债券融资功能支持重点项目建设促进经济平稳较快发展的通知》	从企业发债名额、财务指标、区域债务率等多方面对企业债券发行条件做出适度放宽
2015 年 11 月	发改委	《国家发改委办公厅关于简化企业债券申报程序加强风险防范和改革监管方式的意见》	企业债券相比过去的审核流程大为简化，债券发行效率大幅提升
2015 年 12 月	发改委	《绿色债券发行指引》	支持国家环保产业发展，推出绿色债券

三、创新创业公司债券与中小企业融资

“创新创业公司债券”（以下简称“双创债”），是指符合条件的创新创业公司、创业投资公司，依照相关法律发行的公司债券。在试点期间，监管层重点支持新三板创新层企业以及在指定区域运营的公司。

2017 年 7 月 4 日，《中国证监会关于开展创新创业公司债券试点的指导意见》（〔2017】10 号）发布。在 7 月 12 日举行的国务院常务会议上，强调要“稳步扩大创业创新公司债券试点规模”。

（一）适用范围

本指导意见所称创新创业公司债，是指符合条件的创新创业公司、创业投资公司，依照《公司法》《证券法》《公司债券发行与交易管理办法》和其他法律法规及部门规章发行的公司债券。

创新创业公司，是指从事高新技术产品研发、生产和服务，或者具有创新业态、创新商业模式的中小型公司。创新创业公司发行创新创业公司债，应当就本公司创新创业特征作专项披露；债券承销机构应当依据以下规范性文件进行审慎筛查，就发行人是否具有创新创业特征发表明确意见：

1. 国家战略性新兴产业相关发展规划。

2.《国务院关于印发〈中国制造 2025〉的通知》（国发〔2015〕28 号）及相关政策文件。

3. 国务院及相关部委出台的大众创业万众创新政策文件。

4. 国家及地方高新技术企业认定标准。

5. 其他创新创业相关政策文件。

创业投资公司，是指符合《私募投资基金监督管理暂行办法》《创业投资企业管理暂行办法》等有关规定，向创新创业企业进行股权投资的公司制创业投资基金和创业投资基金管理机构。发行创新创业公司债募集的资金应专项投资于种子期、初创期、成长期的创新创业公司的股权。

（二）重点支持对象

试点初期，重点支持以下公司发行创新创业公司债：

1. 注册或主要经营地在国家“双创”示范基地、全面创新改革试验区域、国家综合配套改革试验区、国家级经济技术开发区、国家高新技术产业园区和国家自主创新示范区等创新创业资源集聚区域内的公司。

2. 已纳入全国中小企业股份转让系统（新三板）创新层的挂牌公司。

中国证监会将及时总结试点工作成效，根据试点工作开展情况适时扩大试点范围。

四、双创孵化专项债券

为充分发挥各类创新主体的创造潜能，形成“大众创业、万众创新”的生动局面，加大企业债券融资方式对双创孵化项目的支持力度，引导和鼓励社会投入，国家发改委办公厅 2015 年发布《双创孵化专项债券发行指引》（发改办财金〔2015〕2894 号）。

支持提供“双创孵化”服务的产业类企业或园区经营公司发行双创孵化专项债券，募集资金用于涉及双创孵化服务的新建基础设施、扩容改造、系统提升、建立分园、收购现有设施并改造等，包括但不限于纳入中央预算内资金引导范围的“双创”示范基地、国家级孵化园区、省级孵化园区以及经国务院科技和教育行政管理部门认定的大学科技园中的项目建设。

“双创孵化”服务是指为降低企业的创业风险和创业成本，提高企业的成活率和成功率，为入孵企业提供研发、中试生产、经营的场地和办公方面的共享设施以及提供政策、管理、法律、财务、融资、市场推广和培训等方面的服务。

第四章
股权投资基金是资本化的源泉

近几年，中国VC/PE行业增长较为迅猛，有望成为全球最大VC/PE基金市场。从国家层面看，政府引导基金设立的步伐不减，国务院提出要推动国家新兴产业创业投资引导基金、国家中小企业发展基金、国家科技成果转化引导基金设立一批创业投资子基金。各种性质的VC/PE基金方兴未艾，为资本化提供了源泉。

第一节　揭开私募股权投资基金的面纱

一、中国有望成为全球最大的VC/PE基金市场

近几年，中国VC/PE行业增长较为迅猛。根据中国证券投资基金业协会披露数据显示，截至2017年9月底，已登记的私募股权，创业投资基金管理人12352家，相比2015年1月增长189%；管理正在运作的基金26,107只，相比增加549%；管理基金规模6.48万亿元，相比增加286%。

根据中国创投发展综合指数显示，从2014年国家推出“双创”政策以来，虽然创投行业受各种因素影响具有一定起伏和波动性，但中国创投行业整体呈现稳步向上发展态势。

中国VC/PE行业未来发展潜力巨大。截至2016年年底，美国GDP为185,619亿美元，中国国内生产总值为113,916亿美元，美国GDP为中国的1.63倍，然而美国私募基金行业管理基金规模为中国的3.33倍，相比2015年中美之间的差异在不断缩小，中国有望成为全球最大的VC/PE基金市场。

二、私募股权基金政策环境

2013 年，中国 VC/PE 市场在监管层面出现了里程碑式转折，行业发展迎来新的周期，新修订的《中华人民共和国证券投资基金法》实施，首次明确了公开募集与非公开募集界限，私募证券投资基金获得合法地位。

2014 年 5 月 9 日，国务院发布了《关于进一步促进资本市场健康发展的若干意见》（简称“新国九条”），首次将“培育私募市场”单独列出。8 月 21 日，证监会发布《私募投资基金监督管理办法》，这是证监会颁布的第一部关于私募投资基金的专门性监管法规，制度化监管模式已经形成。

2015 年，李克强总理在政府工作报告中正式提出“大众创业，万众创新”的口号，配套政策紧随其后，全国“双创”局面初现。

2016 年，随着“大众创业，万众创新”发展战略的深入，中国经济的新引擎、新动能不断地释放，为中国 VC/PE 行业发展带来了很多市场机遇。

2017 年，双创政策不断出台，体现了国家层面鼓励创新创业，扩大直接融资，疏通金融进入实体经济的国策。

私募股权基金政策环境，见表 4－1。

表 4－1　私募股权基金政策环境

法律法规	发布时间	发布单位	主要内容
《创业投资企业管理暂行办法》	2005 年 11 月	发改委等十部委	规定国家与地方政府可以设立创业投资引导基金，通过参股和提供融资担保等方式扶持创业投资企业的设立与发展
《国家中长期科学和技术发展规划纲要（2006—2020 年）》	2006 年 2 月	国务院	提出要探索以政府财政资金为引导，政策性金融、商业性金融资金投入为主的方式，采取积极措施，促进更多资本进入创业风险投资市场
《财政部国家税务总局关于促进创业投资企业发展有关税收政策的通知》	2007 年 2 月	财政部、国税局	规定创业投资企业采取股权投资方式投资于未上市的中小高新技术企业 2 年及以上，符合条件的，可按照其对中小高新技术企业投资额的 70% 抵扣该创业投资企业的应纳税所得额

（续）

法律法规	发布时间	发布单位	主要内容
《科技型中小企业创业投资引导基金管理暂行办法》	2007 年 7 月	科技部、财政部	规定科技型中小企业创业投资引导基金专项用于引导创业投资机构向初创期科技型中小企业投资
《关于创业投资引导基金规范设立与运作的指导意见》	2008 年 10 月	发改委、财政部、商务部	对引导基金的性质与宗旨、原则和方式、资金来源、资金管理、监管与指导、风险控制和组织实施七个方面，做出了规范性的建议，为政府引导基金组织和设立确立了一个法律基础
《新兴产业创投计划参股创业投资基金管理暂行办法》	2011 年 8 月	财政部、发改委	对中央财政从产业技术研究与开发资金等专项资金中安排资金与地方政府资金、社会资本共同发起设立的创业投资基金或通过增资方式参与的现有创业投资基金模式进行了规范
《证券投资基金法》	2013 年 6 月		首次明确了公开募集与非公开募集界限，私募证券投资基金获得合法地位
《中央编办关于私募股权基金管理职责分工的通知》	2013 年 6 月	中央编办	明确了证监会负责 VC/PE 基金的监督管理，实行适应监管
《关于进一步促进资本市场健康发展的若干意见》（简称“新国九条”）	2014 年 5 月	国务院	首次将“培育私募市场”单独列出，VC/PE 市场开始受到力捧
《私募投资基金监督管理办法》	2014 年 8 月	证监会	这是证监会颁布的第一部关于私募投资基金的专门性监管法规，制度化监管模式已经形成
关于大力推进大众创业万众创新若干政策措施的意见	2015 年 6 月	国务院	从十一个方面详细论述了推进“大众创业，万众创新”的举措，是“大众创业，万众创新”的系统性、普惠性政策文件

（续）

法律法规	发布时间	发布单位	主要内容
《政府投资基金暂行管理办法》	2015年12月	财政部	对政府引导基金定义、设立批准、支持领域、政府角色、基金投资负面清单等进行了规范。是政府引导基金的纲领性文件
《国务院关于促进创业投资持续健康发展的若干意见》	2016年9月	国务院	对国内创业投资行业的监管和发展提出了指导性意见，其中明确天使投资的概念，并提出八大举措促进创投发展
《政府出资产业投资基金管理暂行办法》	2016年12月	发改委	从政府出资产业投资基金的募集和登记管理，投资运作及终止，绩效评价和信用建设等方面，完善了监管措施。政府引导基金与中国证券投资基金业协会双重监管
《关于开展创新创业公司债券试点的指导意见（征求意见稿）》	2017年5月	证监会	
《私募投资基金管理暂行条例（征求意见稿）》	2017年8月	国务院法制办	旨在解决证监会和基金业协会对私募股权投资基金监管的法律法规基础
《关于强化实施创新驱动发展战略进一步推进大众创业万众创新深入发展的意见》	2017年7月	国务院	推动国家新兴产业创业投资引导基金、国家中小企业发展基金、国家科技成果转化引导基金设立一批创业投资子基金。引导和规范地方各级人民政府设立创业投资引导基金，建立完善对引导基金的运行监管机制、财政资金的绩效考核机制和基金管理机构的信用信息评价机制

三、私募股权投资基金三种组织形式

财政部〔2015〕210 号和国家发改委〔2016〕2800 号列出了政府出资产业基金所包含的组织形式，即：公司型、合伙型、契约型。在这之前陆续颁布和修订的几部法律《公司法》《中华人民共和国合伙企业法》《中华人民共和国信托法》以及《中华人民共和国证券投资基金法》成了上述各组织形式运作的法律基础。

（一）三种组织形式对应的管理模式（见表 4－2）

表 4－2　私募股权基金三种组织形式对应的管理模式

组织形式	管理模式	备注
公司型基金	受托管理	
	自我管理	管理人本身即为基金产品
合伙型基金	受托管理（内部管理人）	
	受托管理（外部管理人）	
契约型基金	受托管理	
	顾问管理	不适用合同指引。管理人首只基金不得以投资顾问的形式备案

（二）三种组织形式优缺点比较（见表 4－3）

表 4－3　私募股权基金三种组织形式优缺点比较

组织形式	优点	缺点
公司型	资合：股权转让及人员变动不会给基金带来直接的影响，稳定性高	《公司法》对于公司行为的约束更为明确、具体，降低基金收益率
	法律制度完善、组织架构完备，运作和管理上相对规范	双重纳税。一为公司缴纳 25% 企业所得税，二为基金份额持有人缴纳 20% 的个人所得税
		分配不灵活：需在基金整体盈利情况下，方可对股东分配
合伙型	资合＋人合：所有权和管理权相互分离	有限合伙人无法参与日常经营管理，无法代表基金，权利受到限制
	激励机制灵活，可按约定比例分红	

（续）

组织形式	优点	缺点
合伙型	LP能够较为自由地转让其持有的基金份额，其他合伙人不享有优先受让权	有限合伙人无法参与日常经营管理，无法代表基金，权利受到限制
	分配机制灵活：合伙人可随时分配收益	
	“先分后税”更为灵活避免双重纳税	
契约型	不具有法人资格，不属于纳税主体，避免双重税负	IPO过程中契约型股东会导致股权不清晰、不稳定，政策尚不明朗，退出通道不明晰
	基于“契约式精神”，无需注册专门组织实体，不具备独立的法律资格，运营成本低廉	

四、私募股权投资基金的分类（见表4－4）

表4－4　私募股权基金分类

分类标准	基金类型
组织形式	公司型、合伙型、契约型
主导者类型	政府引导基金、上市公司引导基金、实业系基金、券商系基金、银行系基金
投资对象	成长基金、并购基金、夹层基金、房地产基金、上市公司定向增发基金、基础设施投资基金、FOF（基金中的基金）等
投资阶段	天使基金、种子基金、风险投资基金、PE基金、Pre-IPO基金

五、私募股权投资基金若干焦点问题

（一）国有企业担任GP问题的解释

1．问题的由来

《中华人民和国合伙企业法》（以下简称：《合伙企业法》）第三条“国有

独资公司、国有企业、上市公司以及公益性的事业单位、社会团体不得成为普通合伙人。”

2．问题的解决

（1）法律争议地带

《合伙企业法》第二条“有限合伙企业由普通合伙人和有限合伙人组成，普通合伙人对合伙企业债务承担无限连带责任，有限合伙人以其认缴的出资额为限对合伙企业债务承担责任。”

《公司法》第三条“公司是企业法人，有独立的法人财产，享有法人财产权。公司以其全部财产对公司的债务承担责任。有限责任公司的股东以其认缴的出资额为限对公司承担责任；股份有限公司的股东以其认购的股份为限对公司承担责任。”

此问题在法律界一直存在争议，可以从以下两方面理解：

第一，私法领域，法不禁止则允许的原则。《合伙企业法》第三条规定：“国有独资公司、国有企业、上市公司以及公益性的事业单位、社会团体不得成为普通合伙人。”该条规定以否定式列举的方式，明确规定了这些民事主体不可以成为普通合伙人，并没有将公司（有限责任公司和股份有限公司）明确的排除在外，那么根据“私法领域，法不禁止则允许的原则”，公司（有限责任公司和股份有限公司）可以转投资合伙企业成为普通合伙人。

第二，无限责任有限化。公司以其全部财产对公司的债务承担责任，而公司股东以其认缴的出资额或认购的股份为限对公司承担责任。

（2）政策层面解释（见表4－5）

表4－5　国有企业担任GP问题的政策层面解释文件

部门名称	文件名称	具体内涵
国家工商总局 国家统计局	《关于划分企业登记注册类型的规定》（国统字（1998）200号）（2011年9月39日颁布的《关于划分企业登记注册类型的规定调整的通知》对此未做修改）	国有企业是指企业全部资产归国家所有，并按《中华人民共和国企业法人登记管理条例》规定登记注册的非公司制的经济组织。不包括有限责任公司中的国有独资公司。（注：可理解为非公司制的全民所有制企业）

（续）

部门名称	文件名称	具体内涵
国家发改委	《股权投资企业备案指引》（2012年6月14日国家发改委财政金融司）	国有股权≥50%
国资委	《关于施行〈上市公司国有股东标识管理暂行规定〉有关问题的函》（国资厅产权〔2008〕80号）	国有股权≥50%
劳动保障部、税务总局是指国有股占比＞50%的企业	《关于进一步明确国有大中型企业主辅分离辅业改制有关问题的通知》国资委、财政部、劳动保障部、税务总局于2003年7月4日	国有股占比＞50%
财政部	《关于国有企业认定问题有关意见的函》（财政部2003年）	国有股绝对控股（＞50%）；国有股相对控股企业（≤50%）需要综合认定
人大常委会法工委	人大常委会法工委《＜合伙企业法＞释义》	包括国有独资企业、国有控股企业和国有控股公司

（3）实践层面佐证

案例：2012年9月28日，国开金融有限责任公司全资设立国开投资发展基金管理（北京）有限责任公司。国开金融有限责任公司是国家开发银行的全资子公司。2014年12月4日，由国开投资发展基金管理（北京）有限责任公司作为GP，国开金融有限责任公司等做LP共同设立国开（北京）新型城镇化发展基金（有限合伙），该基金于2015年4月24日备案。

（二）证券市场国有股转持社保问题成为历史

2017年11月9日《国务院关于印发划转部分国有资本充实社保基金实施方案的通知》（国发〔2017〕49号）规定："自本方案印发之日起，《国务院关于印发减持国有股筹集社会保障资金管理暂行办法的通知》（国发〔2001〕22号）和《财政部国资委证监会社保基金会关于印发〈境内证券市场转持部分国有股充实全国社会保障基金实施办法〉的通知》（财企〔2009〕94号）

等现行国有股转（减）持政策停止执行。”

这意味着多年来让 VC/PE 头痛不已的“国有股转持”政策从 2017 年 11 月 9 日起停止执行。

第二节　政府投资基金的运作模式及政策环境

一、政府投资基金的界定

政府投资基金是指由各级政府通过预算安排，以单独出资或与社会资本共同出资设立，采用股权投资等市场化方式，引导社会各类资本投资经济社会发展的重点领域和薄弱环节，支持相关产业和领域发展的资金（《政府投资基金暂行管理办法》2015 年 12 月 9 日财政部公布）。

政府投资基金是指有政府出资，主要投资于非公开交易企业股权的股权投资基金和创业投资基金（《政府出资产业投资基金管理暂行办法》2016 年 12 月发改财金规〔2016〕2800 号）。

二、政府投资基金的发展概况

当前，中国经济正在步入“新常态”，寻找经济中长期增长新动力成为促进经济成功转型的最关键一环，各地推进战略性新兴产业发展、深化供给侧结构性改革，促进“大众创业，万众创新”发展的需求非常迫切。在此背景下，从中央到地方均将政府引导基金视为大力促进“双创”产业发展，推动产业优化升级，调整经济结构的有力工具。

从国家层面看，政府引导基金设立的步伐不减。继 2015 年决定设立 400 亿国家新兴产业创业投资引导基金和 600 亿国家中小企业发展基金后，2016 年接连设立了多只规模超千亿的政府引导基金。2017 年国务院《关于强化实施创新驱动发展战略进一步推进大众创业万众创新深入发展的意见》，提出要推动国家新兴产业创业投资引导基金、国家中小企业发展基金、国家科技成果转化引导基金设立一批创业投资子基金。引导和规范地方各级人民政府设立创业投资引导基金，建立完善对引导基金的运行监管机制、财政资金的绩效考核机制和基金管理机构的信用信息评价机制。

从地方层面看，地方政府纷纷开始设立政府引导基金，发挥政府财政资金“四两拨千斤”作用，以股权投资方式有效破解中小企业融资难题，推动产业发展。这一方面因为政策的引导和中央层面基金设立调动了地方积极性，另一方面也缘于各级政府促进产业转型升级，解决融资难问题需求迫切。

从行业层面来看，基础设施类政府引导基金成为主力。基础设施类政府引导基金单支基金规模呈现不断扩大趋势，规模超百亿，甚至千亿的政府引导基金频现。此外，战略新兴产业备受青睐，2016 年涌现了大批投向战略新兴产业的政府引导基金。这些基金或是专注于战略新兴产业中的一两个细分产业，如节能环保、高端装备制造、生物医药、信息技术等的专项基金，或是覆盖整个战略新兴产业的综合类基金。

从地域分布来看，政府引导基金呈现由东部沿海地区向中西部地区加速扩散的发展趋势。环渤海地区、长三角地区及珠三角地区依然是政府引导基金设立最密集的区域。同时，国内其他偏远地区也在积极尝试利用政府引导基金，带动当地相关产业发展，促进社会经济发展和城镇化发展。从级别分布特点来看，地市级和县区级行政单位逐渐成为政府投资基金设立主力，其中，地市级政府投资基金占比已经从 2016 年的 36.7% 增至 42.6% 。

三、政府投资基金的政策环境

我国自 1984 年即开始探索推动发展创业投资，但在此后的 20 多年时间里，由于对引导创业投资发展路径缺乏正确的认识，所出台的一系列政策措施均缺乏可操作性。起初，政府试图通过财政出资直接设立创业投资企业，开展创业投资活动，如深圳市创新投资集团有限公司、上海创业投资有限公司、江苏高科技投资集团、天津创业投资有限公司等。这些政府主导型创业投资机构虽然起到了一定的作用，但政府直接从事创业投资活动，很难与行政管理相分离，创业投资效率难以提高。

2002 年，中关村创业投资引导资金的成立标志着中国政府引导基金发展的开端。从2005年，在国务院十部委联合发布的《创业投资企业管理暂行办法》中第一次出现引导基金的概念；到2007年7月，财政部、科技部颁布《科技型中小企业创业投资引导基金管理暂行办法》，专门提出科技型中小企业创业投资引导基金；再到2008年，国家发改委联合财政部、商务部共同出台《关于创业投资引导基金规范设立与运作的指导意见》，第一次对引导基金的概念进行了详细的定义；再到2010年财政部颁布《政府性基金管理暂行办法》，首次对政府性基金进行规范；2015年财政部颁布《政府投资基金暂行管理办法》、2016年国家发改委颁布《政府出资产业投资基金管理暂行办法》，对中国政府引导基金的发展进行了不断的规范。政府投资基金政策文件，见表4－6。

表4－6　政府投资基金政策文件

政策文件	发布时间	发布单位	主要内容
《创业投资企业管理暂行办法》	2005年11月	国家发改委等十部委	规定国家与地方政府可以设立创业投资引导基金，通过参股和提供融资担保等方式扶持创业投资企业的设立与发展
《国家中长期科学和技术发展规划纲要(2006～2020年)》	2006年2月	国务院	提出要探索以政府财政资金为引导，政策性金融、商业性金融资金投入为主的方式，采取积极措施，促进更多资本进入创业风险投资市场
《财政部国家税务总局关于促进创业投资企业发展有关税收政策的通知》	2007年2月	财政部、国税局	规定创业投资企业采取股权投资方式投资于未上市的中小高新技术企业2年及以上，符合条件的，可按照其对中小高新技术企业投资额的70%抵扣该创业投资企业的应纳税所得额
《科技型中小企业创业投资引导基金管理暂行办法》	2007年7月	科技部、财政部	规定科技型中小企业创业投资引导基金专项用于引导创业投资机构向初创期科技型中小企业投资

（续）

政策文件	发布时间	发布单位	主要内容
《关于创业投资引导基金规范设立与运作的指导意见》	2008 年 10 月	发改委、财政部、商务部	对引导基金的性质与宗旨、原则和方式、资金来源、资金管理、监管与指导、风险控制和组织实施七个方面，做出了规范性的建议，为政府引导基金组织和设立确立了一个法律基础
《政府性基金管理暂行办法》	2010 年 9 月	财政部	加强政府性基金管理，进一步规范审批、征收、使用、监管等行为，切实保护公民、法人和其他组织的合法权益
《新兴产业创投计划参股创业投资基金管理暂行办法》	2011 年 8 月	财政部、发改委	对中央财政从产业技术研究与开发资金等专项资金中安排资金与地方政府资金、社会资本共同发起设立的创业投资基金或通过增资方式参与的现有创业投资基金模式进行了规范
《政府投资基金暂行管理办法》	2015 年 12 月	财政部	对政府引导基金定义、设立批准、支持领域、政府角色、基金投资负面清单等进行了规范
《关于财政资金注资政府投资基金支持产业发展的指导意见》	2015 年 12 日	财政部	对政府投资基金的规范设立运作，财政资金出资人职责等进行了明确
《政府出资产业投资基金管理暂行办法》	2016 年 12 日	发改委	与财政部《政府投资基金暂行管理办法》存在一定重叠
《关于强化实施创新驱动发展战略进一步推进大众创业万众创新深入发展的意见》	2017 年 7 日	国务院	推动国家新兴产业创业投资引导基金、国家中小企业发展基金、国家科技成果转化引导基金设立一批创业投资子基金。引导和规范地方各级人民政府设立创业投资引导基金，建立完善对引导基金的运行监管机制、财政资金的绩效考核机制和基金管理机构的信用信息评价机制

四、政府投资基金的运作模式

（一）政府引导基金一般运作模式

政府引导基金是以政府为主导采用市场化运作的基金，其基本运作模式是由政府背景的平台公司引导部分社会资本发起设立母基金，主要以有限合伙人（LP）的方式投资于特定区域或领域的私募股权基金。

根据《政府投资基金暂行管理办法》（财预〔2015〕210号文）、《政府出资产业投资基金管理暂行办法》（发改财金规〔2016〕2800号）这两个最新并且最全面的管理办法对政府引导基金的一般运作模式进行对比分析（见表4－7）。

表4－7　政府引导基金一般运作模式对比分析

	《政府投资基金暂行管理办法》（财预〔2015〕210号文）	《政府出资产业投资基金管理暂行办法》（发改财金规〔2016〕2800号）	备注
定义	政府投资基金是指各级政府通过预算安排，以单独出资或与社会资本共同出资设立、采用股权投资等市场化方式，引导社会各类资本投资经济社会发展的重点领域和环节，支持相关产业和领域发展的基金	有政府出资，主要投资于非公开交易企业股权的股权投资基金和创业投资基金	发改委更简洁
主管角色	政府出资设立投资基金，应当由财政部门或财政部门会同有关行业主管部门报本级政府批准	国家发展改革委会同地方发展改革部门对政府出资产业投资基金业务活动实施事中事后管理	财政部管设立，发改委管事中事后，差异化管理
组织形式	公司型、合伙型、契约型	公司型、合伙型、契约型	一致
基金管理人	原则上委托市场化基金管理公司管理	—	—

（续）

	《政府投资基金暂行管理办法》（财预〔2015〕210 号文）	《政府出资产业投资基金管理暂行办法》（发改财金规〔2016〕2800 号）	备注
资金来源	政府出资，是指财政部门通过一般公共预算、政府性基金预算、国有资本经营预算等安排的资金	包括财政预算内投资、中央和地方各类专项建设基金及其他财政性资金	财政部强调的是政府预算内资金
预算管理	政府投资基金应纳入年度政府预算	未明确规定	
投资领域	支持创新创业；支持中小企业发展；支持产业转型升级和发展；支持基础设施和公共服务领域	七大领域：非基本公共服务领域；基础设施领域；住房保障领域；生态环境领域；区域发展领域；战略性新兴产业和先进制造业领域；创业创新领域	其中的“非基本公共服务领域”与财政部的“公共服务领域”规定不同
投资对象	—	未上市企业股权，包括以法人形式设立的基础设施项目、重大工程项目等未上市企业的股权；参与上市公司定向增发、并购重组和私有化等股权交易形成的股份等	发改委对投资内容规定更加具体
投资方式	—	政府出资产业投资基金可以综合运用参股基金、联合投资、融资担保、政府出资适当让利等多种方式	—
禁投事项	政府引导基金禁止从事 7 类业务 政府投资基金在运作过程中不得从事以下业务： （1）从事融资担保以外的担保、抵押、委托贷款等业务； （2）投资二级市场股票、期货、房地产、证券投资基金、评级 AAA 以下的企业债、信托产品、非保本型理财产品、保险计划及其他金融衍生品；	对单个企业的投资额不得超过基金资产总值的 20%，且不得从事下列业务：名股实债等变相增加政府债务的行为；公开交易类股票投资，但以并购重组为目的的除外；直接或间接从事期货等衍生品交易；为企业提供担保，但为被投资企业提供担保的除外；承担无限责任的投资	发改委对“明股实债”做了明令禁止。发改委注重的是基金结构，财政部则是列明具体的金融产品

（续）

	《政府投资基金暂行管理办法》（财预〔2015〕210 号文）	《政府出资产业投资基金管理暂行办法》（发改财金规〔2016〕2800 号）	备注
禁投事项	（3）向任何第三方提供赞助、捐赠（经批准的公益性捐赠除外）； （4）吸收或变相吸收存款，或向第三方提供贷款和资金拆借； （5）进行承担无限连带责任的对外投资； （6）发行信托或集合理财产品募集资金； （7）其他国家法律法规禁止从事的业务	对单个企业的投资额不得超过基金资产总值的 20%，且不得从事下列业务：名股实债等变相增加政府债务的行为；公开交易类股票投资，但以并购重组为目的的除外；直接或间接从事期货等衍生品交易；为企业提供担保，但为被投资企业提供担保的除外；承担无限责任的投资	发改委对“明股实债”做了明令禁止。发改委注重的是基金结构，财政部则是列明具体的金融产品
投资原则	无具体规定	投资于基金章程、合伙协议或基金协议中约定产业领域的比例不得低于基金募集规模或承诺出资额的 60%。对单个企业的投资额不得超过基金资产总值的 20%	—
管理原则	政府投资基金应按照“政府引导、市场运作、科学决策、防范风险”的原则进行运作。基金募资、投资、投后管理、清算、退出等通过市场化运作。财政部门应指导投资基金建立科学的决策机制，确保投资基金政策性目标实现，一般不参与基金日常管理事务	政府出资产业投资基金应坚持市场化运作、专业化管理原则，政府出资人不得参与基金日常管理事务	—
退出政策	政府投资基金中的政府出资部分在存续期未满如达到预期收益，可以通过股权回购机制等方式适时推出	基金一般应在存续期满后终止，确需延长存续期的，应报经政府基金设立批准部门同意后，与其他投资方按约定办理	—

（续）

	《政府投资基金暂行管理办法》（财预〔2015〕210号文）	《政府出资产业投资基金管理暂行办法》（发改财金规〔2016〕2800号）	备注
分配原则	投资基金各出资方应当按照“利益共享、风险共担”的原则，明确约定收益处理和亏损负担方式。投资基金的亏损应由出资方共同承担，政府应以出资额为限承担有限责任。政府可以适当让利，但不得向其他出资人承诺投资本金不受损失，不得承诺最低收益	政府出资产业投资基金应在章程、委托管理协议等法律文件中，明确基金的分配方式、业绩报酬、管理费用和托管费用标准	—
备案登记	加强政府投资基金信用体系建设，建立政府投资基金及其高级管理人员信用记录，并将其纳入全国统一的社会信用信息共享交换平台	国家发展改革委建立全国政府出资产业投资基金信用信息登记系统，并指导地方发展改革部门建立本区域政府出资产业投资基金信用信息登记子系统。中央各部门及其直属机构出资设立的产业投资基金募集完毕后二十个工作日内，应在全国政府出资产业投资基金信用信息登记系统登记	发改委建立了自己的管理系统，与基金业协会的备案系统一起，组成政府出资产业投资基金的“双备案”制度

（二）政府引导基金的典型案例

1. 国家科技成果转化引导基金

2017年2月科技部发布国家科技成果转化引导基金设立创业投资子基金公告，公布8支创业投资子基金基本情况（见表4-8）。

表4-8　国家科技成果转化引导基金一览

序号	子基金名称	基金规模（万元）	子基金注册地址	子基金管理机构	投资领域
1	北京国科瑞华战略性新兴产业投资基金（有限合伙）	221,619	北京市北京经济技术开发区科创十四街99号33幢D栋二层2158号	中国科技产业投资管理有限公司	高端装备制造、信息技术、消费与生命健康

（续）

序号	子基金名称	基金规模（万元）	子基金注册地址	子基金管理机构	投资领域
2	北京君联成业股权投资合伙企业（有限合伙）	170,000	北京市海淀区科学院南路2号院1号楼16层1602	君联资本管理股份有限公司	智能制造、专业服务、TMT及创新消费
3	天津天创盈鑫创业投资合伙企业	28,600	天津生态城动漫中路482号创智大厦203室-377	天津创业投资管理有限公司	节能环保、信息技术、先进制造
4	国投（上海）科技成果转化创业投资基金企业（有限合伙）	1,000,000	上海市杨浦区控江路1142号23幢4064-31室	国投（上海）创业投资管理有限公司	电子信息、先进制造、能源环保、生物医药等领域重大专项科技成果转化
5	国投京津冀科技成果转化创业投资基金（有限合伙）	100,000	河北省固安县工业园区东方街3号创业大厦	国投创业投资管理有限公司	信息技术、先进制造、生物医药等
6	新能源汽车科技创新（合肥）股权投资合伙企业（有限合伙）	50,000	安徽省合肥市高新区望江西路860号科技创新公共服务中心C座518室	合肥国科新能股权投资管理合伙企业（有限合伙）	新能源汽车及相关产业
7	上海高特佳懿海投资合伙企业（有限合伙）	35,243.2	上海市嘉定区胜辛南路500号14幢3027室	上海高特佳投资管理有限公司	生物医药等
8	苏州瑞华投资合伙企业（有限合伙）	100,000	江苏省苏州市科灵路37号	江苏瑞华创业投资管理有限公司	生物医药、电子信息、新材料

2. 财政部、国家发改委引导创投基金

2011年8月17日，财政部、国家发展改革委制定了《新兴产业创投计划参股创业投资基金管理暂行办法》（财建〔2011〕668号）。

中央财政从产业技术研究与开发资金等专项资金中安排资金与地方政府资金、社会资本共同发起设立的创业投资基金或通过增资方式参与的现有创业投资基金（简称参股基金）。

参股基金管理遵循“政府引导、规范管理、市场运作、鼓励创新”原则，其发起设立或增资、投资管理、业绩奖励等按照市场化方式独立运作，自主经营，自负盈亏。中央财政出资资金委托受托管理机构管理，政府部门及其受托管理机构不干预参股基金日常的经营和管理。

参股基金由财政部、国家发展改革委共同组织实施。

3. 地方中小企业发展基金

2017 年 9 月 1 日，经第十二届全国人大常委会第二十九次会议表决通过，新修订的《中华人民共和国中小企业促进法》正式颁布，并于 2018 年 1 月 1 日起正式施行。明确“县级以上地方各级人民政府可以设立中小企业发展基金”“县级以上地方各级人民政府应当根据实际情况，在本级财政预算中安排中小企业发展专项资金”。

从国家层面而言，在 2015 年财政部和工信部已宣布设立国家中小企业发展基金，中央财政将通过整合资金出资 150 亿元，建立总规模为 600 亿元的国家中小企业发展基金。国家中小企业发展基金目前已设立 4 支直投实体基金，并投入运营。

4. PPP 模式下的产业投资基金

（1）背景

为加强对地方政府融资平台公司及其债务的规范管理，中央自 2010 年起发布了一系列文件加强对地方融资平台的监管，尤其是新预算法和 43 号文的出台，使得地方政府的传统融资渠道（贷款、信托和债券）融资全面受限。

根据 43 号文的规定，地方政府规范的举债融资机制仅限于：政府举债（一般债券和专项债券）、PPP 和规范的或有债务。

（2）政策依据

PPP 模式下的产业投资基金，一般通过股权投资于地方政府纳入到 PPP 框架下的项目公司，由项目公司负责具体基建项目的设计、建造、运营，政府授予项目公司一定期限的特许权经营期。

2015 年 5 月 19 日，国务院办公厅转发财政部、发展改革委、人民银行《关于在公共服务领域推广政府和社会资本合作模式指导意见》的通知（国办发〔2015〕42 号），特别指出中央财政出资引导设立中国政府和社会资本合作融资支持基金，作为社会资本方参与项目，提高项目融资的可获得性。鼓励地方政府在承担有限损失的前提下，与具有投资管理经验的金融机构共同发起设立基金，并通过引入结构化设计，吸引更多社会资本参与。

（3）模式

模式一：由省级政府层面出资成立引导基金，再以此吸引金融机构资金，合作成立产业基金母基金。地方政府做劣后，承担主要风险，项目需要通过省政府审核。这种模式中，一般政府对金融机构还是有隐性担保的。

模式二：由金融机构联合地方国企发起成立有限合伙基金，一般由金融机构做 LP 优先级，地方国企或平台公司做 LP 的次级，金融机构指定的股权投资管理人做 GP。这种模式下，整个融资结构是以金融机构为主导的。

模式三：有建设运营能力的实业资本发起成立产业投资基金，该实业资本一般都具有建设运营的资质和能力，在与政府达成框架协议后，通过联合银行等金融机构成立有限合伙基金，对接项目。

五、政府引导基金特征

（一）引导基金主要特点

根据 2008 年 10 月国家发改委会同财政部、商务部制定的《关于创业投资引导基金规范设立与运作的指导意见》，政府引导基金具有以下几个特点：

首先，政府引导基金是不以营利为目的的政策性基金，并非商业性基金。

其次，政府引导基金发挥引导作用的机制是“主要通过扶持创业投资企业发展，引导社会资金进入创业投资领域”，而非直接从事创业投资。

最后，政府引导基金按市场化的有偿方式运作，而非通过拨款、贴息或风险补贴式的无偿方式运作。

（二）引导基金与创业投资基金

从基金的投资对象来看，政府引导基金实际上是一种“基金的基金”（Fund of Funds，FOF），所谓“基金的基金”，通常是指投资于其他基金的基金，有时也称作“母基金”。“基金的基金”与一般创业投资基金直接投资于项目相比，在风险分散、投资手续简化、投资成本等方面存在优势；但投资于“基金的基金”也有一些不足，主要表现在双重管理费用、投资收益平均化、易产生额外费用和管理风险等方面。

（三）引导基金与“基金的基金”

政府引导基金作为一种政策性“基金的基金”，其具有一般商业性“基金的基金”的共同特点，同时也具有自身的特点。政府引导基金和商业性“基金的基金”一样，均作为母基金投资于其他多个子基金，不直接投资于创业项目。但政府引导基金主要出发点是吸引社会资金的投入以共同组建创业投资子基金来支持创业投资发展，其在设立主体、投资原则、管理方式和存续期等方面与商业性“基金的基金”有明显区别。不过在现实情况中，由于部分商业性运作的“基金的基金”也有政府参与的背景，并在一些场合发挥引导资金的作用，因此，在实践中两者界限并非十分清晰。

六、政府引导基金作用

（一）引导基金的社会功能

1. 促进大众创业、万众创新，落实国家创新驱动发展战略

国家新兴产业创业投资引导基金以中央财政资金为引导，带动社会资本投入，引导创业投资向创新型企业起步成长的前端延伸，促进大众创业、万众创新，推动新兴产业成长，实现产业升级，重点支持新兴产业领域最具创新活力的早中期、初创期创新型企业成长壮大，落实国家创新驱动发展战略部署。

政府引导基金完全采取市场化的运作，委托市场的机构按照国家发展的

一些战略重点和方向，来积极支持新的技术、新的业态的发展，特别是创业环节的早中期、初创期一些创业创新的企业来发展，为我们后期新增长点的培育、经济结构的调整奠定了一个好的基础。

2. 提升财政资金使用效率，实现政府和市场的双赢

通过设立国家新兴产业创业投资引导基金，有机结合政策引导性与商业合理性，实现财政资金“拨改投”，撬动社会资本，有利于提高财政资金的使用效率，扩大有效投资，落实国家战略，实现政府和市场的双赢。

3. 引导社会资金集聚，形成资本供给效应

政府创业资本引导基金的设立会改善创业资本的供给，解决创业投资的资金来源问题。政府设立引导基金，通过政府信用，吸引保险资金、社保资金等机构投资者的资金以及民间资本、国外资本等社会资金聚集，形成资本供给进入创业投资领域，这为创业投资提供了一个很好的资金来源渠道。

4. 引导资金区域流向，协调区域经济发展

市场机制的作用会扩大地区间的创业投资资源不平衡现象，经济条件优越，发展条件好的东部地区，更容易获得创投资本；而经济条件恶劣，发展落后的中西部地区，则难以获得创投资本。创业投资资本分布的不平衡进一步扩大了区域经济之间的差距。

通过设立政府引导基金，引导社会资金投资于中西部地区，争取更多的中西部投资项目，有利于缓解区域间经济发展不平衡，对促进区域经济协调发展有好处。

（二）引导基金对创投企业的意义

政府引导基金有一个较强的政策导向——扶植极具创新能力的中小企业。目前，国内很多创业投资机构及海外基金均出现投资企业阶段不均衡的特点，多倾向于投资中后期的项目，特别是已经能看到上市前景（Pre-IPO）的企业。而处于种子期与初创期的企业具有很高的风险，正处于生死存亡的关键时刻，但却很难吸引到资金的投入。创业早期企业存在融资困难，而中后期企业资金供给相对过剩。

通过设立政府引导基金，引导社会资金投资处于初创期的企业，从而可

以培养一批极具创新能力、市场前景好的初创期企业快速成长，为商业化创业投资机构进一步投资规避一定的风险，引导其后续投资，用“接力棒”方式将企业做强做大，最终实现政府目标的创业投资机构和商业化的创业投资机构共同发展，建立起政府资金和商业资金相互促进、相互依赖的创业投资体系。

综上所述，建立引导基金是政府解决创业期中小企业融资难题的重要手段。政府通过投入资金建立引导基金，将进一步发挥政府资金的引导、带动和放大作用，引导社会资金对创业期中小企业进行股权投资，解决创业期中小企业融资难题，放大政府对创业投资机构的导向效应和对企业发展的支持效应。

下篇

方法论：按照IPO标准对接资本市场

第五章
主体资格

主体的合格是成功通往资本市场的根本。我国股份制企业曾经被赋予与生俱来的“贵族”血统，引进股东切忌引狼入室，出资切忌饮鸩止渴，让股改走下“神坛”，珍惜有限责任公司的美好时光，切忌煮“夹生饭”。

第一节　股东

一、案例解析

【案例】主板发行审核委员会2017年第141次发审委会议佛山市燃气集团股份有限公司（首发）获通过。

请发行人代表进一步说明时任佛山市国土规划局的财务人员陈淑贞持有众成股份：（1）是否符合《中华人民共和国公务员法》的相关规定；（2）是否符合佛山市燃气总公司购买产权的资格要求，是否符合佛山市燃气总公司员工购买企业产权的实施方案；（3）是否需要有权部门的批准。

【案例】第十七届发行审核委员会2017年第2次会议山西壶化集团股份有限公司（首发）未通过。

招股说明书披露，发行人曾经于1994年9月至2003年12月期间存在内部职工持股情形，截至目前，发行人存在的内部职工股已全部予以清理和规范。请发行人代表进一步说明职工持股是否已完全清退，是否存在潜在法律纠纷。

【案例】第十七届发行审核委员会2017年第12次会议河南省交通规划设计研究院股份有限公司（首发）获通过。

发行人历史上曾存在股权代持、工会持股、工会预留股等，截至2013年8月，工会预留股共计744322股。请发行人代表说明清理情况、有无潜在纠纷；发行人工会收购前述预留股的资金来源，是否涉及使用工会会费或占用发行人资金的情形，相关资金来源是否合法。请保荐代表人说明核查方法、核查比例并发表明确意见。

【案例】第十七届发行审核委员会2017年第46次会议御家汇股份有限公司（首发）获通过。

发行人2012年10月成立，其后通过收购资产将御泥坊生物、花瑶花生物和御家汇网络资产注入新设主体湖南御家汇化妆品有限公司，2016年变更为股份公司。请发行人代表说明：（1）历史沿革对发行人主体合法合规性的影响；（2）股权代持清理过程是否有潜在的法律纠纷。

【案例】第十七届发行审核委员会2017年第37次会议惠州光弘科技股份有限公司（首发）通过发行人控股股东光弘投资注册在香港。

请发行人代表说明：（1）实际控制人唐建兴境外身份取得的时间和具体情况；（2）股权架构的形成原因和过程；（3）各股东以及进科投资各股东之间是否存在关联关系；（4）各股东以及进科投资主要股东的背景，报告期内与发行人及客户是否重叠，是否存在资金往来。请保荐代表人说明核查程序、核查过程，并发表明确核查意见。

二、基本概念

（一）发起人

指依照有关法律规定订立发起人协议、提出设立公司申请、认购公司股份、并对公司设立承担责任的法人或自然人。受让发起人持有的股份的股东不是发起人。

（二）股东

股东是对公司投资或基于其他的合法原因而持有公司资本的一定份额并享有股东权利的主体。投资人通过认购公司的出资或股份获得股东资格，包括发起人的认购、发起人以外人的认购和公司成立后投资人对公司新增资本的认购及受让股份等方式取得。

（三）区别与联系

发起人作为公司的出资人在公司成立后成为公司的首批股东，公司法没有限制股东必须具备发起人身份。

公司发起人是指负责公司筹备事务的人。在公司设立阶段，发起人对外代表设立中的公司，对内执行设立事务。如果公司依法成立，则发起行为经创立大会确认后，自始由公司承受其产生的权利义务。

三、法律法规

《公司法》第七十八条规定："设立股份有限公司，应当有二人以上二百人以下为发起人，其中须有半数以上的发起人在中国境内有住所。"

《首次公开发行股票并上市管理办法》第十三条规定："发行人的股权清晰、控股股东和受控股股东、实际控制人支配的股东持有的发行人股份不存在重大权属纠纷。"

四、发起人适格性一般规定（见表5－1）

表5－1　发起人适格性一般规定

<table>
<tr><th colspan="2">类型</th><th>适格性</th><th>依据</th></tr>
<tr><td rowspan="6">自然人</td><td>公务员</td><td>禁止</td><td>《中华人民共和国公务员法》</td></tr>
<tr><td>党政机关的干部和职工</td><td>禁止</td><td>《关于严禁党政机关和党政干部经商、办企业的决定》《关于进一步制止党政机关和党政干部经商、办企业的规定》《中国共产党党员领导干部廉洁从政若干准则》</td></tr>
<tr><td>县以上党和国家机关退(离)休干部</td><td>禁止</td><td>《中共中央办公厅、国务院办公厅关于县以上党和国家机关退（离）休干部经商办企业问题的若干规定》</td></tr>
<tr><td>现役军人</td><td>禁止</td><td>《中国人民解放军内务条令》《中国人民解放军纪律条令》</td></tr>
<tr><td>处级以上领导干部配偶、子女</td><td>有条件禁止</td><td>《关于"不准在领导干部管辖的业务范围内个人从事可能与公共利益发生冲突的经商办企业活动"的解释》（中纪发〔2000〕4号）、《关于省、地两级党委、政府主要领导配偶、子女个人经商办企业的具体规定（执行）》（中纪发〔2001〕2号）</td></tr>
<tr><td>国有企业领导人及其配偶、子女</td><td>有条件禁止</td><td>《国有企业领导人员廉洁从业若干规定》</td></tr>
</table>

（续）

类型		适格性	依据
自然人	国有企业职工	有条件禁止	《关于规范国有企业职工持股、投资的意见》（国资发改革〔2008〕139 号）
	银行工作人员	有条件禁止	各商业银行对其员工都有不同程度的限制性规定
	在职教师	允许	《中华人民共和国教师法》《教师职业道德规范》无禁止
	未成年人	允许	《关于未成年人能否成为公司股东的答复》（工商企字 131 号）其股东权利可以由法定代理人代为行使、不得担任公司的董事、监事、高级管理人员
法人	社会团体法人	允许	《民政部、国家工商行政管理局关于社会团体开展经营活动有关问题的通知》
	外商投资企业	允许	《外商投资股份有限公司审批指引》《关于上市公司涉及外商投资企业投资有关问题若干意见》
	一人公司	有条件允许	《公司法》第五十八条：一个自然人只能投资设立一个一人有限责任公司。该一人有限责任公司不能投资设立新的一人有限责任公司
	会计事务所、审计事务所、资产评估机构、律师事务所	禁止	《公司登记管理若干问题的规定》第 21 条规定，会计事务所、审计事务所、律师事务所和资产评估机构不得作为资产主体向其他行业投资设立公司
其他情形	职工持股会	禁止	《关于暂停对企业内部职工持股会进行社会团体法人登记的函》（民政部民办函〔2000〕110 号）、证监会《复函》（2000 年 12 月 11 日）
	分公司	禁止	《公司法》（分公司不具有法人资格）
	事业单位	部分禁止	《中央行政事业单位国有资产管理暂行办法》
	高校	禁止	《教育部关于积极发展、规范管理高校科技产业的指导意见》（教科发〔2005〕2 号文）、《中共中央纪委教育部监察部关于加强高等学校反腐倡廉建设的意见》
	三类股东（契约型私募基金、资产管理计划、信托计划）	待定	《关于对十二届全国人大五次会议第 2432 号建议的答复》：证监会正积极研究

五、拟 IPO 企业应着重关注的问题

(一) 严格遵守股东适当性

符合上述一般性情形是拟 IPO 企业股东的最基本条件。

发起人数量在 2 人以上、200 人以下。

(二) 谨防争议或纠纷

股权清晰、不存在代持现象、不存在股权纠纷和重大权属纠纷问题，这是 IPO 审查时的基本事项，在 IPO 审查过程中被问及此问题或因该问题被否决的案例屡见不鲜，因而要引起高度重视。

(三) 谨防关联交易

商业伙伴（包括但不限于供应商、大客户等）入资，极有可能出现利益输送和关联交易嫌疑，增加将来解释成本，或者事实上就会真正出现利益输送、关联交易情形，为将来 IPO 埋下祸根。

(四) 谨防同业竞争

如果新引进的股东与公司处于相同或相似行业，并且占据较大股权比例，极有可能出现同业竞争情形，为将来 IPO 埋下很大隐患。

(五) 谨防人情突击入股及 PE 腐败

【案例】 第十七届发行审核委员会 2017 年第 24 次会议钜泉光电科技（上海）股份有限公司（首发）未通过。

保荐机构实际控制人陈金霞持有上海纳米创业投资有限公司 75% 股权，纳米投资系上海鸿华的普通合伙人，并担任该公司的执行事务合伙人，上海鸿华持有发行人 2.31% 股份。请保荐代表人明确说明保荐机构实际控制人间接持有发行人股份，是否影响保荐执业的独立性，是否符合保荐业务管理方法等规定，是否可以参照适用中国证券业协会的《证券公司直接投资业务规范》和《证券公司私募投资基金子公司管理规范》等规定，仅参照适用其中“保荐 + 直投”等规定是否属于从严要求，是否充分。

监管层对 IPO 涉及 PE 机构对核查及披露日益趋严，已经追溯到终极出资自

然人。实践中，还特别圈定“国家公职人员、公职人员亲属、银行从业人员亲属、中介人员亲属”为重点关注对象。保荐人培训资料显示，监管部门对IPO项目涉及到突击入股，将严审利益输送事项。创业板发行人需披露最近一年内新增股东的情况，自然人股东最近五年的简历，法人股东的主要股东、实际控制人；最近六个月内新增的股东，需交代入股背景、与发行人及关联方、中介机构的关系、是否存在代持、对发行人的影响等专项说明，保荐人和律师要出具专项核查意见。对涉及PE等法人股东的核查及披露均已追溯至终极出资人。

（六）严格规范股权转让

第二节　出资

就目前发行审核情况来看，证监会非常关注发行人设立的出资问题，包括股东出资的方式、出资是否真实、是否足额到位，其中尤其关注历史出资问题是否已经解决。

在实践当中，历史出资问题一般要求在报告期前即已清理，并且要保证不能受到工商等行政机关的处罚，必要时需要会计师事务所进行验资复核。拟发行企业多年前存在瑕疵出资的情况，如果瑕疵出资的资金占比很小、已经被纠正并且对公司没有产生不良影响，如在申报文件中如实披露可能不会影响审核；如果当时瑕疵出资比例过高或者出现虚假验资等情况，则会存在重大问题；如果出现上述问题而在申报文件中没有如实披露，后来经过举报或审核发现，则三年内不再受理该公司的IPO申请。

因此，企业股票发行上市过程当中须特别关注企业的历史沿革中的出资问题，如果存在，需要从法律的角度提供切实可行的规范方案，为企业清理股票发行上市道路上的一大障碍。

一、法律法规

（一）《公司法》（2015年修订）

第二十七条　股东可以用货币出资，也可以用实物、知识产权、土地使用权等可以用货币估价并可以依法转让的非货币财产作价出资；但是，法律、行政法规规定不得作为出资的财产除外。

对作为出资的非货币财产应当评估作价，核实财产，不得高估或者低估作价。法律、行政法规对评估作价有规定的，从其规定。

第二十八条　股东应当按期足额缴纳公司章程中规定的各自所认缴的出资额。股东以货币出资的，应当将货币出资足额存入有限责任公司在银行开设的账户；以非货币财产出资的，应当依法办理其财产权的转移手续。

股东不按照前款规定缴纳出资的，除应当向公司足额缴纳外，还应当向已按期足额缴纳出资的股东承担违约责任。

第三十条　有限责任公司成立后，发现作为设立公司出资的非货币财产的实际价额显著低于公司章程所定价额的，应当由交付该出资的股东补足其差额；公司设立时的其他股东承担连带责任。

第一百九十八条　违反本法规定，虚报注册资本、提交虚假材料或者采取其他欺诈手段隐瞒重要事实取得公司登记的，由公司登记机关责令改正，对虚报注册资本的公司，处以虚报注册资本金额百分之五以上百分之十五以下的罚款；对提交虚假材料或者采取其他欺诈手段隐瞒重要事实的公司，处以五万元以上五十万元以下的罚款；情节严重的，撤销公司登记或者吊销营业执照。

第一百九十九条　公司的发起人、股东虚假出资，未交付或者未按期交付作为出资的货币或者非货币财产的，由公司登记机关责令改正，处以虚假出资金额百分之五以上百分之十五以下的罚款。

第二百条　公司的发起人、股东在公司成立后，抽逃其出资的，由公司登记机关责令改正，处以所抽逃出资金额百分之五以上百分之十五以下的罚款。

（二）《首次公开发行股票并上市管理办法》（2015 年修订）

第十条　发行人的注册资本已足额缴纳，发起人或者股东用作出资的资产的财产权转移手续已办理完毕，发行人的主要资产不存在重大权属纠纷。

第十三条　发行人的股权清晰，控股股东和受控股股东、实际控制人支配的股东持有的发行人股份不存在重大权属纠纷。

第十八条　发行人不得有下列情形：最近 36 个月内违反工商、税收、土地、环保、海关以及其他法律、行政法规，受到行政处罚，且情节严重。

二、出资瑕疵四大类十六种情形（见表5－2）

表5－2　出资瑕疵四大类十六种情形

分类	具体内容	规范措施
第一大类情形：出资客体瑕疵（资产权属瑕疵）	以无法办理产权登记转移的无形资产出资	货币置换瑕疵资产
	无法办理过户的土地房产出资	
	无法完成备案的股份合作制股权投资	
	以发行人自身资产出资	
	以非可转增注册资本的资本公积	
	以应付福利费转增资本（《国有企业公司制改建有关财务问题的暂行规定》规定工资、福利费、职工教育经费不得转作职工个人投资）	
	出资资产价值低于认购股本价值：实际价值显著低于出资额	
第二大类情形：出资行为瑕疵	虚报出资：无报其有、少报其多（《公司法》第一百九十八条）	股东补足出资，补充会计师验资复核、工商局不处罚证明、股东承诺、保荐机构核查意见、律师发表意见。会计处理：一般往往认定为是股东的捐赠而直接计入资本公积
	虚假出资：发起人、股东未按期足额缴纳出资、法定期限内依法办理其财产权的转移手续。（《公司法》第一百九十九条）	
	抽逃出资（《公司法》第二百条）	
	程序瑕疵：没有验资报告、没有评估报告，出具报告的机构不具有执业资格	
	国企改制特别关注是否有国有资产流失问题	国有股权主管机构批复
第三大类情形：出资时间瑕疵	突击入股：《公开发行证券的公司信息披露内容与格式准则1号——招股说明书》，对申报前6个月发生增资或转让的，需要提供专项说明，包括：增资原因、定价依据、资金来源	提供专项说明
	券商保荐＋直投模式	实质重于形式原则，禁止直投先于投行介入

（续）

分类	具体内容	规范措施
第四大类情形：出资比例瑕疵	实际控制人缺失	合理认定公司实际控制人
	一股独大	优化股权结构

第三节　股改

一、股份制的前世今生

马克思主义经典理论认为股份制是对资本主义的一种扬弃，是资本主义向社会主义的一个过渡点，它本身并不是资本主义性质的，即可以为资本主义所利用，也同样可以为社会主义所利用。股份公司之所以出现在资本主义，是适应了资本社会化和生产社会化的需要，并推动了资本主义社会经济的发展。在社会主义条件下试行股份制，可以扩大公有制的阵地，逐步建立起现代企业制度，推动社会主义经济不断向前发展。

股份制起源于西方。16 世纪随着欧洲航海事业发展，欧洲资本主义国家开始全球范围内开拓新的疆域，为了共担风险、共享收益，开始探索股份制模式。

我国历史上股份制企业的最早雏形可以追溯到洋务运动。1872 年由李鸿章创办的洋务企业轮船招商局（简称招商局）是中国很早实行股份公司管理体制的企业，无论在集资、组织经营管理、盈利以及分配等方式上，轮船招商局都已经具备了近代资本主义股份制公司的基本特征。

股份制在我国当代开创了“先有实践后有法律”的历史。一方面，改革开放以后，我国开始大规模实践股份制。人们对巩固和发展公有制经济和其实现形式有一个逐渐深入的认识过程，国有企业实行股份制后，确实具有其他经营形式无法替代的优点。1984 年 7 月，北京天桥股份有限公司和上海飞乐音响股份有限公司经中国人民银行批准向社会公开发行股票。1984 年 10

月，中共十二届三中全会通过了《关于经济体制改革的决定》，股份制也由此开始进入了正式试点阶段。1986 年 11 月 14 日，邓小平会见纽约证交所董事长约翰·范尔霖，并向其赠送了中国第一股——飞乐音响股股票。1990 年 12 月 1 日，深圳证券交易所试营业。1990 年 12 月 19 日，上海证券交易所成立。另一方面，我国第一部《公司法》诞生于 1994 年，正式在法律层面规范股份制。

股份制神秘面纱的形成。1994 年《公司法》规定，股份有限公司的设立，必须经过国务院授权的部门或者省级人民政府批准。这注定我国股份制企业与生俱来的“贵族”血统，从此也为股份制企业披上了神秘面纱。但《公司法》后来历经 2005 年、2014 年修订，股份制企业和有限责任公司一样，成为一种常见的组织形式，企业家完全不必神秘化股份制。三版《公司法》比较，见表 5－3

表 5－3　三版《公司法》比较

比较项目	1994 年版《公司法》	2005 年版《公司法》	2014 年版《公司法》
审批条件	第 77 条　股份有限公司的设立，必须经过国务院授权的部门或者省级人民政府批准	无	无
股本要求	第 78 条　最低限额为人民币 1000 万元	第 81 条　最低限额为人民币 500 万元	第八十条　股份有限公司采取发起设立方式设立的，注册资本为在公司登记机关登记的全体发起人认购的股本总额
股东人数	第 75 条　设立股份有限公司，应当有 5 人以上为发起人，其中须有过半数的发起人在中国境内有住所	第 79 条　设立股份有限公司，应当有 2 人以上 200 人以下为发起人，其中须有半数以上的发起人在中国境内有住所	第七十八条　设立股份有限公司，应当有二人以上二百人以下为发起人，其中须有半数以上的发起人在中国境内有住所

二、不要为股改而股改

（一）有限责任公司与股份有限公司之异同

有限责任公司和股份有限公司之间既有共同点，又有不同点。二者之间的共同点主要表现为：股东的财产与公司的财产是分离的，一方面股东对公司的责任是有限的，即使公司出现资不抵债的情况，股东也只以其对公司的投资额承担责任，不再承担其他的责任；另一方面，公司对外承担的责任也是有限的，仅以公司的全部财产为限，除此之外，公司不再承担其他的财产责任。

有限责任公司和股份有限公司的不同之处（见表5－4）主要有如下几个方面：

1. 成立条件和募集资本的方式有所不同。有限责任公司的成立条件比较宽松，股份有限公司的成立条件比较严格；有限责任公司只能由发起人集资，不能向社会公开募集资金，股份有限公司则可以向社会公开募集资金；有限责任公司的股东人数，有最高（50人）和最低（1人）的要求，股份有限公司发起人为2人以上、200人以下，但股东人数没有上限（注：股东和发起人是两个不同的概念）。

2. 股东对外转让股权的难易程度不同。有限责任公司股东对外转让股权受到较多的限制，股份有限公司股东对外转让股份比较自由。

3. 股权证明形式不同。在有限责任公司中，股东的股权证明是出资证明书，且出资证明书不能转让、流通；在股份有限公司中，股东的股权证明是股票，且股票可以转让、流通。

4. 公司治理机制不同。有限责任公司可以设立董事会和监事会，也可以不设立董事会和监事会；而股份有限公司必须设立董事会和监事会，而且公司章程必须载明董事会及监事会组成、职权和议事规则。

5. 财务状况的公开程度不同。在有限责任公司中，由于公司的人数有限，财务会计报表可以不经注册会计师审计，也无需公告；在股份有限公司中，由于股东人数众多，所以会计报表不但须经过注册会计师审计并出具审计报告，还要存档以便股东查阅，其中以募集设立方式成立的股份有限公司，还须公告其财务会计报告。

表 5-4　有限责任公司与股份公司比较

比较项目	有限公司	股份有限公司
股东人数	《公司法》第二十四条　有限责任公司由五十个以下股东出资设立	《公司法》第七十八条　设立股份有限公司，应当有二人以上二百人以下为发起人。（注：股东人数没有上限，股东和发起人概念不同）
股份划分	可以不等额划分	股份等额划分（《公司法》第一百二十五条　股份有限公司的资本划分为股份，每一股的金额相等。）
资本募集方式	封闭：不得在社会上公开向公众招股募资；新增股本时，股东有优先按照实缴的出资比例认缴出资（《公司法》第三十四条　公司新增资本时，股东有权优先按照实缴的出资比例认缴出资。但是，全体股东约定不按照出资比例优先认缴出资的除外。）	开放：可以公开向社会募集。（第七十七条　股份有限公司的设立，可以采取发起设立或者募集设立的方式。），没有强调优先认购权。
股东表决权	可以同股同权，也可以同股不同权（第四十二条　股东会会议由股东按照出资比例行使表决权；但是，公司章程另有规定的除外。）	同股同权（第一百零三条　股东出席股东大会会议，所持每一股份有一表决权。）
分红方式	按照出资比例分红或者不按照出资比例分红（《公司法》第三十四条　股东按照实缴的出资比例分取红利，但是，全体股东约定不按照出资比例分取红利的除外。）	按照出资比例分红
股份转让	方式不灵活（《公司法》第七十一条：股东之间可以相互转让股权；向股东以外的人转让股权，应当经其他股东过半数同意；在同等条件下，其他股东有优先购买权。）	方式灵活（《公司法》第一百三十七条　股东持有的股份可以依法转让。）

（续）

比较项目	有限公司	股份有限公司
章定事项	8 项	12 项（《公司法》第八十一条增加了：公司设立方式；董事会及监事会组成、职权和议事规则；利润分配办法等内容）
公司治理	可以设董事会、监事会，也可以不设董事会、监事会（《公司法》第四十条；第四十四条　有限责任公司设董事会，其成员为三人至十三人。）	必须设董事会和监事会（《公司法》第一百零八条　股份有限公司设董事会，其成员为五人至十九人。第一百一十七条　股份有限公司设监事会，其成员不得少于三人。）

（二）股改意义

从上面的比较中可以看出，相对于有限责任公司，股份有限公司在很多方面具有较为明显的优势，在实际经济生活中，这些优势将成为实际的竞争力，从某种意义上说，也是股份制改造的意义所在。

1. 股份有限公司的筹资优势是与生俱来的。一是设立方式。股份有限公司有发起设立和募集设立两种方式；二是股份有限公司对股东人数没有上限要求，可以公开对外募集资本，从而可以广泛聚集社会闲散资金形成资本。三是股份有限公司的股东可以较为自由地对外转让股份，也就是说可以随时退出公司，这在一定程度上可以减少股东投资公司的顾虑。

2. 股份有限公司的组织结构更符合现代企业制度的要求。由于股份有限公司两权分离的程度较高，股东人数较多，为防止道德风险，法律在法人治理结构方面对股份有限公司要求更严，规定有较多的公开义务，这有利于股份有限公司建立规范的法人治理结构。在市场经济条件下，一个完善的法人治理结构对于一家公司的重要性是不言而喻的。

3. 进行股份制改造是公司上市的前提条件。在市场经济条件下，上市对于一家公司的重要性更是不言而喻，而根据《首次公开发行股票并上市管理办法》（证监会令第 32 号）第 8 条规定，只有股份有限公司的股票才能公开发行上市。换言之，如果一家有限责任公司有志于上市，就必须进行股份制改造。

三、珍惜有限责任公司的美好时光

选择合适的股改时间。股份制改造不是越早越好，要考虑公司上市的节奏，同时要考虑到有限责任公司的规范程度。只有有限责任公司比较规范后方可股改，力争将不规范事项解决于有限责任公司阶段。从这个意义上说，要“珍惜有限公司的美好时光”，力争股份有限公司阶段公司各项管理十分规范，为上市奠定坚实基础。从这个角度来说，一定不要为股改而股改，要为股改做好各项准备工作，可以参照首次公开发行的一些要求和条件，全面地彻底地、系统地梳理和规范，从而达到以股改解决问题的确定性换取上市的确定性。

企业改制是塑造未来上市公司法人框架和经营主体的过程，改制方案的周全性和合理性是企业能否顺利获准发行上市的基础。因此，公司设立应遵循《公司法》《证券法》《中华人民共和国公司登记管理条例》《首次公开发行股票并上市管理办法》以及中国证监会有关操作指引等法律法规的规定，以保证设立后的股份公司不存在重大法律纠纷等影响发行上市的法律障碍。

明晰公司资产和股权。历史出资的规范、股东合规性、出资的规范性，力争达到发行人的主要资产不存在重大权属纠纷，发行人的股权清晰，控股股东和受控股股东、实际控制人支配的股东持有的发行人股份不存在重大权属纠纷。

完善公司独立体系。满足发行监管机构对公司独立性的基本要求，包括业务体系独立、资产完整、人员独立、财务独立、机构独立、业务独立等五大方面。

规范公司会计基础工作。建立健全财务会计制度，会计核算符合《企业财务会计报告条例》《企业会计制度》和《企业会计准则》等法规、规章的要求；会计政策合理，会计凭证齐全，会计制度完善；力争资产质量良好，资产负债结构合理，盈利能力较强，现金流量正常。

规范公司“董监高”行为。董事、监事和高级管理人员符合法律、行政法规和规章规定的任职资格，不得有证券市场禁入人员、不得有涉嫌犯罪人员。发审委要求三年内不能发生重大变动，一年内不能变动，之后在职的“董监高”存量股份减持每年不能超过25%，股份公司上市前回收股份很麻烦，否则就会代持，很难解释。

规范公司运行。首先，确立上市主体。控股的若干公司究竟由谁上市更加合理。进行业务重组，如果下属公司或业务模块复杂，可以适当剥离、合并、购买、出售相关资产和业务，在此基础上选择最合适、最健康的主体作为股改对象。其次，避免同业竞争，减少并规范关联交易。其次，高度重视公司持续盈利能力，确保公司经营模式、产品或服务的品种结构不发生重大变化，并对发行人的持续盈利能力构成重大不利影响；规避对重大不确定性的客户存在重大依赖；消除公司在用的商标、专利、专有技术以及特许经营权等重要资产或技术的取得或者使用存在重大不利变化的风险。

四、股份制改造的程序

（一）成立改制小组

改制筹备小组通常由董事长或董事会秘书牵头，汇集公司生产、技术、财务、法务等方面的负责人，不定期召开会议，就改制过程中遇到的有关问题进行商讨，必要时还应提请董事会决定。

（二）聘请中介机构

筹备小组成立后可联系和聘请中介机构，包括改制顾问机构、律师事务所、会计师事务所、资产评估事务所等机构，最终分别出具改制整体方案、法律意见书和律师工作报告、审计报告及资产评估报告。

（三）制定改制方案

董事会拟定改制方案。按照《公司法》第四十六条之规定，“制订公司合并、分立、解散或者变更公司形式的方案”属于董事会的职权范围。所以，拟进行股份制改造的有限责任公司，首先应当由公司董事会制订初步的股份制改造方案，包括变更的目的和目标、依据，变更后公司的名称、注册资本、组织结构和经营范围等，折股方式和依据，步骤和大致时间表等。

股东会审定改制方案。具体参照《公司法》第三十七条，依据《公司法》第四十三条之规定，变更公司形式的决议必须经代表三分之二以上表决权的股东通过。

（四）评估与审计

清产核资。主要任务是清查资产数额，界定企业产权，重估资产价值，核实企业资产。

资产评估。经由认定资格的资产评估机构根据特定目的，遵循法定标准和程序，科学的对企业资产的现有价值进行评定和估算，并以报告形式予以确认。

财务审计。资产评估完成后，应聘请具有法定资格的会计师事务所对企业改制前三年的资产、负债、所有者权益和损益进行审计。会计师事务所对资产评估机构的评估结果进行确认。

（五）改制公司召开股东会

改制公司再次召开股东会，由股东会对上述审计结果进行确认，以界定各股东所占的净资产份额。

（六）改制公司验资

由改制公司聘请验资机构对股东出资（亦即各股东所占的净资产份额）进行检验并出具验资报告。

（七）创立大会

发起人应当在三十日内主持召开公司创立大会。创立大会由认股人组成。创立大会应有代表股份总数过半数的认股人出席，方可举行。改制公司召开股东大会，通过股份有限公司章程，选举公司组织机构（董事会、监事会）组成人员。

董事会成员、监事会成员产生后就可召开第一届董事会会议、第一届监事会会议，产生董事长、总经理、监事会主席、董事会秘书等公司高级管理人员。

（八）设立登记

《公司法》第九十二条规定，董事会应于创立大会结束后三十日内，向公司登记机关报送文件，申请设立登记。以募集方式设立股份有限公司公开发行股票的，还应当向公司登记机关报送国务院证券监督管理机构的核准文件。

五、企业改制两种方式

（一）整体变更

有限责任公司整体变更是指有限责任公司的净资产经审计后，按变更基准日经审计的原账面净资产值折股（即折合的总股本不得超过有限责任公司经审计的原账面净资产值），整体变更为股份有限公司。有限责任公司的股东成为股份公司的发起人，有限责任公司的债权、债务由股份公司承继。

《首次公开发行股票并上市管理办法》（以下简称：《首发管理办法》）第九条第二款和《首次公开发行股票并在创业板上市管理暂行办法》第十条第二款规定，有限责任公司按原账面净资产值折股整体变更为股份有限公司的，持续经营时间可以从有限责任公司成立之日起计算。

（二）整体改制

将原企业或原有限责任公司的所有资产净值折合成股份，而发起设立股份有限公司，原企业注销，原企业股东成为股份有限公司股东。因此，改制后的股份有限公司不是原企业的延续，由于原企业已经注销，为此，整体改制应当办理原企业的注销登记和股份有限公司的新设登记。并且在改制过程中，原企业的债权债务应当向债权债务人发出通知和公告，并由各方就债权债务承担问题达成协议。

（三）两种方式比较

1. 整体变更前的企业形式是有限责任公司，整体变更后的股份有限公司可看作是原有限责任公司的承继；整体改制前的企业形式可以是有限责任公司，也可是国有企业、事业单位或集体企业，整体改制后设立的股份有限公司属于新设公司，与原公司不存在必然的承继关系。

2. 整体变更是以经审计的净资产折股，而不以评估值验资后折股；但整体改制一般以评估值验资、折股。

3. 整体变更的情况可以连续计算业绩，而以评估值验资调帐的整体改制则不能连续计算原有业绩。

4. 如果不涉及资产剥离，整体变更的债权债务由变更后的股份公司自然继承；而整体改制过程中的债务转移需要取得债权人的同意。

5. 整体变更是将原有限责任公司的全部资产纳入股份公司的范围，不进行资产剥离；整体改制可能剥离非经营性资产，只将经营性资产纳入股份公司的范围。由于整体改制属于新设公司，因此对于原公司剥离的非经营性资产的规模和占总资产的比例没有特殊限制。

六、拟 IPO 企业应着重关注的问题

（一）净资产折合股本问题

《公司法》第九十五条规定："有限责任公司变更为股份有限公司时，折合的实收股本总额不得高于公司净资产额。有限责任公司变更为股份有限公司，为增加资本公开发行股份时，应当依法办理。"这里面有以下几点需要注意：

1. 净资产口径问题。审计报告、评估报告的净资产有时会有差异，具体实践中应以审计的净资产为准，因为审计报告的计价基础是历史成本计价，评估值改变了历史成本计价。

根据国家工商总局的要求是按照评估报告数值作为验资报告股本数额确认；而证监会最新要求是要求以审计报告会计报表上净资产数额确认改制后公司股本数额。这样如果审计报告净资产数额低于评估报告数额，则选择审计报告上净资产作为验资报告股本数额，则符合国家工商局和证监会两家要求。如果评估报告上资产价格数据低于审计报告净资产数据，则选用评估报告数据作为验资报告上股本数额。否则，将来可能出现出资不实的潜在风险。

2. "折合的实收股本总额不得高于公司净资产额"，反言之，折合的实收资本总额可以低于公司净资产额。那么余下的净资产额作何处理呢？依据现行会计准则，公司改制时未折合为注册资本的净资产应该计入资本公积。实践操作中，建议净资产折股，最好低于净资产，留有一些净资产进入资本公积，为将来可能发生的调整项留有余地，否则有可能出现股改时的出资不实问题。

3. "为增加资本公开发行股份时，应当依法办理"是指改制的同时采取

募集方式进行增资扩股，此时应当按照《公司法》关于募集设立和增资扩股（散见于《公司法》第九章）的有关规定履行程序和手续。

（二）新的投资人问题

若该公司为拟上市公司，应注意引进新的投资者与业绩连续计算、实质控制人是否发生变更、主营业务是否发生变更、是否影响管理层的稳定性、是否存在同业竞争、是否在未来可能存在大量关联交易等。

比如，在改制过程中，如果引进新的投资人进来，那么此时最大的问题是改变了整体变更的本质，业绩将无法连续计算，对于拟马上 IPO 的企业而言是非常不明智的。

（三）政府审批问题

1. 前置审批

按照有关法律、行政法规的规定，某些特殊类型的公司变更公司性质必须报经有关部门批准。这些特殊类型的公司主要包括：（1）改制公司为国有独资或国有控股性质的，改制行为须报经相应的上级主管部门批准（详见《中华人民共和国企业国有资产法》）；（2）改制公司属于金融行业的，应当依照相关的金融法律法规（主要是《中华人民共和国银行法》和《中华人民共和国保险法》）规定履行报批程序；（3）改制公司为中外合资企业的，应当按照《中华人民共和国中外合资经营企业法》的规定报原批准机关审批。

2. 国有产权和土地报批

此阶段尤其需要关注国有股权及土地的报批手续。涉及国有股权的应向国有资产管理部门申请办理国有股权设置的批文；涉及国有土地出资还应由国有土地管理部门出具国有土地处置方案批复。

（四）外商独资企业问题

外商独资企业属于《中华人民共和国外资企业法》的调整范畴，其由外资企业变更为内资企业，该变更与《公司法》规范的有限责任公司变更为股份有限公司的形式完全不同，且外商独资企业在公司治理和会计制度上也有较大的差异，故股份有限公司不能连续计算其前身外商独资企业的业绩。

（五）职工身份转换补偿问题

对改制后的拟上市企业的员工身份变换的补偿，若改制前未予补偿，改制后是否可以补偿？可以补偿。补偿年份计算截至改制完成时点。补偿资金由集团公司或地方政府主管部门承担。

（六）股改要规范要彻底

股改是企业走向 IPO 的第一步，一定要规范、要彻底，尤其是要规避潜在同业竞争、关联交易情形，以避免为将来埋下隐患。

第四节　实际控制人

一、案例解析（见表 5－5）

表 5－5　实际控制人相关案例解析

公司名称	上会情况	问题解析	问题归类
钜泉光电	2017 年第 24 次发审委会议未通过	发行人股东众多且分散，无实际控制人。请发行人代表说明：认定发行人无实际控制人的理由和依据，是否存在潜在的重大权属纠纷，发行人在无实际控制人的情况下保证公司治理的完善和内控制度的健全且得到有效执行的具体措施	无实际控制人
海宁中国家纺城	2017 年第 21 次会议未通过	宏达控股集团持有发行人 4200 万股，占 35.00%，为发行人第一大股东，但未被认定为发行人控股股东、实际控制人。请发行人代表：(1) 进一步说明未认定宏达控股为控股股东的理由、依据及其合理性；(2) 说明宏达控股是否已完全比照控股股东、实际控制人要求进行披露与核查；(3) 说明宏达控股及其实际控制人以及其控制的企业是否与发行人存在同业竞争，宏达控股及其实际控制人最近三年内是否存在重大违法违规、被立案稽查等情形；(4) 说明宏达控股及其实际控制人与发行人或产业基地公司和海宁供销社之间是否存在其他特殊约定或其他利益安排，是否存在应披露未披露的事项	未被认定为实际控制人合理性

（续）

公司名称	上会情况	问题解析	问题归类
捷众科技	2017年第39次发审委会议未通过	发行人控股股东、实际控制人为孙秋根、董珍珮夫妇。孙米娜系孙秋根、董珍珮之女，孙坤系孙秋根、董珍珮之子，分别持有发行人10.20%的股份，且均系在报告期内从孙秋根处无偿转让所得。请发行人代表提供充分证据说明不将孙米娜、孙坤一起认定为实际控制人的原因和合理性	未被认定为实际控制人合理性
上海通领汽车	2017年第81次发审委会议未通过	发行人认定董事长项春潮为实际控制人。项春潮持有发行人的股权比例为13.8597%，通过一致行动关系控制公司64.0774%的股权（其中，项春潮、项建武、项建文和项春光合计持有公司31.3647%股权，一致行动人中其余13人合计持有公司32.7127%股权）；第一大股东总经理江德生作为技术支持与经营管理者，持股比例为27.6460%。请发行人代表说明：（1）认定实际控制人为项春潮的理由是否充分；（2）未将江德生与项春潮等人认定为一致行动人的原因及合理性	未被认定为实际控制人合理性

二、定义

《公司法》第二百一十六条：

控股股东，是指其出资额占有限责任公司资本总额百分之五十以上或者其持有的股份占股份有限公司股本总额百分之五十以上的股东；出资额或者持有股份的比例虽然不足百分之五十，但依其出资额或者持有的股份所享有的表决权已足以对股东会、股东大会的决议产生重大影响的股东。

实际控制人，是指虽不是公司的股东，但通过投资关系、协议或者其他安排，能够实际支配公司行为的人。

三、法律法规（见表5－6）

表5－6　实际控制人相关法律法规

法律法规	具体规定
《公司法》	《公司法》第二百一十六条：控股股东，是指其出资额占有限责任公司资本总额百分之五十以上或者其持有的股份占股份有限公司股本总额百分之五十以上的股东；出资额或者持有股份的比例虽然不足百分之五十，但依其出资额或者持有的股份所享有的表决权已足以对股东会、股东大会的决议产生重大影响的股东 实际控制人，是指虽不是公司的股东，但通过投资关系、协议或者其他安排，能够实际支配公司行为的人
《首次公开发行并上市管理办法》	第十二条　发行人最近3年内主营业务和董事、高级管理人员没有发生重大变化，实际控制人没有发生变更 第十三条　发行人的股权清晰，控股股东和受控股股东、实际控制人支配的股东持有的发行人股份不存在重大权属纠纷
《首次公开发行股票并在创业板上市管理暂行办法》	第十四条　发行人最近两年内主营业务和董事、高级管理人员均没有发生重大变化，实际控制人没有发生变更 第十五条　发行人的股权清晰，控股股东和受控股股东、实际控制人支配的股东所持发行人的股份不存在重大权属纠纷
《上市公司收购管理办法》	第八十四条　有下列情形之一的，为拥有上市公司控制权：（一）投资者为上市公司持股50%以上的控股股东；（二）投资者可以实际支配上市公司股份表决权超过30%；（三）投资者通过实际支配上市公司股份表决权能够决定公司董事会半数以上成员选任；（四）投资者依其可实际支配的上市公司股份表决权足以对公司股东大会的决议产生重大影响
《公开发行证券的公司信息披露内容与格式准则第1号—招股说明书》	第三十五条规定，发行人应披露发起人、持有发行人5%以上股份的主要股东及实际控制人的基本情况，主要包括：（1）发起人、持有发行人5%以上股份的主要股东及实际控制人如为法人，应披露成立时间、注册资本、实收资本、注册地和主要生产经营地、股东构成、主营业务、最近一年及一期的总资产、净资产、净利润，并标明有关财务数据是否经过审计及审计机构名称；如为自然人，则应披露国籍、是否拥有永久境外居留权、身份证号码、住所；（2）控股股东和实际控制人控制的其他企业的成立时间、注册资本、实收资本、注册地和主要生产经营地、主营业务、最近一年及一期的总资产、净

（续）

法律法规	具体规定
《公开发行证券的公司信息披露内容与格式准则第 1 号——招股说明书》	资产、净利润，并标明这些数据是否经过审计及审计机构名称；(3) 控股股东和实际控制人直接或间接持有发行人的股份是否存在质押或其他有争议的情况。实际控制人应披露到最终的国有控股主体或自然人为止
《〈首次公开发行股票并上市管理办法〉第十二条“实际控制人没有发生变更”的理解和适用——证券期货法律适用意见第 1 号》	公司控制权是能够对股东大会的决议产生重大影响或者能够实际支配公司行为的权力，其渊源是对公司的直接或者间接的股权投资关系。因此，认定公司控制权的归属，既需要审查相应的股权投资关系，也需要根据个案的实际情况，综合对发行人股东大会、董事会决议的实质影响、对董事和高级管理人员的提名及任免所起的作用等因素进行分析判断
《上海证券交易所上市公司控股股东、实际控制人行为指引》	本指引所称控股股东是指持有公司股份占公司股本总额 50% 以上的股东，或者持有股份的比例虽然不足 50%，但依其持有的股份所享有的表决权已足以对股东大会的决议产生重大影响的股东。 本指引所称实际控制人是指虽不是公司股东，但通过投资关系、协议或者其他安排，能够实际控制、影响公司行为的人 以下主体的行为视同控股股东、实际控制人行为，比照适用本指引相关规定：控股股东、实际控制人直接或间接控制的法人、其他组织（上市公司及上市公司控股子公司除外）；控股股东、实际控制人为自然人的，其父母、配偶和子女；第一大股东；本所认定的其他主体
	控股股东、实际控制人及其一致行动人拥有权益的股份达到上市公司已发行股份的 5% 后，通过证券交易所的证券交易（包括大宗交易）或协议转让，其拥有权益的股份占该上市公司已发行股份的比例每增加或者减少 5% 的，应当在该事实发生之日起三日内编制权益变动报告书，向中国证监会、证券交易所提交书面报告，抄报派出机构，通知上市公司，并予公告。

四、拟 IPO 企业应着重关注的问题

（一）合理认定共同实际控制人

百分之五十以上的股东认定为实际控制人。出资额占有限责任公司资本总额百分之五十以上或者其持有的股份占股份有限公司股本总额百分之五十以上的股东。

由家庭成员关系认定为共同实际控制人。由关系密切的家庭成员共同设立公司并长期以来共同控制公司的情况并不鲜见。这其中最常见的夫妻关系；除了夫妻关系之外，子女都有可能成为共同“组团”控制公司的主体。在中国父业子承的观念下，许多子女并未参与公司的创立发展，但是却受让了其父母大量乃至全部的股份，应被列为公司的共同实际控制人。

基于一致行动协议而产生的共同实际控制人。由多名股东共同控制公司，除了天然的家庭成员之外，无亲属关系的各股东之间，也可以基于种种目的和动机，而产生共同控制的需要，为了保证这种共同控制的实现，各方之间会对其共同控制公司的行动作出协议安排，这种情况下就是基于一致行动协议而产生的共同实际控制人。

基于事实的一致行动而产生的共同实际控制人。在一些公司当中，各股东之间并无家庭成员关系，也无一致行动协议，但实务中也有被认定为共同实际控制人的情况，典型如公司引入战略投资者使原创始人失去控股权的情况。

（二）股权结构合理

防止两个极端，一个是防止实际控制人缺失问题，为此最常见、最简单的做法是实际控制人和大股东、控股股东合一；另一个是防止一股独大，为公司治理结构不规范留下隐患。

第五节　股份转让

一、案例解析（见表5-7）

表5-7　股份转让案例解析

公司名称	上会情况	问题解析	问题归类
润弘制药	2017年第95次发审委会议未通过	2010年1月，河南羚锐制药将其子公司郑州羚锐（系发行人前身）49%的股份一次性转让给中青港联的原因及其商业合理性、决策程序、审批程序及信息披露情况、转让定价是否合理公允、未聘请评估机构对拟转让股份进行评估、独立董事未针对上述股份转让价格是否公允发表独立意	股权转让、分拆上市

（续）

公司名称	上会情况	问题解析	问题归类
润弘制药	2017年第95次发审委会议未通过	见；股权转让是否存在纠纷、潜在纠纷和法律风险；河南羚锐制药是否通过委托持股、信托持股等方式在发行人中拥有权益；发行人原系上市公司河南羚锐制药子公司，本次发行上市是否属于分拆上市或者变相分拆上市；是否损害了河南羚锐制药及其投资者尤其是公众投资者的合法权益	股权转让、分拆上市
稳健医疗	2017年第22次发审委会议未通过	发行人的实际控制人用于收购股权的资金来源，是否存在使用境内资金支付私有化费用的情形，是否取得外汇管理部门的批准，是否符合我国有关税收、外资、外汇管理等方面的法律法规规章，是否存在违法违规情形	股权收购资金来源
山东玻纤	2017年第35次发审委会议未通过	发行人股东鼎顺创投是公司员工的持股平台，2013年、2015年两次对发行人增资。请发行人代表进一步分析说明不做股份支付的原因，是否符合相关法律法规的规定；原先形成股权代持的原因和清理情况，是否仍存在代持情况，是否存在潜在的法律纠纷。董事、监事、高级管理人员出资鼎顺创投的资金来源是否由发行人或关联方提供融资或担保，与董事、监事、高级管理人员收入是否匹配	股份支付、股份代持、资金来源
雪龙集团	2017年第49次发审委会议未通过	发行人将原持有子公司捷斯特、麦迪威、雪龙风扇、长春欣菱的股权转让给发行人控股股东维尔赛控股和股东香港绿源，后又将上述股权原价购回。请发行人代表说明上述交易的原因、合理性和相关决策程序	股权转让合理性
		林玮宣（中国台湾居民）曾为发行人前身雪龙有限的股东，占注册资本25%，后将股权转让给香港绿源。（1）请发行人代表说明林玮宣对雪龙有限的出资资金是否来源于贺财霖、贺频艳、贺群艳，是否为委托持股或信托持股；（2）本次股权转让前雪龙有限已经实现盈利，而香港绿源支付的股权转让款来源于林玮宣的借款，请发行人代表说明本次股权转让的真实性及转让价格的合理性，香港绿源是否实际向林玮宣支付股权转让	股权转让真实性、价格合理性、委托持股、资金来源、股权争议或纠纷

（续）

公司名称	上会情况	问题解析	问题归类
雪龙集团	2017 年第 49 次发审委会议未通过	款，本次股权转让后是否存在委托持股或信托持股的情况，目前香港绿源所持发行人股权是否存在争议或纠纷	股权转让真实性、价格合理性、委托持股、资金来源、股权争议或纠纷
鸿禧能源	2017 年第 44 次会议未通过	请发行人代表说明：（1）公司股权历次转让中多次出现 1 元/股转让价格的原因及合理性，是否存在股份代持或利益输送等情形；（2）2016 年 2 月，发行人股东通过全国中小企业股份转让系统共进行 5 次股权转让，合计 430 万股。请说明转让方式，受让人的基本情况、资金来源，是否存在股份代持或利益输送等情形	股份代持、利益输送
清溢光电	2017 年第 55 次发审委会议未通过	国有股东清华液晶技术工程中心将发行人前身的股权转让给发行人实际控制人家族控制的香港苏锡企业履行的相关国资监督管理审批程序，是否合法有效，是否存在股权纠纷，是否存在国有资产流失的情形。请保荐代表人就股权转让履行程序的完备性、股权转让的合法性、股权是否存在纠纷发表核查意见	国有资产流失、程序完备性、合法性、股权纠纷
欧维姆机械	2017 年第 8 次发审委会议未通过	2002 年 12 月柳州市工业控股公司（国有）将发行人前身股权转让景丰投资。2003 年 3 月经景丰投资控股股东华强集团（本次转让时企业性质为国有）同意，景丰投资将所持欧维姆有限 540 万元出资以 84 万元的价格转让给时任欧维姆有限董事长，将所持欧维姆有限 180 万元出资以 28 万元的价格转让给时任副董事长，将所持欧维姆有限 180 万元出资以 28 万元的价格转让给时任总经理。上述转让未经相关国有资产管理部门确认。2014 年上述总经理配偶将上述受让的欧维姆合计 180 万股以 810 万元价格转让给柳工集团。请保荐代表人对上述转让的合规性、合理性发表明确结论性意见	国有资产部门未确认、转让合规性、合理性

（续）

公司名称	上会情况	问题解析	问题归类
京博农化	2017 年第 46 次发审委会议未通过	发行人主要经营资产来源于山东京博，山东京博历史上存在股权代持超过 200 人。发行人前身收购山东京博相关经营性资产和业务时，山东京博有无不同意上述资产转让的中小股东，其利益如何保证，是否存在争议和潜在争议，发行人目前股权结构是否存在代持安排	股份代持、股权争议
泰达新材	2017 年第 62 次发审委会议未通过	发行人持有金茂典当 46.00% 的股权，为第一大股东，第二大股东占比 16%，其他股东占比均比较分散。发行人实际控制人柯伯成为其董事长和法人代表，占发行人总股本 11.56% 的董事方天舒也是金茂典当的董事。请发行人代表说明未认定金茂典当为控股子公司并合并报表的原因，发行人是否主要经营一种业务	合并报表
		发行人董事会秘书、财务总监张五星直接和间接持有发行人 9.6% 的股份。张五星质押所持发行人股份共计 369.515 万股。其中所持质押的 200.00 万股股份，为黄山市鑫成贸易有限公司向银行贷款提供反担保；质押所持的 169.515 万股股份，系为刘杰华的借款提供担保。请发行人代表说明该高管人员质押该等股份的原因，所持股权的限制是否影响发行人股权的稳定	股份质押
元盛电子	2017 年第 63 次发审委会议未通过	富元电子系发行人实际控制人之一张宣东曾控制的企业，富元电子与发行人的采购客户和销售客户是否存在重叠；张宣东将所持富元电子 60% 股权于近期转让予第三方真实性的核查过程，并说明该股权转让对张宣东本人和发行人的影响	股权转让真实性（是否为了表面规避同业竞争）
普天铁心	2017 年第 23 次发审委会议未通过	2016 年 7 月，无锡天时晟投资以增资方式成为发行人股东。经核查，天时晟 37 位合伙人全部为外部投资者；其部分合伙人与发行人客户、供应商之间存在关联关系。同时，普天物流作为发行人重要的运输服务供应商，发行人是普天物流的唯一客户。请发行人代表说明：（1）说明上述合伙人有无代持股份的情况；（2）普天物流股权转让的真实性，是否存在关联关系非关联化的情	代持股份、股权转让真实性（是否存在关联关系非关联化情形）、利益输送

（续）

公司名称	上会情况	问题解析	问题归类
普天铁心	2017年第23次发审委会议未通过	转让的真实性，是否存在关联关系非关联化的情形，是否存在为实际控制人代垫费用、代为承担成本或转移定价、其他利益安排等利益输送情形	代持股份、股权转让真实性（是否存在关联关系非关联化情形）、利益输送
广联环境	2017年第77次发审委会议未通过	发行人于2015年12月将原子公司上海申帆股权转让给6名前员工，后者2017年1～6月为公司第一大劳务供应商；2016年9月发行人将子公司天津申佳的股权转让给前五大供应商天津建勘的股东，发行人业务占天津建勘2014～2016年度业务收入90%以上。此外，报告期内发行人多家主要供应商均于设立初期即承接发行人于当期或近期承接的相关业务。请发行人代表说明：（1）转让上海申帆及天津申佳股权的原因；（2）多家供应商于设立初期即承接发行人业务的原因及合理性	股权转让真实性（是否存在关联关系非关联化情形）
		发行人历史上存在股权多次转让，实际出资额与工商登记不一致以及股权代持情形，股权转让和清理是否履行了完备的法律程序，是否符合股权清晰的发行条件	股权清晰
安健科技	2017年第82次发审委会议未通过	葛遗林与杜碧相互退出对方公司的相关股权转让事项是否真实、有效，杜碧为何于2015年9月才转让安健医疗的全部股权，2016年1月才卸任安健医疗的董事职务，安健医疗报告期内是否存在为发行人分摊成本、承担费用或利益转移的情形	股权转让真实性（是否为了表面规避同业竞争）

二、定义

（一）股权转让与股份转让

股权转让：《公司法》第三章“有限责任公司的股权转让”专门界定了股权转让的具体规定。《公司法》将有限责任公司股东转让出资的行为称为股权转让。

《公司法》第五章“股份有限公司的股份发行和转让”专门界定了股份转让的具体规定。股份转让在《公司法》中特指股份有限公司的股份转让。

（二）一般性概念

股份转让是指股份有限公司的股份持有人依法自愿将自己所持有的股份转让给他人，使他人取得股份成为股东的法律行为。

三、法律法规（见表5－8）

表5－8　股份转让相关法律法规

法律法规	具体规定
《公司法》	《公司法》第三章“有限责任公司的股权转让”、《公司法》第五章“股份有限公司的股份发行和转让”
《证券法》	第四章　上市公司的收购 第八十五条　投资者可以采取要约收购、协议收购及其他合法方式收购上市公司 第八十六条　通过证券交易所的证券交易，投资者持有或者通过协议、其他安排与他人共同持有一个上市公司已发行的股份达到百分之五时，应当在该事实发生之日起三日内，向国务院证券监督管理机构、证券交易所作出书面报告，通知该上市公司，并予公告；在上述期限内，不得再行买卖该上市公司的股票
《证券法》	投资者持有或者通过协议、其他安排与他人共同持有一个上市公司已发行的股份达到百分之五后，其所持该上市公司已发行的股份比例每增加或者减少百分之五，应当依照前款规定进行报告和公告。在报告期限内和作出报告、公告后二日内，不得再行买卖该上市公司的股票
《上市公司收购管理办法》	第五条　收购人可以通过取得股份的方式成为一个上市公司的控股股东，可以通过投资关系、协议、其他安排的途径成为一个上市公司的实际控制人，也可以同时采取上述方式和途径取得上市公司控制权。 收购人包括投资者及与其一致行动的他人

四、股权转让的常见问题

（一）封闭性限制

《公司法》第三章“有限责任公司的股权转让”第七十一条“有限责任

公司的股东之间可以相互转让其全部或者部分股权。股东向股东以外的人转让股权，应当经其他股东过半数同意。股东应就其股权转让事项书面通知其他股东征求同意，其他股东自接到书面通知之日起满三十日未答复的，视为同意转让。其他股东半数以上不同意转让的，不同意的股东应当购买该转让的股权；不购买的，视为同意转让。经股东同意转让的股权，在同等条件下，其他股东有优先购买权。”

（二）股权转让场所的限制

《公司法》第五章“股份有限公司的股份发行和转让”第一百三十八条“股东转让其股份，应当在依法设立的证券交易场所进行或者按照国务院规定的其他方式进行。”此类转让场所的限制规定，在各国立法上也极为少见。

（三）发起人持股时间的限制

《公司法》第一百四十一条“发起人持有的本公司股份，自公司成立之日起一年内不得转让。公司公开发行股份前已发行的股份，自公司股票在证券交易所上市交易之日起一年内不得转让。”对发起人股权转让的限制，使发起人与其他股东的权利不相等。

（四）董事、监事、经理任职条件的限制

《公司法》第一百四十一条“公司董事、监事、高级管理人员应当向公司申报所持有的本公司的股份及其变动情况，在任职期间每年转让的股份不得超过其所持有本公司股份总数的百分之二十五；所持本公司股份自公司股票上市交易之日起一年内不得转让。上述人员离职后半年内，不得转让其所持有的本公司股份。公司章程可以对公司董事、监事、高级管理人员转让其所持有的本公司股份作出其他限制性规定。”

（五）取得自己股份的限制

《公司法》第一百四十二条“公司不得收购本公司股份。但是，有下列情形之一的除外：（一）减少公司注册资本；（二）与持有本公司股份的其他公司合并；（三）将股份奖励给本公司职工；（四）股东因对股东大会作出的公司合并、分立决议持异议，要求公司收购其股份的。”“公司不得接受本公司的股票作为质押权的标的。”（注：如果公司接受该公司的股票质押，则质押人与质押权人同归于一人。）

（六）公司股东是否可以退股

公司成立后，股东不能退股，只能依法转让，或者在几种法定情况下可以请求公司收购其股权。

《公司法》第七十四条　有下列情形之一的，对股东会该项决议投反对票的股东可以请求公司按照合理的价格收购其股权：（一）公司连续五年不向股东分配利润，而公司该五年连续盈利，并且符合本法规定的分配利润条件的；（二）公司合并、分立、转让主要财产的；（三）公司章程规定的营业期限届满或者章程规定的其他解散事由出现，股东会会议通过决议修改章程使公司存续的。自股东会会议决议通过之日起六十日内，股东与公司不能达成股权收购协议的，股东可以自股东会会议决议通过之日起九十日内向人民法院提起诉讼。

五、拟 IPO 企业应着重关注的问题

（一）应该倍加重视的角度

应该遵循股权转让的真实性、合法性、合理性及规范性。2017 年被否的有关案例，即拟 IPO 企业应重点关注股份转让相关问题（见表 5－9）。

表 5－9　拟 IPO 企业应重点关注股份转让相关问题

焦点	具体描述	案例解析
真实性	股份代持	润弘制药（股东是否通过委托持股、信托持股）、雪龙集团（转让方林玮宣为受让方香港绿源提供转让资金支持）
	股权清晰	山东玻纤（原先形成股权代持是否清理，是否存在潜在法律纠纷）
	股份代持	润弘制药（股东是否通过委托持股、信托持股）、雪龙集团（转让方林玮宣为受让方香港绿源提供转让资金支持）
	股权清晰	山东玻纤（原先形成股权代持是否清理，是否存在潜在法律纠纷）
	潜在争议	京博农化（解决超过 200 人问题过程中，有中小股东不同意转让，是否存在争议和潜在争议）

（续）

焦点	具体描述	案例解析
真实性	规避同业竞争	元盛电子（发行人实际控制人将采购客户和销售客户重叠公司股权近期转让予第三方）、安健科技（发行人实际控制人杜碧近期退出同业公司股权和董事）
	关联交易非关联化	普天铁心（发行人重要供应商普天物流股权转让给第三方的真实性，是否存在关联关系非关联化的情形）、广联环境（将若干子公司股权转让给若干供应商，多家主要供应商均于设立初期即承接发行人相关业务）
合法性	资金来源	稳健医疗（收购股权资金是否取得外汇管理部门批准）、山东玻纤（董监高出资员工的持股平台资金来源是否由发行人或关联方提供融资或担保）
	股份支付	山东玻纤（员工持股平台对发行人增资，发行人未做股份支付）
	利益输送	鸿禧能源（多次出现 1 元/股转让价格）、普天铁心（发行人重要供应商普天物流股权转让给第三方的真实性，是否存在为实际控制人代为承担成本或转移定价、其他利益安排等利益输送情形）
	国有资产流失	清溢光电（国有股东将发行人前身的股权转让给发行人实际控制人家族控制的企业）、欧维姆机械（国有股东柳州市工业控股公司将股权低价转让给发行人董事长、副董事长、总经理后上述股权又高价转让给柳工集团）
合理性	迂回转让	雪龙集团（将子公司股权转让给发行人控股股东，之后又将上述股权原价购回）
规范性	定价公允	润弘制药（未评估、未发表独立意见）、鸿禧能源（多次出现 1 元/股转让价格）

（二）股权转让的时点

根据实践经验，拟 IPO 企业切实要发生股权转让时，最好提前转让，不要拖延到报告期内。

第六章
规范运行

规范运行几乎涵盖公司管理的所有方面，自然是资本市场关注的焦点，规避公司治理瑕疵、发行人瑕疵、内部控制瑕疵是规范运行的重点方向。财政部界定的内部控制三大方面十八大模块是规范运行的行动指南。

第一节　规范运行的基本情况

一、案例解析（见表6－1）

表6－1　规范运行案例解析

类别	具体情形	2017年被否案例解析
公司治理负瑕疵	独立董事违规行为	爱威科技(周兰女士目前担任五家上市公司的独立董事，违反《上市公司独立董事履职指引》)
	财务人员违法违规	国策环保(分公司财务人员唐某挪用公款行为)
发行人违法违规等瑕疵	安全生产	元利科技(“顺酐及苯酐生产线”试生产发生事故)
	商业贿赂	润弘制药(经销商学术推广中涉嫌商业贿赂)
		力合科技(涉嫌单位行贿被司法机关立案)
		圣和药业(黑河市中级人民法院对发行人单位行贿对象宣判)
		威尔曼制药（发行人二级经销商的业务员因商业贿赂被判处刑罚)
		圣华曦药业（涉嫌给予相关医生、医务人员、医药代表回扣、境内外旅游)
	违规贷款	上能电气（通过与关联方签订未实际履行的采购合同及账户取得银行贷款，违反《商业银行法》等相关法律法规规定)
		欧维姆机械（借用下属子公司业务合同向银行申请贷款)
		普天铁心（通过往来单位获取银行贷款、开具无真实交易背景的银行承兑汇票)

（续）

类别	具体情形	2017年被否案例解析
发行人违法违规等瑕疵	行政处罚	稳健医疗（受到环保、税务、食品药品监督、人力资源、社会保障和海关等部门的十六起行政处罚）
		润弘制药（因产品质量问题两次被行政处罚和15次被有关监管部门查处和曝光）
		震裕科技（2014年3月被北仑海关做出罚款行政处罚，2016年11月被上海浦江海关罚款）
	无证经营	尼毕鲁（未取得互联网出版许可证而从事游戏出版发行、未取得《增值电信业务经营许可证》从事网络游戏运营）
		仲景大厨房（没有食品添加剂生产许可证违反《食品安全法》）
		嘉必优生物（没有整体食品生产许可或食品添加剂生产许可违反《食品安全法》）
		诺特健康（在医疗机构进行以盈利为目的的非医疗活动"体重管理服务涉嫌非法）
		新水源景（无工程资质承包建设工程）
		浙江科维（技改技术人员缺乏相应施工资质）
		三达膜环境（发行人及其下属15家子公司应取得而未取得排污许可证及排污许可证过期）
		全时天地（不具备开展互联网广告所必需的相关资质、许可）
	违反劳动保险法	国策环保（未缴纳住房公积金的员工占比为93.93%）
		世纪恒通（未交纳五险一金占比较高）
	违反外汇管理规定	尼毕鲁（主要收入来源于海外，有大量资金跨境流动，涉嫌洗钱、套汇或逃汇）
		联德精密材料（未按规定办理相关外汇登记事项前曾多次向境外股东利润分配）
	违规担保	山东玻纤（涉嫌违员工持股平台提供融资或担保）
		森鹰窗业（发行人为经销商提供担保、资金融通或其他利益安排）
		锦和商业（向关联方提供长期大额经营担保）
	环境保护瑕疵	山东玻纤（曾发生过固废堆放不合规和废气排放超标等问题）

（续）

类别	具体情形	2017 年被否案例解析
发行人违法违规等瑕疵	涉及诉讼	西藏新博美（发生多起诉讼，多处房屋或土地被抵押或被查封，尚有多起未决诉讼）
		科维节能（截至2016年末，发行人有36个项目处于违约状态，涉及多起诉讼）
	违反税收法规	华龙讯达（整体变更为股份公司过程中，发行人超过5年未代扣缴实际控制人以盈余公积和未分配利润转增股本个人所得税）
		爱威科技（以产品销售收入数据申请软件产品增值税即征即退涉嫌税务违法）
	资金占用	双环电子（控股股东占用发行人资金用于偿还其个人借款、女儿留学款、个人购买车辆）
		雪龙集团（实际控制人大额资金占用的情形）
		致瑞传媒（发行人分别为实际控制人邹斌、邹雪梅购买阿斯顿马丁、玛莎拉蒂等汽车、支付长江商学院学费）
	申请文件瑕疵	仲景大厨房（发行申请文件重大遗漏：控股股东减持上市公司股份超过5%未披露）
		森鹰窗业（申报文件遗漏2013年上海市城乡建设和交通委员会对发行人行政处罚）
		联德精密（发行申请文件重大遗漏：部分人员（含员工和高管）工资和费用报销由控股股东承担）
		双飞无油轴承（申报文件存在遗漏关联方和多项关联交易披露、会计核算的不规范等情形）
发行人内部控制瑕疵	信息披露瑕疵	思华科技（母公司申报报表与所得税申报表列示的利润总额差异较大）
		通领汽车（发行人与五大供应商之一关联交易未在新三板挂牌期间披露）
		永泰隆电子（申报文件中委托付款数据披露差异较大）
	外包业务瑕疵	美联钢构（外部资质：与不具备资质的劳务外包公司合作存在）
		中天精装（外包依赖：劳务外包公司运行不规范导致发行人产生相关合作风险）

（续）

类别	具体情形	2017 年被否案例解析
发行人内部控制瑕疵	资产管理瑕疵	上能电气（资产权属不清：不直接受让艾默生相关资产）
		锦和商业（土地资产管理瑕疵：土地使用权实际使用情况和规划用途不一致的合法性）
		中天精装（无形资产管理：缺乏核心技术，研发投入、研发人员配备情况与发行人技术领先优势的匹配性）
	会计基础瑕疵	稳健医疗（存在较多会计差错，发行人会计基础工作是否规范）
		苏州金枪（对实际控制人曹股份转让未做股份支付会计处理，对发行人收购苏州迪马 100% 股权未作合并处理，而是按购买资产处理）
	对外投资瑕疵	尼毕鲁（报告期内大量对外投资主要原因及合理性，内部控制与风险防控措施）
		河南金丹（大量储备工业用地的原因及合理性）
	资金管理瑕疵	神农农业（现金交易、资金体外循环、利益输送）、鸿禧能源（资金体外循环）
		国金黄金（大额资金支出合理性）
		安宁铁钛（第三方接收贷款）
		欧维姆机械（备用金管理不规范）
		清溢光电（关联方代收代付）
		浙江三锋（向部分供应商拆借资金）
		京博农化（关联方受托支付贷款）
		浙江绩丰（资金体外循环、关联方资金占用）
	环境保护瑕疵	神农农业（疫情和死亡生猪处理问题）
	质量控制瑕疵	神农农业（养殖场生猪疾病防控、产品质量控制）
		圣华曦药业（发行人产品涉及质量问题和/或安全事故）
		诺特健康（营养顾问高离职率无法确保服务质量）
		如意情生物（质疑对外采购金针菇后转售的情形，存在重大食品安全事件及纠纷隐患）
	票据融资瑕疵	山东玻纤（较大金额的无实际交易背景的关联方应收票据融资）
		欧维姆机械（发行人存在多开银行（商业）承兑汇票）

（续）

类别	具体情形	2017 年被否案例解析
发行人内部控制瑕疵	票据融资瑕疵	常州中英（与关联方之间存在借款、无真实交易背景的票据融资）
	社会责任（员工权益）瑕疵	山东玻纤（将临时工的用工关系认定为劳务关系而非劳动关系）
	销售管理瑕疵	河南金丹（第三方回款：通过关联方回款的原因及合规性）
		和宏实业（仓储管理、关键物料管理：仓库管理员盗窃苹果端子导致苹果公司终止 MFi 制造授权）
		威尔曼制药（开具无实际销售活动发票，发货指令单、出库单、原材料采购入库单据无编号、签字不合规）
		重庆百亚（第三方回款金额较高，占销售回款比例较大）
		普华制药（经销商频繁变动）
		京博农化（经销商大多为个体工商户，数量众多，管理水平及客户真实性存疑）
		仲景大厨房（个人账户收款、第三方付款）
		诺特健康（报告期现金收款业务不降反升、销售最终客户与实际付款人不一致）
		普华制药（业务员直接收取货款和客户以个人名义回款、以货款冲抵销售费用）
		欧维姆机械（向缆索公司多开无真实交易背景的票据）
		如意情生物（通过第三方支付货款）
		厦门新立基（个人银行卡结算货款、第三方回款）
	采购管理瑕疵	河南金丹（现金交易：向农户个人或经纪人采购原材料玉米通过公司出纳人员个人账户网银转账或取现支付）
		普元信息（供应商选择不当：大量从前员工任职公司采购）
		上海步科（持续与前股东及前员工所在的公司产生采购或销售）
	工程管理瑕疵	三达膜环境（取得市政污水处理厂方式合法性、未履行招标程序的合法性）
	企业文化瑕疵	圣和药业（诚实守性：主要产品的命名是否符合有关中成药命名规范，是否存在夸大、暗示疗效、误导消费者的风险）

（续）

类别	具体情形	2017 年被否案例解析
发行人内部控制瑕疵	费用管理瑕疵	西龙同辉（销售费用、管理费用大幅下降合理性存疑）
	招投标管理瑕疵	北京品恩（与中国电子科技集团公司某科研单位下属某单位/公司签订合同未招投标）
	合同管理瑕疵	如意情生物（未签订合同直接销售、现金回款）

二、法律法规

（一）《公司法》

第四章“股份有限公司的设立和组织机构”对股东大会、董事会、经理、监事会设立、职权和义务均进行了界定。

第六章“公司董事、监事、高级管理人员的资格和义务”均在董事、监事、高级管理人员层面对公司规范运行进行了界定。

（二）《首次公开发行股票并上市管理办法》

第十五条　发行人的董事、监事和高级管理人员已经了解与股票发行上市有关的法律法规，知悉上市公司及其董事、监事和高级管理人员的法定义务和责任。

第十六条　发行人的董事、监事和高级管理人员符合法律、行政法规和规章规定的任职资格，且不得有下列情形：被中国证监会采取证券市场禁入措施尚在禁入期的；最近 36 个月内受到中国证监会行政处罚，或者最近 12 个月内受到证券交易所公开谴责；因涉嫌犯罪被司法机关立案侦查或者涉嫌违法违规被中国证监会立案调查，尚未有明确结论意见。

第十七条　发行人的内部控制制度健全且被有效执行，能够合理保证财务报告的可靠性、生产经营的合法性、营运的效率与效果。

第十八条　发行人不得有下列情形：最近 36 个月内未经法定机关核准，擅自公开或者变相公开发行过证券；或者有关违法行为虽然发生在 36 个月前，但目前仍处于持续状态；最近 36 个月内违反工商、税收、土地、环保、海关以及其他法律、行政法规，受到行政处罚，且情节严重；最近 36 个月内曾向中国证监会提出发行申请，但报送的发行申请文件有虚假记载、误导性陈述或重大遗漏；或者不符合发行条件以欺骗手段骗取发行核准；或者以不正当手段干扰中国证监会及其发行审核委员会审核工作；或者伪造、变造发行人或其董事、监事、高级管理人员的签字、盖章；本次报送的发行申请文件有虚假记载、误导性陈述或者重大遗漏；涉嫌犯罪被司法机关立案侦查，尚未有明确结论意见；严重损害投资者合法权益和社会公共利益的其他情形。

第十九条　发行人的公司章程中已明确对外担保的审批权限和审议程序，不存在为控股股东、实际控制人及其控制的其他企业进行违规担保的情形。

第二十条　发行人有严格的资金管理制度，不得有资金被控股股东、实际控制人及其控制的其他企业以借款、代偿债务、代垫款项或者其他方式占用的情形。

（三）《首次公开发行股票并在创业板上市管理办法》

第十六条　发行人具有完善的公司治理结构，依法建立健全股东大会、董事会、监事会以及独立董事、董事会秘书、审计委员会制度，相关机构和人员能够依法履行职责。

第十八条　发行人内部控制制度健全且被有效执行，能够合理保证公司运行效率、合法合规和财务报告的可靠性，并由注册会计师出具无保留结论的内部控制鉴证报告。

第十九条　发行人的董事、监事和高级管理人员应当忠实、勤勉，具备法律、行政法规和规章规定的资格。

（四）《上市公司治理准则》

《上市公司治理准则》于 2002 年正式发布，是我国第一个全面系统规范上市公司治理的重要文件。之后陆续出台了一系列规定，内容涵盖“三会制度”、独立董事、关联交易、资金往来和对外担保、投资者保护等多个方面，初步构建了上市公司治理制度框架。

三、规范运行瑕疵之一：公司治理瑕疵

（一）法人治理结构瑕疵

发行人在招股说明书中需要细化披露股东大会、董事会、监事会以及独

立董事、董事会秘书制度的建立实践及主要内容，说明相关制度是否符合证监会发布的有关上市公司治理的规范性文件要求，是否存在差异。

中介机构切实履行尽职调查义务，通过与公司高管及员工谈话、查阅有关材料并调取公司章程、公司治理相关制度及“三会”会议记录、纪要，核查了解发行人内部组织结构、“三会”实际运行情况。

（二）董监高任职条件瑕疵

《公司法》《首次公开发行股票并上市管理办法》《深圳证券交易所股票上市规则》《深圳证券交易所创业板上市公司规范运作指引》均对董监高任职条件进行了界定。

《首次公开发行股票并上市管理办法》第十六条“发行人的董事、监事和高级管理人员符合法律、行政法规和规章规定的任职资格，且不得有下列情形：被中国证监会采取证券市场禁入措施尚在禁入期的；最近36个月内受到中国证监会行政处罚，或者最近12个月内受到证券交易所公开谴责；因涉嫌犯罪被司法机关立案侦查或者涉嫌违法违规被中国证监会立案调查，尚未有明确结论意见。”

（三）公务员及公职人员担任“董监高”瑕疵

特别需要关注的是：公务员退休或辞职后到公司担任“董监高”（尤其是独立董事），需要符合《中华人民共和国公务员法》等相关规定。

1.《中华人民共和国公务员法》

第四十二条　公务员因工作需要在机关外兼职，应当经有关机关批准，并不得领取兼职报酬。

第一百零二条：公务员辞去公职或者退休的，原系领导成员的公务员在离职三年内，其他公务员在离职两年内，不得到与原工作业务直接相关的企业或者其他营利性组织任职，不得从事与原工作业务直接相关的营利性活动。

2. 中共中央纪委中共中央组织部《关于规范中管干部辞去公职或者退（离）休后担任上市公司、基金管理公司独立董事、独立监事的通知》

任职程序。中管干部辞去公职或者退（离）休后三年内，不得到与本人原工作业务直接相关的上市公司、基金管理公司担任独立董事，不得从事与本人原工作业务直接相关的营利性活动。可以到与本人原工作业务不直接相关的上市公司、基金管理公司担任独立董事。必须征得原所在单位党组（党委）同意，并征求中央纪委、中央组织部意见后，再正式任命。

报酬规定。中管干部辞去公职后担任上市公司、基金管理公司独立董事、独立监事的，可以领取相应报酬。中管干部退（离）休后担任上市公司、基金管理公司独立董事、独立监事的，不得领取报酬、津贴和获取其他额外利益。

3.《中国共产党廉洁自律准则》

不准配偶、子女在本人管辖的地区和业务范围内的外商独资企业或者中外合资企业担任由外方委派、聘任的高级职务。

（四）公职人员兼职瑕疵

1.《公司法》

第六十九条：国有独资公司的董事长、副董事长、董事、高级管理人员，未经国有资产监督管理机构同意，不得在其他有限责任公司、股份有限公司或者其他经济组织兼职。

2. 国资委《关于规范国有企业职工持股、投资的意见》

国有企业中层以上管理人员，不得在职工或其他非国有投资者投资的非国有企业兼职。

3.《关于规范财政部工作人员在企业兼职行为的暂行办法》

财政部机关、驻各地财政监察专员办事处公务员（含参照公务员法管理的事业单位），不得在企业兼职；部属事业单位相当于副处级以上干部，国家会计学院领导班子成员，以及部属社会体中由财政部明确行政级别的副处级以上干部，除因工作需要外，不得在企业兼职。

4.《中国共产党廉洁自律准则》

不准违反规定在经济实体、社会团体等单位中兼职或者兼职取酬；不准离职或者退休后三年内，接受原任职务管辖的地区和业务范围内的民营企业、外商投资企业和中介机构的聘任，或者个人从事与原任职务管辖业务相关的营利性活动。

【案例】 主板发行审核委员会2017年第146次发审委会议山东大业股份有限公司（首发）获通过。

请发行人代表进一步说明发行人的独立董事张焕平担任发行人独立董事是否符合中组部《关于进一步规范党政领导干部在企业兼职（任职）问题的意见》等相关规定。请保荐代表人发表核查意见。

（四）董监高兼职问题

《公司法》第一百四十八条：董事、高级管理人员未经股东会或者股东大会同意，利用职务便利为自己或者他人谋取属于公司的商业机会，自营或者为他人经营与所任职公司同类的业务。

（五）董监高勤勉义务

《公司法》第一百四十七条：董事、监事、高级管理人员应当遵守法律、行政法规和公司章程，对公司负有忠实义务和勤勉义务。董事、监事、高级管理人员不得利用职权收受贿赂或者其他非法收入，不得侵占公司的财产。

【案例】第十七届发行审核委员会2017年第2会议山东出版传媒股份有限公司（首发）获通过。

发行人原董事、总经理刘某涉嫌受贿、贪污和职务侵占一案，2016年9月被调查而离任，目前尚未宣判。请发行人代表进一步说明：（1）刘某个人涉嫌的违法违规案件是否会影响到发行人的利益，是否会对发行人造成损失，是否已在财务报告中反映并予以充分披露，发行人是否有可能因此承担相应法律责任；（2）发行人是否建立健全内部控制制度，加强相关人员的管理，有效防范公司高级管理人员的职务侵占、贪污等犯罪行为。请保荐代表人发表明确意见。

（六）董监高重大变动

《首次公开发行股票并上市管理办法》第十二条：发行人最近3年内主营业务和董事、高级管理人员没有发生重大变化，实际控制人没有发生变更。

相关政策的立法本意在于维持健全且运行良好的组织架构，以保持公司未来运营的可比性和稳定性。对于“重大变化”的认定，目前监管机构没有公布明确的标准，需要结合实际情况进行认定，整体来说，变更的数量和变更者情况都是重要因素。

四、规范运行瑕疵之二：发行人瑕疵

（一）涉嫌犯罪或行政处罚情形

1. 法律法规

《证券法》将“最近三年财务会计文件无虚假记载，无其他重大违法行为”作为发行新股的条件之一。

《首次公开发行股票并上市管理办法》明确发行人不得有六种违法违规情形，其中最近36个月内违反工商、税收、土地、环保、海关以及其他法律、行政法规，受到行政处罚，且情节严重；报送的发行申请文件有虚假记载、误导性陈述或重大遗漏等。

《首次公开发行股票并在创业板上市管理办法》将主体从《首发管理办法》中的“发行人”扩大到“发行人及其控股股东、实际控制人”。

2. 行政处罚两年实效问题

《中华人民共和国行政处罚法》违法行为在二年内未被发现的，不再给予行政处罚。法律另有规定的除外。前款规定的期限，从违法行为发生之日起计算；违法行为有连续或者继续状态的，从行为终了之日起计算。

3. 案例解析

【案例】 第十七届发行审核委员会2017年第22次会议稳健医疗用品股份有限公司（首发）未通过。

发行人的申报文件显示，发行人在规范运作与内控方面存在以下问题：发行人出资行为存在瑕疵，存在较多会计差错，报告期内发行人接连受到十六起行政处罚，针对上述情况，请发行人代表进一步说明：发行人受到环保、税务、食品药品监督、人力资源、社会保障和海关等部门的处罚是否构成重大违法违规行为，是否存在“最近36个月内违反工商、税收、土地、环保、海关以及其他法律、行政法规，受到行政处罚，且情节严重”的情形。请保荐代表人说明核查方法、核查过程和依据，并发表核查意见。

（二）重大诉讼或仲裁

1. 法律法规

《首发管理办法》第二十八条：发行人不存在重大偿债风险，不存在影响持续经营的担保、诉讼以及仲裁等重大或有事项。

《关于保荐项目尽职调查情况问核程序的审核指引》保荐机构应当走访发行人注册地和主要经营所在地相关法院、仲裁机构，调查发行人涉及诉讼、仲裁情况。

2. 解决思路

诉讼与仲裁事项会不会给拟上市公司造成实质性障碍，关键在于以下几个方面：企业和中介机构是否如实陈述；事件性质和缘由；会不会给企业带来重大偿债风险，会不会影响企业持续经营。

具体应对思路如下：

（1）客观陈述诉讼、仲裁等客观事实，不能有所隐瞒，如有必要应在重大风险提示中予以警示。

（2）对于已完结诉讼、仲裁，除详细陈述相关起因、经过、结果以及对企业造成的影响外，还应由保荐机构和律师关注其是否存在潜在的未被发现的风险。

（3）对于未完结诉讼、仲裁，首先应当尽快促成明确的结果；充分评估其对公司生产经营的影响，足额计提或有负债；如果确实金额巨大或对公司有很大影响，可以考虑由控股股东出具相应承诺函，承诺承担因诉讼与仲裁带来的相应损失。

（三）虚假陈述

《首次公开发行股票并上市管理办法》规定发行人不得有下列情形：规定：最近36个月内曾向中国证监会提出发行申请，但报送的发行申请文件有虚假记载、误导性陈述或重大遗漏；或者不符合发行条件以欺骗手段骗取发行核准；或者以不正当手段干扰中国证监会及其发行审核委员会审核工作；或者伪造、变造发行人或其董事、监事、高级管理人员的签字、盖章；本次报送的发行申请文件有虚假记载、误导性陈述或者重大遗漏。

1. 案例解析

仲景大厨房（发行申请文件重大遗漏：控股股东减持上市公司股份超过5%未披露）；森鹰窗业（申报文件遗漏2013年上海市城乡建设和交通委员会对发行人行政处罚）；联德精密（发行申请文件重大遗漏：部分人员（含员工和高管）工资和费用报销由控股股东承担）；双飞无油轴承（申报文件存在遗漏关联方和多项关联交易披露、会计核算的不规范等情形）。

（四）安全生产隐患

1. 法律法规

《生产安全事故报告和调查处理条例》（国务院令第493号）根据生产安全事故（以下简称事故）造成的人员伤亡或者直接经济损失，事故一般分为以下等级：

特别重大事故，是指造成30人以上死亡，或者100人以上重伤（包括急性工业中毒，下同），或者1亿元以上直接经济损失的事故；

重大事故，是指造成10人以上30人以下死亡，或者50人以上100人以下重伤，或者5,000万元以上1亿元以下直接经济损失的事故；

较大事故，是指造成3人以上10人以下死亡，或者10人以上50人以下重伤，或者1,000万元以上5,000万元以下直接经济损失的事故；

一般事故，是指造成3人以下死亡，或者10人以下重伤，或者1000万元以下直接经济损失的事故。

国务院安全生产监督管理部门可以会同国务院有关部门，制定事故等级划分的补充性规定。

本条第一款所称的“以上”包括本数，所称的“以下”不包括本数。

2. 解决思路

如果报告期内公司存在安全生产事故，首先，应界定是否为重大安全事故，是否构成重大违法违规行为。其次，报告期内安全生产事故不宜频繁出现，否则会间接反映公司治理及内控的薄弱。

对于报告期内公司的安全事故，基本的解决思路是：（1）将事故的基本情况介绍清楚；（2）由主管部门界定责任主体和处理结果；（3）出示认定事故不是重大责任事故的文件；（4）介绍公司的整改情况；（5）论证公司的生产经营、财务指标和上市条件不会因此次事故而受影响。

（五）环保问题

1. 法律法规

《首次公开发行股票并上市管理办法》第十八条：发行人不得有下列情形：最近36个月内违反工商、税收、土地、环保、海关以及其他法律、行政法规，受到行政处罚，且情节严重。

2. 解决思路

与普通的行政处罚不同，环保出发属于审核中比较敏感的话题，因为环保问题具有较大的“负外部性”，会影响到发行人以外的社会系统且有时后果无法估计，而上市则有可能导致不良影响的进一步扩大。

公司的环保守法证明如需国家环保部出具核查意见，务必尽早筹备。如果公司存在环保处罚情况，可以采取如下思路解决：从性质、造成的影响等角度论证未造成实质性障碍；提供环保监管部门、原处罚部门或上级主管部门的未构成重大违规证明。

（六）土地问题

1. 土地问题对于上市的影响

（1）潜在违法违规风险。权属不清可能导致的纠纷，存在诉讼、违法违规风险。特别是农村集体土地，办理产权证存在实质性障碍，土地经营如果改变了租赁土地的农用地性质还会涉嫌违法违规。

（2）影响资产完整性风险。发行人土地和租赁房产存在瑕疵，存在被处罚并收回土地、拆除土地附属物（如厂房）等风险，如果是发行人主要生产经营场所被处罚、收回或者拆除，将直接影响发行人资产完整性，对发行人的生产经营带来重大不利影响，构成本次发行上市的实质性障碍。

2. 解决思路

（1）积极寻求当地政府帮助，由当地政府部门出具文件证明是历史原因造成、不存在违法违规行为且短期内不存在拆迁可能。

（2）由发行人实际控制人承诺承担可能带来的风险，保证上市公司利益不受损害。

（3）发行人积极解决方案，包括承诺明确的搬迁计划等。

（4）对于有产权瑕疵的房产或土地，建议应当在上市前彻底剥离或者完全取得该固定资产权证。

（5）如果是有瑕疵土地入股，可以采取货币置换方式解决。

（6）保荐机构和律师应认真核查，就发行人土地使用、土地使用权取得方式、取得程序、登记手续、募集资金投资项目用地是否合法合规发表明确核查意见；尤其是最近36个月内是否存在违反有关土地管理的法律、行政法规、受到行政处罚，且情节严重的情况。

（7）对该问题进行重大风险提示。

【案例】主板发行审核委员会2017年第146次发审委会议兰州庄园牧场股份有限公司（首发）获通过。

请发行人代表进一步说明：（1）发行人共拥有的1宗土地使用权未办理土地使用权证，该宗土地使用权证书办理的最新进展情况，是否存在办理法律障碍；是否存在违法违规情形、被处罚并收回土地的风险；（2）发行人租赁的7宗土地均系农村集体土地，属于未办理土地所有权证的农业用地，发行人租用的上述土地经营是否改变了租赁土地的农用地性质，是否符合《土地管理法》《土地管理法条例》《中共中央国务院关于加强耕地保护和改进占补平衡的意见》等法律法规的相关规定；（3）发行人土地和租赁房产存在瑕疵，是否影响发行人的资产完整性，是否符合《公开发行证券的公司信息披露内容与格式准则第1号——招股说明书（2015年修订）》第五十一条的规定；（4）发行人上述购买和承租的物业瑕疵情况是否会对发行人的生产经营带来重大不利影响，是否构成本次发行上市的法律障碍。请保荐代表人发表核查意见。

【案例】主板发行审核委员会2017年第143次发审委会议江苏丽岛新材料股份有限公司（首发）获通过。

招股说明书披露，发行人编号为“常国用（2015）第8875号”的土地使用权证书于2016年4月27日到期，发行人已与常州市国土资源局就该宗地建设签订了补充协议，将该宗地竣工日期变更为2017年8月30日前。请发行人代表进一步说明：（1）截止2017年8月30日，上述土地上的相关建设项目的最新进展情况，是否已经按照发行人与常州市国土资源局签订的补充协议的规定按期竣工；（2）是否已经换领新的不动产权证书；是否存在违法违规情形和被处罚并收回土地的风险；（3）上述情况是否影响发行人的资产完整性，是否会对发行人的生产经营带来重大不利影响。请保荐代表人说明核查情况和结论。

【案例】第十七届发行审核委员会2017年第9次会议深圳市金奥博科技股份有限公司（首发）获通过。

发行人招股说明书披露，公司工业炸药关键原辅材料业务主要是通过租赁土地、厂房进行生产。发行人子公司新疆金峰源在租赁驷星环保的土地上自建厂房存在未批先建的瑕疵，发行人与出租方达成框架协议，拟在2017年12月31日前办理土地使用权转让事宜。请发行人代表进一步分析说明上述租赁事项对发行人生产经营、财务状况的影响，是否会影响发行人资产的完整性及独立性，是否会影响公司持续盈利能力。上述未批先建房产产证的办理进度，是否存在相关的约束措施保证在上述时间点完成土地使用权转让。请保荐代表人发表明确意见。

【案例】第十七届发行审核委员会2017年第3次会议奥士康科技股份有限公司（首发）获通过。

请发行人代表和保荐代表人说明惠州奥士康租赁厂房的权属问题：（1）

土地使用权所有人明珠公司取得上述权利的过程；（2）新圩镇人民政府将该土地确认回拨的合法性及法律证明。

（七）违规担保

1. 法律法规

《首次公开发行股票并上市管理办法》第十九条：发行人的公司章程中已明确对外担保的审批权限和审议程序，不存在为控股股东、实际控制人及其控制的其他企业进行违规担保的情形。

2. 案例解析

【案例】 第十七届发行审核委员会2017年第36次会议上海锦和商业经营管理股份有限公司（首发）未通过。

发行人为参股公司南京广电锦和与物业出租方签订租赁期20年、租金总额79,244万元的房屋租赁合同提供连带责任担保，大于发行人最近一期净资产51,304万元。请发行人代表进一步说明向关联方提供长期大额经营担保，是否符合相关文件规定，是否会对本次发行造成实质性影响。请保荐代表人发表核查意见。

（八）资金违规占用

1. 法律法规

《首次公开发行股票并上市管理办法》第二十条：发行人有严格的资金管理制度，不得有资金被控股股东、实际控制人及其控制的其他企业以借款、代偿债务、代垫款项或者其他方式占用的情形。

2. 案例解析

【案例】 第十七届发行审核委员会2017年第49次发审委会议雪龙集团（首发）未通过。

2014年至2016年9月，发行人存在实际控制人大额资金占用的情形。请发行人代表说明：上述资金占用发生的原因及用途；发行人的内部控制制度是否健全且有效执行，发行人的资金管理制度是否严格，是否能确保资金不被实际控制人及其控制的其他企业占用。

【案例】 第十七届发行审核委员会2017年第141次发审委会议杭州致瑞传媒（首发）未通过。

（1）报告期内，发行人实际控制人及其控制的企业曾存在占用发行人资金的情形，且金额较大，发行人的资金管理制度是否严格；（2）报告期内，发行人分别为实际控制人邹斌、邹雪梅购买阿斯顿马丁、玛莎拉蒂等汽车供其专用；2016年，发行人为邹斌、邹雪梅支付长江商学院学费112.80万元，上述事项是否履行发行人董事会等审议程序，是否符合《公司法》《上市公司治理准则》的相关规定，发行人关联交易等相关内部控制制度是否健全且被有效执行。

【案例】 第十七届发行审核委员会2017年第43次发审委会议蚌埠市双环电子（首发）未通过。

报告期内发行人与顺达电子资金拆借持续发生，主要用于控股股东及其他少数股东、无关联第三方的个人需求。2013年5月后，发行人控股股东李福喜从顺达电子拆借的来源于发行人的资金约700万元，主要用于偿还其个人的部分银行借款约550万元、女儿留学款（后期）约100万元、个人购买车辆款及所欠亲戚款项约50万元。请保荐代表人结合发行人的经营业绩、资金规模说明前述制度是否足以防止控股股东等关联方占用发行人资金。

五、规范运行瑕疵之三：内部控制瑕疵

内部控制内容极其广泛，几乎涵盖了IPO实质审核的全部内容，独立成为一节进行讲述，具体见第二节。

第二节　内部控制

一、案例解析（见表6－2）

表6－2　内部控制案例解析

公司名称	上会情况	问题解析	问题归类
上海思华科技	2017年第13次发审委会议未通过	报告期母公司申报报表与所得税申报表列示的利润总额差异较大的原因及其合理性	信息披露

（续）

公司名称	上会情况	问题解析	问题归类
美联钢结构建筑系统	2017 年第 61 次发审委会议未通过	发行人劳务外包企业的情况，不具备资质的劳务外包公司的家数和合作项目的情况；发行人与不具备资质的劳务外包公司合作存在的法律风险，是否存在诉讼或纠纷	外包资质
杭州致瑞传媒	2017 年第 141 次发审委会议未通过	（1）报告期内，发行人实际控制人及其控制的企业曾存在占用发行人资金的情形，且金额较大，发行人的资金管理制度是否严格； （2）报告期内，发行人分别为实际控制人邹斌、邹雪梅购买阿斯顿马丁、玛莎拉蒂等汽车供其专用；2016 年，发行人为邹斌、邹雪梅支付长江商学院学费 112.80 万元，上述事项是否履行发行人董事会等审议程序，是否符合《公司法》《上市公司治理准则》的相关规定，发行人关联交易等相关内部控制制度是否健全且被有效执行	资金管理
上能电气	2017 年第 149 次发审委会议未通过	发行人不直接受让艾默生相关资产，采用上海日风受让艾默生相关资产后又转让给发行人的商业合理性；艾默生对相关资产的再次转让是否有异议，发行人相关资产的权属是否明晰	资产管理（权属不清）
森鹰窗业	2017 年第 21 次发审委会议未通过	2013 年上海市城乡建设和交通委员会对发行人处以责令改正、罚款 10 万元的行政处罚。该事项在 2015 年首次申报中遗漏	信息披露
		报告期向经销商计提返利情况及支付情况，是否存在发行人为经销商提供担保、资金融通或其他利益安排的情形	违规担保
稳健医疗	2017 年第 22 次发审委会议未通过	发行人出资行为存在瑕疵，存在较多会计差错，发行人会计基础工作是否规范，是否符合《企业会计准则》和相关会计制度的规定	会计基础
尼毕鲁	2017 年第 35 次发审委会议未通过	报告期内，发行人发生了大量的对外投资。请说明其主要原因及合理性，履行的程序，内部控制与风险防控措施	对外投资

（续）

公司名称	上会情况	问题解析	问题归类
云南神农农业	2017年第35次发审委会议未通过	报告期内，发行人现金销售占营业收入的比重逐年上升，2016年占当年销售金额25.43%，2017年1~6月占比28.16%。请发行人代表说明：（1）现金交易的真实性、必要性以及逐年上升的原因，现金交易的流程及相关内部控制措施，未来拟降低现金交易的相关措施；（2）发行人与利益相关方、主要客户、供应商之间是否存在资金体外循环以及第三方向发行人输送利益的情形	现金交易、资金体外循环、利益输送
		疫情和生猪死亡率问题。报告期内生猪死亡率分别为11.43%、6.75%、12.19%、11.27%，死亡生猪的具体处理方式，是否存在环境保护方面的重大隐患；发行人对养殖场生猪疾病防控、产品质量控制等管理情况	环境保护、质量控制
山东玻纤	2017年第35次发审委会议未通过	发行人在报告期内存在较大金额的无实际交易背景的关联方应收票据融资，向控股股东大规模拆入资金以及取得委托贷款。相关内部控制制度是否健全且有效执行	无实际交易票据融资
		发行人将临时工的用工关系认定为劳务关系而非劳动关系，依据是否充分，是否存在被认定为事实劳动关系的风险，补缴社保及公积金是否会对发行人业绩产生重大影响	社会责任（员工权益）
国金黄金	2017年第36次发审委会议未通过	发行人2016年度给北京瑞琨福禧文化发展有限公司支付了大额促销活动费。请说明：该公司是否为关联方，提供服务主要内容及资金流向，该促销行为是否合法合规及相关防控措施是否有效	大额资金支出合理性
上海锦和商业	2017年第36次发审委会议未通过	发行人为参股公司南京广电锦和与物业出租方签订租赁期20年、租金总额79,244万元的房屋租赁合同提供连带责任担保，大于发行人最近一期净资产51,304万元。请说明向关联方提供长期大额经营担保，是否符合相关文件规定，是否会对本次发行造成实质性影响	大额担保

（续）

公司名称	上会情况	问题解析	问题归类
上海锦和商业	2017 年第 36 次发审委会议未通过	发行人已承租运营的21个园区项目中，10个园区的土地为物业产权方以划拨方式取得、14个园区土地使用权实际使用情况与规划用途不一致。请发行人代表说明：土地使用权实际使用情况和规划用途不一致的合法性；有关土地“过渡期政策”对发行人持续经营的影响	资产管理（土地无形资产管理）
浙江鸿禧能源	2017 年第 44 次发审委会议未通过	实际控制人所控制企业大部分亏损的原因，关联方向发行人提供资金的来源，是否存在资金体外循环的情况	资金体外循环
雪龙集团	2017 年第 49 次发审委会议未通过	2014 年至 2016 年 9 月，发行人存在实际控制人大额资金占用的情形。请发行人代表说明：上述资金占用发生的原因及用途；发行人的内部控制制度是否健全且有效执行，发行人的资金管理制度是否严格，是否能确保资金不被实际控制人及其控制的其他企业占用	大额资金占用
深圳中天精装	2017 年第 49 次发审委会议未通过	设计研究人员、销售人员人数较少，研发支出低且逐年下降。请发行人代表说明：（1）发行人的核心竞争力；（2）研发投入、研发人员配备情况与发行人技术领先优势的匹配性	资产管理（无形资产缺乏核心技术）
		2014 年第一大合作劳务外包公司佳飞劳务因转型与发行人暂停合作，发行人现有主要合作劳务公司是否存在类似情况；是否存在因劳务外包公司运行不规范导致发行人产生相关合作风险；是否对分包公司存在较大依赖；是否存在利用劳务外包方式降低成本的情形	外包依赖、外包风险
上海悉地工程设计	2017 年第 70 次发审委会议未通过	发行人收入和利润绝大部分来自于子公司悉地深圳、悉地苏州和青岛腾远，其中悉地苏州和青岛腾远系在 2013 年以来收购，请发行人代表说明：对上述子公司的经营和财务管理是否不受子公司少数股东的影响，拥有绝对的控制权；是否可以不受子公司少数股东的影响处置、整合子公司的业务和资产	组织架构（子公司管理）

（续）

公司名称	上会情况	问题解析	问题归类
河南金丹乳酸	2017年第76次发审委会议未通过	发行人出口销售收入占主营业务收入的比重较高。部分境外客户通过关联方回款的原因及合规性，是否还存在其他第三方付款情形	销售管理（第三方付款）
		发行人存在向农户个人或经纪人现金采购原材料玉米的情况，且在2015年5月之前主要通过公司出纳人员个人账户网银转账或取现支付。请发行人代表说明：采用出纳人员账户或现金支付的原因及合理性发行人现金交易内部控制制度是否健全且有效执行，与现金核算相关的材料采购和成本核算是否准确、完整	采购管理（现金交易）
河南金丹乳酸	2017年第76次发审委会议未通过	2017年发行人动用3000多万元购置土地约20多万平米。而发行人本次募投项目用地是2012年办理产证的土地，并未使用新购置的土地。请说明：目前的业务规模与土地储备的匹配关系，大量储备工业用地的原因及合理性；目前土地及厂房使用的计划，计划未来生产经营需要的项目储备用地的合理性	大额投资合理性（土地储备合理性）
四川安宁铁钛	2017年第76次发审委会议未通过	由第三方作为受托方接收贷款资金后在当日或一两日内再转回给发行人的情形，且部分没有真实交易背景。请发行人代表说明：（1）上述情形发生的主要原因，是否符合相关监管规定，是否存在潜在纠纷，是否存在被行政处罚的风险；（2）是否与发行人的供应商、客户等存在交易、资金往来等行为。	资金管理（第三方接收贷款）
上海通领汽车	2017年第81次发审委会议未通过	2014年、2015年发行人向关联方上海锟领采购金额较大，关联方上海锟领为发行人2014、2015年前5大供应商之一，发行人与上海锟领报告期内的关联交易未在新三板挂牌期间披露。请发行人代表说明该关联交易未披露的原因及价格公允性	信息披露
三达膜环境	2017年第80次发审委会议未通过	发行人通过BOT、TOT和委托运营方式在全国多个地区已投资和运营了28座市政污水处理厂。请发行人代表说明：（1）上述项目的取得方式是否合法合规；（2）报告期内由当地县级	工程管理（合法合规性、招标程序缺失）、资格缺失

（续）

公司名称	上会情况	问题解析	问题归类
三达膜环境	2017年第80次发审委会议未通过	以上人民政府授权地方住建局与发行人签署特许经营权协议且未履行招标程序的合法性；（3）发行人及其下属15家子公司应取得而未取得排污许可证及排污许可证过期的情况，以及相关法律风险	工程管理（合法合规性、招标程序缺失）、资格缺失
南京圣和药业	2017年第44次发审委会议未通过	请发行人代表进一步说明发行人主要产品的命名是否符合有关中成药命名规范，是否存在夸大、暗示疗效、误导消费者的风险	企业文化（诚实守信）
深圳清溢光电	2017年第55次发审委会议未通过	发行人关联方为发行人代收代付货款以及实际控制人通过发行人为关联方代付部分款项的原因及必要性；在代收代付过程中是否存在发行人资金被关联方占用r情形，发行人相关内控是否完善、执行是否有效	关联方代收代付
重庆圣华曦药业	2017年第65次发审委会议未通过	发行人关于原材料采购、药品生产、包装、存储、运输、售后服务等方面的产品质量的内控制度是否健全并得到有效执行；发行人产品是否发生质量问题和/或安全事故，是否存在因产品质量问题引发的纠纷或诉讼；发行人的生产经营是否符合《中华人民共和国药品管理法》《药品生产质量管理规范》等法律法规的规定	产品质量
深圳市和宏实业	2017年第83次发审委会议未通过	2016年9月，发行人仓库管理员盗窃苹果端子。2016年11月，发行人被苹果公司终止MFi制造授权。请说明发行人的关键物料管理、员工管理以及与生产相关内部控制制度是否健全并得到有效执行	销售业务（仓储管理）
威尔曼制药	2017年第9次发审委会议未通过	（1）无实际销售活动的发票开具行为；（2）发货指令单上无发货人、储运部主管、出纳签字；产成品出库单上仅有制单人名字，无复核人、发货人、主管签字审核；原材料采购入库环节原始单据无编号，车间到仓库的产成品入库环节原始单据无编号；（3）报告期内现金交易金额较大，相关的资金管理制度对现金的提现标准与现金使用无明确规定等。请说明：发行人在开	销售业务、采购业务、资金管理

（续）

公司名称	上会情况	问题解析	问题归类
威尔曼制药	2017 年第 9 次发审委会议未通过	票、产品发货和出库、原材料采购、资金管理等方面的内部控制制度及实际执行情况，如何保证相关制度的有效实施	销售业务、采购业务、资金管理
		报告期内发行人二级经销商的业务员因商业贿赂被判处刑罚。发行人对经销业务的内部控制制度及执行情况，是否已建立相关的风险控制体系防范商业贿赂风险	商业贿赂
重庆百亚卫生用品	2017 年第 83 次发审委会议未通过	发行人第三方回款金额较高，占销售回款比例较大。对第三方回款的管理情况及相关内控措施，经销商等第三方是否严格执行了发行人的管理要求；是否存在因第三方回款安排而产生争议或潜在争议的情形	第三方回款
柳州欧维姆机械	2017 年第 8 次发审委会议未通过	发行人在其他应收款中反映的备用金余额分别为 1,056.25 万元、3,383.49 万元、2,679.36 万元、3,603.80 万元，申报材料披露期末备用金主要系工程公司及东方公司减隔震业务拓展过程中发生的员工借支、工程施工项目借款和业务费借款。请说明：发行人关于备用金借支、用途、审批、报销、归还的内部控制流程	资金管理（备用金管理）
柳州欧维姆机械	2017 年第 8 次发审委会议未通过	柳工集团为了获取银行短期流动贷款，借用欧维姆及其下属子公司的采购、销售等业务合同，与银行签订贷款合同，向银行申请贷款。发行人存在多开银行（商业）承兑汇票，而后通过银行贴现获得融资的情形，多开票据比例比较高。请说明发行人母公司向缆索公司多开的票据是否具有真实交易背景；发行人资金、账户、合同管理、贷款、关联交易、法律风险等相关事项的内控制度及执行情况的核查过程及结论。	资金管理、合同管理、法律风险控制
浙江永泰隆电子	2017 年第 9 次发审委会议未通过	发行人和保荐机构在反馈文件中回复客户 DC Taipit LLC 报告期内委托 POWERMAN LIMITED 向发行人支付货款 4,527.43 万元人民币；在更新文件中回复上述委托付款的金额实为 3,260.90 万美元。请保荐代表人说明对发行人	信息披露

（续）

公司名称	上会情况	问题解析	问题归类
浙江永泰隆电子	2017年第9次发审委会议未通过	发行人和保荐机构在反馈文件中回复客户DC Taipit LLC报告期内委托POWERMAN LIMITED向发行人支付货款4,527.43万元人民币；在更新文件中回复上述委托付款的金额实为3,260.90万美元。请保荐代表人说明对发行人提交的申请文件就上述事项是否真实、准确、完整、及时，是否有虚假记载、误导性陈述或重大遗漏的核查过程及结论	信息披露
深圳西龙同辉技术	2017年第11次发审委会议未通过	2016年期间费用大幅度减少，其中销售费用减少16.7%，管理费用减少15.5%，请发行人代表量化分析两项费用大幅下降的原因及其合理性；对发行人与费用相关的内部控制运行是否有效发表核查意见	销售管理（费用控制）
长春普华制药	2017年第13次发审委会议未通过	发行人在报告期内存在业务员直接收取货款和客户以个人名义回款、以货款冲抵销售费用等多项财务不规范的情形，请发行人代表说明上述情形在报告期内仍持续存在的原因、发行人的内控制度是否健全且被有效执行	销售管理（货款管理）
长春普华制药		发行人报告期内以经销模式实现的营业收入占比较高，且合作的经销商部分经销金额较低、合作时间不长，每年增减变动的经销商都有三、四百家。请说明选择确定经销商的内部控制流程；在经销商频繁变动的情况下，为保证应收账款的及时回收采取了哪些措施	销售管理（经销商管理）
苏州金枪新材料	2017年第21次发审委会议未通过	报告期发行人对实际控制人曹建强将其持有的出资额9.60万元转让给高管龚彦未做股份支付会计处理，之后做了会计差错追溯调整。还对发行人收购苏州迪马100%股权时，未作非同一控制企业合并处理，而是按购买资产处理，并对商誉等按会计差错作了追溯调整。请发行人代表说明：（1）报告期发生以上会计差错并调整的原因，与会计核算相关的内部控制是否健全有效；（2）采取股权方式而非资产购买方式收购苏州迪马的原因及合理性，不同方式对	会计核算 内部控制

（续）

公司名称	上会情况	问题解析	问题归类
苏州金枪新材料	2017 年第 21 次发审委会议未通过	发行人经营业绩的影响；（3）收购苏州迪马 100% 股权是否构成非同一控制下合并，其会计处理是否符合企业会计准则的规定	会计核算 内部控制
北京新水源景	2017 年第 25 次发审委会议未通过	发行人曾承包“2016 年怀柔区农业灌溉机井智能化计量建设工程”：（1）发行人是否具有相关工程资质；（2）发行人是否曾按该合同约定“依法与所招用的农民工建立劳动合同”；（3）发行人是否曾进行工程外包，相关信息是否已充分披露	业务资质、信息披露
浙江科维节能	2017 年第 27 次发审委会议未通过	（1）发行人经营所使用的技改技术来源及技术研发人员技术专长情况，前述人员在项目实施过程中的具体工作范围及是否具备相应的施工资质；（2）发行人核心竞争力与市场竞争对手的差异	业务资质、核心竞争力
浙江诺特健康	2017 年第 40 次发审委会议未通过	发行人的服务能力主要取决于合格营养顾问的人数，而报告期内发行人营养顾问的离职率居高不下。请发行人代表说明：“合格营养顾问”的标准；离职率高的情况下发行人如何保证营养顾问的服务质量，是否对发行人生产经营稳定性构成影响	高离职率与服务质量
		报告期现金收款业务不降反升的原因；说明 2016 年度及 2017 年一季度各种收款的比例及“POS 机刷卡”中销售最终客户与实际付款人不一致的金额；发行人现金、POS 机刷卡和个人卡收款业务的内部控制制度是否有效运行	现金收款
普元信息	2017 年第 44 次发审委会议未通过	持续、大量对外采购技术服务及持续、大量从前员工创办或任高管的公司采购技术服务的必要性、合理性，结合从前员工任职的公司采购单价低于平均价格的情况说明定价公允的依据是否充分	采购管理（供应商选择不当）
京博农化	2017 年第 46 次发审委会议未通过	银行向发行人发放贷款后，按借款合同约定受托将款项支付给京博控股、甘肃诺客达等关联企业，上述企业在收到银行付款后及时将该	关联方受托支付贷款

（续）

公司名称	上会情况	问题解析	问题归类
京博农化	2017年第46次发审委会议未通过	款项转至发行人银行账户。请说明采用受托支付方式的必要性、相关整改及落实情况、是否违规、是否影响发行人独立性	关联方受托支付贷款
		发行人一般在全国各地县开发和扶持经销商，经销商大多为个体工商户。2014年度，经销商减少了1000个左右。经销商客户真实性核查比例是否足够；请保荐代表人说明对广东盛世国丰农业发展有限公司承接发行人在广东省（除湛江、茂名、及阳江行政区域）694家小规模经销商的核查情况	经销商管理
北京品恩科技	2017年第47次发审委会议未通过	与中国电子科技集团公司某科研单位下属某单位/公司签订合同未招投标的原因，发行人取得上述业务是否符合法律法规，是否额外支付其他费用；对该客户是否存在重大依赖	招投标管理
浙江三锋实业	2017年第48次发审委会议未通过	为符合银行贷款通过受托支付发放的要求；向部分供应商拆借资金以临时周转。请保荐代表人结合上述事项就发行人相关的内控制度及执行情况	资金拆借
仲景大厨房	2017年第50次发审委会议未通过	发行人存在向个人采购、现金支付以及销售回款经过个人账户的情形。以及第三方支付货款情形，发行人与销售收款循环相关内控制度是否健全并有效运行，是否符合相关法律法规的规定。	销售管理（个人账户收款、第三方付款）
上海步科自动化	2017年第50次发审委会议未通过	发行人报告期存在持续与前股东及前员工所在的公司产生采购或销售的情形	采购不当、销售不当
如意情生物科技	2017年第67次发审委会议未通过	经销商通过第三方支付货款、未签订合同直接销售、现金回款的情形，请说明销售真实性、现金回款的真实性及内控制度的有效性	第三方支付货款、合同管理、现金交易
		报告期每吨产销量设备投资逐年下降的原因，是否存在对外采购金针菇后转售的情形，是否存在重大食品安全事件及纠纷	生产管理、产品质量管理

（续）

公司名称	上会情况	问题解析	问题归类
常州中英科技	2017 年第 37 次发审委会议未通过	发行人与关联方之间存在借款、无真实交易背景的票据融资等情况，金额较大且较为频繁。请发行人代表说明：发行人资金、账户、合同管理、贷款、关联交易、法律风险等相关事项的内控制度及执行情况	资金、账户、合同管理、贷款管理
厦门新立基	2017 年第 63 次发审委会议未通过	存在通过员工个人银行卡进行货款结算的情形，合计金额约 2.8 亿元；客户委托第三方回款的情形。该行为是否违反了《公司法》和《中华人民共和国商业银行法》有关账户管理的规定；是否有严格的资金管理制度	个人银行卡结算货款、第三方回款、资金管理
浙江绩丰岩土	2017 年第 89 次发审委会议未通过	发行人是否存在体外循环虚构采购、销售的情况。报告期内是否还存在其他关联方资金往来的情形，发行人关于资金管理、关联交易、防止关联资金占用的内控制度的建立及有效执行情况	资金管理（资金体外循环、关联方资金占用）

二、法律法规（见表 6－3）

表 6－3　内部控制相关法律法规

法律法规	文号	适用范围及实施日期
《中华人民共和国公司法》	中华人民共和国主席令（2005）第四十二号	适用于中华人民共和国境内设立的公司制企业
		2006 年 1 月 1 日起施行
《企业内部控制基本规范》	财会〔2008〕7 号	适用于中华人民共和国境内设立的大中型企业
		自 2009 年 7 月 1 日起在上市公司范围内施行，鼓励非上市的大中型企业执行
《企业内部控制应用指引》	财会〔2010〕11 号	自 2012 年 1 月 1 日起在上海证券交易所、深圳证券交易所主板上市公司施行；在此基础上，择机在中小板和创业板上市公司施行。鼓励非上市大中型企业提前执行
《内部控制评价指引》		

（续）

法律法规	文号	适用范围及实施日期
《上海证券交易所上市公司内部控制指引》	上证上字〔2006〕460 号	2006 年 7 月 1 日起施行
《深圳证券交易所上市公司内部控制指引》		2007 年 7 月 1 日起施行
《小企业内部控制规范（试行）》	财会〔2017〕21 号	适用于在中华人民共和国境内依法设立的、尚不具备执行《企业内部控制基本规范》及其配套指引条件的小企业
		自 2018 年 1 月 1 日起施行
《首次公开发行股票并上市管理办法》	中国证券监督管理委员会令第 122 号	自 2016 年 1 月 1 日起施行

三、内部控制的定义（见表 6-4）

表 6-4　内部控制定义

法律法规	定义
《企业内部控制基本规范》	本规范所称内部控制，是由企业董事会、监事会、经理层和全体员工实施的、旨在实现控制目标的过程
《上海证券交易所上市公司内部控制指引》	内部控制是指上市公司为了保证公司战略目标的实现，而对公司战略制定和经营活动中存在的风险予以管理的相关制度安排。它是由公司董事会、管理层及全体员工共同参与的一项活动
《深圳证券交易所上市公司内部控制指引》	本指引所称内部控制是指上市公司（以下简称“公司”）董事会、监事会、高级管理人员及其他有关人员为实现下列目标而提供合理保证的过程：（一）遵守国家法律、法规、规章及其他相关规定；（二）提高公司经营的效益及效率；（三）保障公司资产的安全；（四）确保公司信息披露的真实、准确、完整和公平
《小企业内部控制规范（试行）》	本规范所称内部控制，是指由小企业负责人及全体员工共同实施的、旨在实现控制目标的过程

四、内部控制的目标与原则

（一）目标

内部控制的目标是合理保证企业经营管理合法合规、资产安全、财务报告及相关信息真实完整，提高经营效率和效果，促进企业实现发展战略。

（二）原则

全面性原则。内部控制应当贯穿决策、执行和监督全过程，覆盖企业及其所属单位的各种业务和事项。

重要性原则。内部控制应当在全面控制的基础上，关注重要业务事项和高风险领域。

制衡性原则。内部控制应当在治理结构、机构设置及权责分配、业务流程等方面形成相互制约、相互监督，同时兼顾运营效率。

适应性原则。内部控制应当与企业经营规模、业务范围、竞争状况和风险水平等相适应，并随着情况的变化及时加以调整。

成本效益原则。内部控制应当权衡实施成本与预期效益，以适当的成本实现有效控制。

五、内部控制三大类十八模块（见表6－5）

表6－5　内部控制三大类十八大模块

类别	模块	主要内容
内部环境	组织架构	三会一层、三重一大、子公司控制、符合现代企业制度要求
	发展战略	避免发展战略缺乏、实施不到位、频繁变动情形，在董事会下设立战略委员会
	人力资源	进人、用人、退出机制：防止“人情招聘”、完善激励约束机制、建立健全员工退出（辞职、解除劳动合同、退休等）机制；做到“不缺人手，也不养闲人”
	企业文化	企业特色的发展愿景、积极向上的价值观、诚实守信的经营理念、履行社会责任和开拓创新的企业精神，融入企业的肌体、汇入企业的血脉

（续）

类别	模块	主要内容
内部环境	社会责任	安全生产、产品质量、环境保护、资源节约、促进就业、员工权益保护等
控制活动	资金活动	合理筹资；科学投资；合理调度资金；全过程管理资金营运，避免资金被挪用、侵占、抽逃或遭受欺诈
	采购业务	加强申请、审批、购买、验收、付款、采购后评估等环节的风险管控，避免采购计划安排不合理，造成库存短缺或积压，供应商选择不当，采购方式不合理，致使质次价高、舞弊欺诈情形
	资产管理	采用先进的存货管理技术和方法，加强固定资产的维护、清查、处置管理，关键设备运转的监控，加强对品牌、商标、专利、专有技术、土地使用权等无形资产的管理。避免存货积压或短缺，固定资产更新改造不够，无形资产缺乏核心技术、权属不清、技术落后，缺乏可持续发展能力
	销售业务	加强销售、发货、收款等环节的管理，避免销售策略不当、销售渠道不畅、发货和仓储管理不善、账款回收不力等情形
	研究与开发	加强研究项目可行性研究、重大研究项目集体审议决策、研发骨干人员的管理（约定研究成果归属、离职后竞业限制年限等）、促进研究成果转化为实际生产力
	工程项目	工程项目通常与企业发展战略密切相关，周期较长，并涉及大额资金，要强化对工程建设全过程的监控，规范工程立项、招标、造价、建设、验收等环节的工作流程及控制措施。
	担保业务	应当严格限制担保业务活动，如确需对外提供担保的，应当在担保业务政策及相关管理制度中明确担保的对象、范围、方式、条件、程序、担保限额和禁止担保等事项，规范工作流程及控制措施，确实防范担保业务风险
	业务外包	建立和完善业务外包管理制度，规定业务外包的范围、方式、条件、程序和实施等相关内容，强化业务外包全过程的监控，避免将核心业务外包，择优选择外包业务的承包方
	财务报告	做到内容完整、数字真实、计算准确，不得漏报或者随意进行取舍；重视财务报告分析工作，不断提高经营管理水平

（续）

类别	模块	主要内容
控制手段	全面预算	全面预算作为一种全方位、全过程、全员参与编制与实施的预算管理模式，通过将企业的资金流与实物流、信息流相整合优化了企业的资源配置，提高了资金的使用效率。建立和完善预算编制、预算执行、考核工作制度
	合同管理	合同已成为企业最常见的契约形式，避免企业未订立合同、未经授权对外订立合同、合同对方主体资格未达要求、合同内容存在重大疏漏和欺诈，导致企业合法权益受到侵害情形
	内部信息传递	做到完整健全、通畅及时、严格保密：如果报告系统缺失、功能不健全，内容不完整，可能会影响生产经营有序运行；如果内部信息传递不通畅、不及时，则可能导致企业决策失误、相关政策措施难以落实；如果内部信息传递中泄露商业秘密，则会削弱企业核心竞争力
	信息指引	整体规划，避免出现信息孤岛或重复建设；符合业务流程，避免束之高阁无法使用；注重安全保密和数据备份

六、拟 IPO 企业应着重关注的问题

（一）走出内部控制误区

误区 1：内部控制就是财务风险内部控制

几乎所有公司在建立内部控制规范体系时，总是先找财务部门，认为内部控制实质就是财务规范。而基本规范第四条指出，内部控制应当贯穿决策、执行和监督全过程，覆盖企业及其所属单位的各种业务和事项；审计指引第四条指出，在内部控制审计报告中增加“非财务报告内部控制重大缺陷描述段”予以披露。以上规定都清楚表明了企业要做的是全面防范各类风险的内部控制，而不仅是基于财务报告的内部控制。

许多企业认为内部控制负责部门在财务或风控，其实不然。基本规范规定，董事会负责内部控制的建立健全和有效实施。董事会可以把内部控制的日常操作授权给任何一个管理部门，实践经验表明，最好是战略部门负责内部控制规范体系的建立工作，能从全局角度对企业经营的流程以及流程中的

风险控制点进行梳理和完善。

误区2：内部控制降低效率增加了成本

实践中，经常能遇到这样的事情：企业老总听说要推行内部控制规范体系的建设，于是对财务总监说："去安排人弄一下。前两年定的内控制度还在吗？拿来改改能过关就行，千万不能耽误了正常的工作。"

其实，内部控制的目的是防范企业经营风险，是企业经营管理必不可少的组成部分，提升精细化、规范化管理的水平，为企业做大做强打基础。关于实施内部控制规范体系增加企业管理成本的问题，基本规范早已指出，内部控制应当遵循重要性原则和成本效益原则。应当抓大放小，不要件件小事都控制，不要为了控制而控制。

误区3：内部控制就是编写内部控制制度

内部控制制度是企业所有规章制度、管理办法、实施细则的总和，而制定内部控制制度的过程，是企业从上到下分析业务、梳理流程、识别风险、加强管控的过程。在精细化管理水平较高的企业，除了制定内部控制制度文本外，还制定了让人一目了然的流程图和便于操作的表单，员工将表单按照流程图填写并按规定的程序进行流转。

误区4：制度不健全、健全不执行、执行不到位、到位不留痕

内部控制制度"救火式"的较多，制度体系缺乏系统性和完整性，甚至政出多门，相互打架。

说一套做一套，制度如同放空炮。内部控制制度是否得到有效执行是个老生常谈的问题，内部控制制度不能有效执行主要有两方面原因：一是制度设计层面问题，内控制度本身制定得不合理，或过于抽象无法落地；二是缺乏保证制度执行的机制，缺乏检查、监督、考核奖惩机制。

内部控制忽视书面证据，执行过程缺乏留痕"没有证据，就没有控制。应当改变重内容、轻形式的观念，注意相关控制表单的设计和运用促使控制活动过程留下"痕迹"，以保证内部控制得到真正有效执行。

（二）拟IPO企业内部控制红线

《首次公开发行股票并上市管理办法》第二章第二节"规范运行"第十

七条：发行人的内部控制制度健全且被有效执行，能够合理保证财务报告的可靠性、生产经营的合法性、营运的效率与效果。

《首次公开发行股票并上市管理办法》第二章第三节“财务与会计”第二十二条：发行人的内部控制在所有重大方面是有效的，并由注册会计师出具了无保留结论的内部控制鉴证报告。

拟 IPO 企业更加需要重视内部控制，要“整体评估、全面梳理、重点突出、系统整改”，切忌触犯 IPO 内部控制红线，包括但不限于：损害社会公众利益，遭受重大行政处罚；财务基础薄弱和报表失真，涉及企业重要人员的犯罪行为；生产经营违法违规。

《深交所创业板上市公司规范运作指引》对内部控制重点关注：关联交易、对外担保、重大投资、信息披露、控股子公司、内部审计等方面的内部控制。

第七章
独立性

包括一完整四独立、同业竞争及关联交易在内的独立性问题一直是资本市场关注的“红线”问题，首发管理办法修订版对独立性的规范有所弱化，改为原则性规定，但发审委实践表明，独立性问题关注度不但没有弱化，反而不断增强。

第一节　一完整四独立

一、案例解析

在历年 IPO 被否案例中，独立性方面原因一直居高不下，成为企业上市过程中的一个拦路虎，笔者对企业因独立性而被否的案例进行解析（见表 7－1），给企业以借鉴。

表 7－1　独立性案例解析

类型	2017 年部分被否案例解析
一完整四独立	重庆广电数字传媒（资产不完整）、浙江绩丰岩土（资产不完整）、重庆顺博铝合金（业务不独立）、山东玻纤（财务不独立）、浙江鸿禧能源（资产不完整）、尼毕鲁（资产不完整）、仲景大厨房（资产不完整）、嘉必优生物（资产不完整）、诺特健康（资产不完整）、新水源景（资产不完整）、浙江科维（资产不完整）、三达膜环境（资产不完整）、全时天地（资产不完整）、联德精密材料（人员不独立）
同业竞争	山东玻纤、国金黄金、上海通领汽车、四川港通医疗、海宁中国家纺城、湖南广信科技、博拉网络
关联交易	杭州华光焊接（销售真实性）、上海思华科技（销售真实性）、福建永德吉灯业（费用合理性）、上海威士顿信息（利益输送）、鸿禧能源（关联方体外资金循环）、重庆顺博铝合金（关联交易非关联化）、无锡普天铁心（关联交易非关联化）、四川安宁铁钛（关联交易的必要性、合理性，业务真实性）、深圳华龙讯达（关联交易利益输送）

二、法律法规（见表7－2）

表7－2　独立性相关法律法规

法律法规	原版本	修订版
《首次公开发行股票并上市管理办法》	2006年版本详尽界定了五大独立性：第十四条（业务体系）、十五条（资产完整）、十六条（人员独立）、十七条（财务独立）、十八条（机构独立）、十九条（业务独立）	2016年修订版：删除前述全部条款，改为原则性要求，即第四十二条“发行人应当在招股说明书中披露已达到发行监管机构对公司独立性的基本要求。”
《首次公开发行股票并在创业板上市管理办法》	2009年版本：第十八条“发行人资产完整，业务及人员、财务、机构独立，具有完整的业务体系和直接面向市场独立经营的能力。与控股股东、实际控制人及其控制的其他企业间不存在同业竞争，以及严重影响公司独立性或者显失公允的关联交易。”	2016年版本增加第三十四条：“发行人应当在招股说明书中披露已达到发行监管对公司独立性的基本要求。”
《深圳证券交易所中小企业板上市公司规范运作指引》和《深圳证券交易所创业板上市公司规范运作指引》		2015年修订版：均对独立性方面作出规定，要求上市公司应当与控股股东、实际控制人及其关联人（控制的其他企业）的人员、资产、财务分开，机构、业务独立，各自独立核算、独立担承责任和风险，列举了控股股东、实际控制人可能影响上市公司独立性的情形
《上市公司治理准则》	第二十二条至第二十七条对上市公司独立性作出规定，要求控股股东与上市公司应实行人员、资产、财务分开，机构、业务独立，各自独立核算，独立原担责任和风险，并对上市公司人员、资产、财务、机构和业务独立作出了具体的规定	

综上所述，关于独立性问题的文件演变过程，有如下几点需要着重说明：第一，文件对此问题描述逐步泛化。在上述各文件均有所涉及，提到了很高的高度。但首发管理办法及创业板首发办法修订版对独立性的规范有所弱化，均由以前的五大独立性改为原则性规定。

第二，实践对此问题丝毫没有弱化。一方面，从规范了发行人自身及加强对投资者保护角度看，不但不会弱化，反而需要不断强化。另一方面，发审委实践表明，此问题的关注度一直居高不下。

第三，重视此问题的出发点。从立法精神和监管精神来看，独立性一方面规范了发行人自身，另一方面从制度上加强了对投资者保护。

第四，修订的总体思路和背景。修订的总体思路是：进一步落实以信息披露为中心的审核理念，简化发行条件，方便企业融资，强化信息披露监管，提高信息披露质量。修订的背景：为解决历史上国有企业部分改制上市带来的大股东通过关联交易和同业竞争损害上市公司利益的问题，证监会要求企业发行上市要做到“三分开”“五独立”，不允许存在较多关联交易和同业竞争问题的企业发行上市。经过多年以来的实践，独立性带来的问题和矛盾已经基本解决，不需要再作为发行上市的门槛，拟采用披露方式对同业竞争和关联交易问题进行监管。

三、独立性的内涵与外延

在此借用2009年版《首次公开发行股票并在创业板上市管理办法》第十六条规定：“发行人资产完整，业务及人员、财务、机构独立，具有完整的业务体系和直接面向市场独立经营的能力。与控股股东、实际控制人及其控制的其他企业间不存在同业竞争，以及严重影响公司独立性或者显失公允的关联交易。”

（一）独立性内涵

发行人具有完整的业务体系和直接面向市场独立经营的能力。

（二）独立性外延

一完整四独立：资产完整，业务及人员、财务、机构独立；

禁止同业竞争：发行人与控股股东、实际控制人及其控制的其他企业间不存在同业竞争；

禁止两类关联交易：发行人与控股股东、实际控制人及其控制的其他企业严重影响公司独立性或者显失公允的关联交易。

四、独立性的五大方面

（一）资产完整

生产型企业应当具备与生产经营有关的生产系统、辅助生产系统和配套设施，合法拥有与生产经营有关的土地、厂房、机器设备以及商标、专利、非专利技术的所有权或者使用权，具有独立的原料采购和产品销售系统；非生产型企业应当具备与经营有关的业务体系及相关资产。

影响资产独立性的若干情形：

1. 生产系统的独立性和完整性。生产型企业应当具备与生产经营有关的生产系统、辅助生产系统和配套设施。

【案例】第十七届发行审核委员会2017年第44次会议浙江鸿禧能源股份有限公司（首发）未通过。

请发行人代表进一步说明：嘉兴市高正高分子材料公司在业务、设备、技术等方面与发行人是否存在相同、相似或其他关联，租用发行人厂房是否存在与发行人生产混同的情形。

2. 与生产经营有关土地的完整性和独立性

【案例】第十七届发行审核委员会2017年第9次会议深圳市金奥博科技股份有限公司（首发）获通过。

发行人招股说明书披露，公司工业炸药关键原辅材料业务主要是通过租赁土地、厂房进行生产，最近三年一期，工业炸药关键原辅材料占主营业务收入的比例分别为54.10%、49.41%、53.86%和57.23%。发行人子公司新疆金峰源在租赁驷星环保的土地上自建厂房存在未批先建的瑕疵，发行人与出租方达成框架协议，拟在2017年12月31日前办理土地使用权转让事宜。请发行人代表进一步分析说明上述租赁事项对发行人生产经营、财务状况的影响，是否会影响发行人资产的完整性及独立性，是否会影响公司持续盈利能力。

【案例】第十七届发行审核委员会2017年第3次会议奥士康科技股份有限公司（首发）获通过。

请发行人代表和保荐代表人说明惠州奥士康租赁厂房的权属问题：（1）土地使用权所有人明珠公司取得上述权利的过程；（2）新圩镇人民政府将该

土地确认回拨的合法性及法律证明。

【案例】 主板发行审核委员会2017年第146次发审委会议兰州庄园牧场股份有限公司（首发）获通过。

请发行人代表进一步说明：（1）发行人共拥有的1宗土地使用权未办理土地使用权证，该宗土地使用权证书办理的最新进展情况，是否存在办理法律障碍；是否存在违法违规情形、被处罚并收回土地的风险；（2）发行人租赁的7宗土地均系农村集体土地，属于未办理土地所有权证的农业用地，发行人租用的上述土地经营是否改变了租赁土地的农用地性质，是否符合《中华人民共和国土地管理法》《土地管理法条例》《中共中央国务院关于加强耕地保护和改进占补平衡的意见》等法律法规的相关规定；（3）发行人土地和租赁房产存在瑕疵，是否影响发行人的资产完整性，是否符合《公开发行证券的公司信息披露内容与格式准则第1号——招股说明书（2015年修订）》第五十一条的规定；（4）发行人上述购买和承租的物业瑕疵情况是否会对发行人的生产经营带来重大不利影响，是否构成本次发行上市的法律障碍。请保荐代表人发表核查意见。

3. 无形资产的完整性和独立性。合法拥有与生产经营有关的商标、专利、非专利技术的所有权或者使用权。资产独立相关案例解析，见表7-3。

表7-3　资产独立相关案例解析

公司名称	上会情况	具体情形解析
尼毕鲁	2017年第35次发审委会议未通过	未取得互联网出版许可证而从事游戏出版发行、未取得《增值电信业务经营许可证》从事网络游戏运营
仲景大厨房	2017年第50次发审委会议未通过	没有食品添加剂生产许可证违反《中华人民共和国食品安全法》
嘉必优生物	2017年第58次发审委会议未通过	没有整体食品生产许可或食品添加剂生产许可违反《中华人民共和国食品安全法》
诺特健康	2017年第40次发审委会议未通过	在医疗机构进行以盈利为目的的非医疗活动“体重管理服务涉嫌非法
新水源景	2017年第25次发审委会议未通过	无工程资质承包建设工程

（续）

公司名称	上会情况	具体情形解析
浙江科维	2017 年第 27 次发审委会议未通过	技改技术人员缺乏相应施工资质
三达膜环境	2017 年第 80 次发审委会议未通过	发行人及其下属 15 家子公司应取得而未取得排污许可证及排污许可证过期
全时天地	2017 年第 56 次发审委会议未通过	不具备开展互联网广告所必需的相关资质、许可

4. 非生产型企业应当具备与经营有关的业务体系及相关资产完整性和独立性。

（二）人员独立

发行人的总经理、副总经理、财务负责人和董事会秘书等高级管理人员不得在控股股东、实际控制人及其控制的其他企业中担任除董事、监事以外的其他职务，不得在控股股东、实际控制人及其控制的其他企业领薪；发行人的财务人员不得在控股股东、实际控制人及其控制的其他企业中兼职。

【案例】 中国证券监督管理委员会第十七届发行审核委员会 2017 年第 53 次发审委会议联德精密材料（中国）股份有限公司（首发）未通过。

报告期内，发行人部分人员（含员工和高管）工资和费用报销由控股股东 Global Solution 及其母公司 Lemtech Holdings 承担，上述关联方代付款项合计占发行人调整后当期净利润的比例分别为 18.04%、10.10%、9.84% 和 9.84%，在 2016 年 12 月首次申报及补充 2016 年年报材料均未说明和披露上述事项。

（三）财务独立

发行人应当建立独立的财务核算体系，能够独立作出财务决策，具有规范的财务会计制度和对分公司、子公司的财务管理制度；发行人不得与控股股东、实际控制人及其控制的其他企业共用银行账户，见表 7－4。

表 7-4 财务独立相关案例解析

公司名称	上会情况	问题解析	问题归类
云南神农农业	2017 年第 35 次发审委会议未通过	报告期内，发行人现金销售占营业收入的比重逐年上升，发行人与利益相关方、主要客户、供应商之间是否存在资金体外循环以及第三方向发行人输送利益的情形	现金交易、资金体外循环、利益输送
浙江鸿禧能源	2017 年第 44 次发审委会议未通过	实际控制人所控制企业大部分亏损的原因，关联方向发行人提供资金的来源，是否存在资金体外循环的情况	资金体外循环
四川安宁铁钛	2017 年第 76 次发审委会议未通过	由第三方作为受托方接收贷款资金后在当日或一两日内再转回给发行人的情形，且部分没有真实交易背景，是否与发行人的供应商、客户等存在交易、资金往来等行为	第三方接收贷款
深圳清溢光电	2017 年第 55 次发审委会议未通过	发行人关联方为发行人代收代付货款以及实际控制人通过发行人为关联方代付部分款项的原因及必要性；在代收代付过程中是否存在发行人资金被关联方占用的情形	关联方代收代付
重庆百亚卫生用品	2017 年第 83 次发审委会议未通过	发行人第三方回款金额较高，占销售回款比例较大。经销商等第三方是否严格执行了发行人的管理要求；是否存在因第三方回款安排而产生争议或潜在争议的情形	第三方回款
浙江三锋实业	2017 年第 48 次发审委会议未通过	为符合银行贷款通过受托支付发放的要求，向部分供应商拆借资金以临时周转	资金拆借
仲景大厨房	2017 年第 50 次发审委会议未通过	发行人存在向个人采购、现金支付以及销售回款经过个人账户的情形，以及第三方支付货款的情形	个人账户收款、第三方付款
如意情生物科技	2017 年第 67 次发审委会议未通过	经销商通过第三方支付货款、未签订合同直接销售、现金回款的情形	第三方支付货款、合同管理、现金交易
常州中英科技	2017 年第 37 次发审委会议未通过	发行人与关联方之间存在借款、无真实交易背景的票据融资等情况，金额较大且较为频繁	关联方借款

（续）

公司名称	上会情况	问题解析	问题归类
厦门新立基	2017 年第 63 次发审委会议未通过	存在通过员工个人银行卡进行货款结算的情形，合计金额约 2.8 亿元；客户委托第三方回款的情形	个人银行卡结算货款、第三方回款
浙江绩丰岩土	2017 年第 89 次发审委会议未通过	发行人是否存在体外循环虚构采购、销售的情况。报告期内是否还存在其他关联方资金往来的情形，发行人关于资金管理、关联交易、防止关联资金占用的内控制度的建立及有效执行情况	资金体外循环、关联方资金占用
山东玻纤	2017 年第 35 次发审委会议未通过	发行人在报告期内存在较大金额的无实际交易背景的关联方应收票据融资，向控股股东大规模拆入资金以及取得委托贷款。请发行人代表进一步分析说明：发行人是否财务独立、机构独立，具备独立面对市场的能力	控股股东受托贷款
上能电气	2017 年第 149 次发审委会议未通过	发行人通过与关联方签订未实际履行的采购合同、通过关联方账户周转取得银行贷款，发行人是否存在现金流断裂、债务逾期无法偿还等风险，是否违反《贷款通则》《流动资金贷款管理暂行办法》《中华人民共和国商业银行法》等相关法律法规规定	违规贷款

（四）机构独立

发行人应当建立健全内部经营管理机构，独立行使经营管理职权，与控股股东、实际控制人及其控制的其他企业间不得有机构混同的情形。

（五）业务独立

发行人的业务应当独立于控股股东、实际控制人及其控制的其他企业，与控股股东、实际控制人及其控制的其他企业间不得有同业竞争或者显失公平的关联交易。

实践中，主要是规避同业竞争和显失公平的关联交易。

【案例】第十七届发行审核委员会 2017 年第 61 次发审委会议重庆顺博铝合金股份有限公司（首发）未通过。

发行人主要经销商顺博贸易与发行人使用相似商号，其终端客户为长安汽车。请发行人代表进一步说明：（1）发行人通过顺博贸易与长安汽车合作的原因、必要性及合理性；（2）经销定价的依据；（3）发行人是否具备与长安汽车独立开展业务的能力。

第二节 同业竞争

一、案例解析（见表7-5）

表7-5 同业竞争案例解析

公司名称	上会情况	问题解析	问题归类
山东玻纤	2017年第35次发审委会议未通过	发行人在报告期内存在较大金额的无实际交易背景的关联方应收票据融资，向控股股东大规模拆入资金以及取得委托贷款。请发行人代表进一步分析说明：（1）发行人是否财务独立、机构独立，具备独立面对市场的能力；（2）发行人子公司沂水热电与公司控股股东临矿集团、山能集团控制电厂，是否存在同业竞争情况	财务独立、机构独立、同业竞争
国金黄金	2017年第36次发审委会议未通过	报告期内发行人、员工代实际控制人廖斐鸣持有十余家企业，这些企业主要从事或拟从事工艺品、艺术品相关业务，且多数在2016年下半年才注销。请发行人代表说明：有关企业的注册原因、在注册后的业务开展情况、是否存在债务纠纷、是否存在代发行人支付费用的情形、是否与发行人存在同业竞争	同业竞争
上海通领汽车	2017年第81次发审委会议未通过	发行人第一大股东江德生控制的智达复合、金智达、天津金智达和广州金智达等企业均从事汽车内饰生产相关业务。请发行人代表说明发行人与江德生控制的上述企业是否存在同业竞争或利益冲突等情况	同业竞争
四川港通医疗设备	2017年第77次发审委会议未通过	深康气体成立于2015年5月，该公司股东蒲娟、樊秀珍均为发行人实际控制人控制的企业的员工，且蒲娟为发行人供应部经理的配偶。请说明：深康气体的设立目的，深康气体经营范围与发行人的经营范围是否存在交叉或重叠，是否存在业务竞争；深康气体实际出资情况及出资来源，是否存在代持情况	同业竞争

（续）

公司名称	上会情况	问题解析	问题归类
海宁中国家纺城	2017 年第 21 次发审委会议未通过	宏达控股集团发行人第一大股东。但未被认定为发行人控股股东、实际控制人。说明未认定宏达控股为控股股东的理由、依据及其合理性；宏达控股及其实际控制人以及其控制的企业是否与发行人存在同业竞争，宏达控股及其实际控制人最近三年内是否存在重大违法违规、被立案稽查等情形	同业竞争
湖南广信科技	2017 年第 72 次发审委会议未通过	发行人从事绝缘纸板和绝缘成型件产品研发、生产和销售，实际控制人魏冬云控制的新邵广信从事纱管纸的生产、加工和销售，新邵广信替发行人代收购木浆废边料，新邵广信与发行人共用锅炉。（1）说明新邵广信替发行人代收购木浆废边料的必要性及合理性；（2）说明新邵广信与发行人共用锅炉的必要性及合理性；（3）对新邵广信纱管纸业务与发行人绝缘纸板业务是否存在同业竞争	同业竞争
博拉网络	2017 年第 56 次发审委会议未通过	游戏行业业务的获取方式，是否存在利益输送的情形，是否与实际控制人控制的其他企业构成同业竞争	同业竞争

【案例】第十七届发行审核委员会2017 年第 2 次会议华能澜沧江水电股份有限公司（首发）获通过。

请发行人代表结合华能集团及其所属企业与发行人均同时实际经营水电、火电、风电、光伏太阳能等发电业务，终端产品均为电力的情形，进一步说明华能集团及其所属企业是否与发行人存在同业竞争；华能国际股东是否在华能集团回避表决的情况下，就华能集团关于避免同业竞争的承诺履行了股东大会审议程序；并结合华能国际水电资产的情况说明股东承诺将发行人作为水电唯一平台的可行性。请保荐代表人就发行人是否存在同业竞争发表明确核查意见。

点评：实际控制人华能集团为此专门出具《避免同业竞争承诺书》，与2006 年中国化工为中泰化学出具《避免同业竞争承诺书》极为相似，与国有企业企业股权历史划拨、同业不竞争不无相关。该项目首发通过与控股股东承诺将发行人作为水电唯一平台关系最为密切。

二、含义

（一）无直接定义：在《公司法》《证券法》及相关法律法规中，没有找到“同业竞争”的确切定义。

（二）一般理解：同业竞争是指发行人所从事的业务与其控股股东、实际控制人及其所控制的企业从事的业务形同或近似，双方构成或可能构成直接或间接的竞争关系。

三、法律法规（见表7－6）

表7－6　同业竞争相关法律法规

法律法规	内容
《公司法》	第一百四十八条　董事、高级管理人员不得有下列行为：（五）未经股东会或者股东大会同意，利用职务便利为自己或者他人谋取属于公司的商业机会，自营或者为他人经营与所任职公司同类的业务
《首次公开发行并上市管理办法》	仅仅增加了“第四十二条　发行人应当在招股说明书中披露已达到发行监管对公司独立性的基本要求。”删除了第二章第二节独立性、第五节募集资金运用。对同业竞争只字未提
《上市公司治理准则》	第二十七条　上市公司业务应完全独立于控股股东。控股股东及其下属的其他单位不应从事与上市公司相同或相近的业务。控股股东应采取有效措施避免同业竞争
《上市公司证券发行管理办法》	第十条　上市公司募集资金投资项目实施后，不会与控股股东或实际控制人产生同业竞争或影响公司生产经营的独立性
《公开发行证券公司信息披露的编报规则第12号——公开发行证券的法律意见书和律师工作报告》	律师须对拟上市公司同业竞争的以下方面发表法律意见：发行人与关联方之间是否存在同业竞争；如存在，说明同业竞争的性质；有关方面是否已采取有效措施或承诺采取有效措施避免同业竞争；拟上市公司是否对有关解决同业竞争的承诺或措施进行了充分披露，以及有无重大遗漏或重大隐瞒，如存在，说明对本次发行上市的影响；募集资金项目用于哪些项目，是否会导致同业竞争
《保荐人尽职调查工作准则》	保荐人要取得拟上市公司改制方案，分析拟上市公司、控股股东或实际控制人及其控制的企业的财务报告及主营业务构成等相关数据，必要时取得上述单位相关生产、库存、销售等资料，并通过询问拟上市公司及其控股股东或实际控制人、实地走访生产或销售部门等方法，

（续）

法律法规	内容
《保荐人尽职调查工作准则》	调查拟上市公司控股股东或实际控制人及其控制的企业实际业务范围、业务性质、客户对象、与拟上市公司产品的可替代性等情况，判断是否构成同业竞争，并核查拟上市公司控股股东或实际控制人是否对避免同业竞争做出承诺以及承诺的履行情况
《公开发行证券的公司信息披露内容与格式准则第1号——招股说明书（2006年修订）》	拟上市公司应在招股说明书中披露是否存在与控股股东、实际控制人及其控制的其他企业从事相同、相似业务的情况；对存在相同、相似业务的，拟上市公司应对是否存在同业竞争作出合理解释
《中国证券监督管理委员会股票发行审核委员会审核工作指导意见》	股票发行审核委员会委员审核拟上市公司股票发行申请时，应关注拟上市公司与实际控制人及其所属企业之间的同业竞争情况及对拟上市公司的生产经营的影响
《公开发行证券的公司信息披露内容与格式准则第11号——上市公司公开发行证券募集说明书》	上市公司公开发行证券，必须在募集说明书中披露是否存在与控股股东、实际控制人及其控制的企业从事相同、相似业务的情况；对存在相同、相似业务的，发行人应对是否存在同业竞争做出合理解释；对于已存在或可能存在的同业竞争，发行人应披露解决同业竞争的具体措施；应披露独立董事对发行人是否存在同业竞争和避免同业竞争有关措施的有效性所发表的意见
《上市公司收购管理办法》	收购人及其关联方与被收购公司存在同业竞争的，应当向中国证监会提供避免同业竞争等利益冲突、保持被收购公司经营独立性的书面说明。上市公司收购中涉及详式权益变动报告书和要约收购报告书的，也必须披露该投资者、一致行动人及其关联方或收购人所从事的业务与上市公司的业务是否存在同业竞争或者潜在的同业竞争；存在同业竞争的，该投资者、一致行动人及其关联方或收购人需已作出相应的安排，确保与上市公司之间避免同业竞争以及保持上市公司的独立性
《上市公司重大资产重组管理办法》	上市公司发行股份购买资产，应当有利于提高上市公司资产质量、改善公司财务状况和增强持续盈利能力；有利于上市公司减少关联交易和避免同业竞争，增强独立性

四、同业竞争的判断

（一）主体判断

1. 股东

三种类型股东：公司第一大股东；通过协议或公司章程等对企业财务和经营政策有实际控制权力的股东；可以控制公司董事会的股东、与其他股东联合可以共同控制公司的股东。

2. 公司

包括上述股东直接或间接控制的公司，也就是拟上市公司的并行公司。

实际控制人近亲属及其控制的企业，根据《证监会发行监管部关于同业竞争的研究纪要》（2011 年 11 月）执行，具体如下：

①原则上，发行人控股股东、实际控制人夫妻双方的直系亲属拥有的相竞争业务应认定为构成同业竞争。

②对于发行人控股股东、实际控制人夫妻双方的其他亲属拥有的相竞争业务是否构成同业竞争，应从相关企业的历史沿革、资产、人员、业务和技术等方面的关系、客户和供应商、采购和销售渠道等方面进行个案分析判断，如相互独立，则可认为不构成同业竞争。

③审核中应要求保荐机构对发行人控股股东、实际控制人夫妻双方的近亲属（具体范围按民法通则相关规定执行：即配偶、父母、子女、兄弟姐妹、祖父母、外祖父母、孙子女、外孙子女）的对外投资情况进行核查，以判断是否存在拥有相竞争业务的情形。

④对于利用其他亲属关系，或者以解除婚姻关系为由来规避同业竞争的，应从严掌握，要求在报告期内均不存在同业竞争，且相关企业之间完全独立规范运作，不存在混同的情形。

⑤对于发行人的控股股东、实际控制人夫妻双方的亲属拥有与发行人密切相关的业务是否影响发行人的独立性及符合整体上市的要求，参照上述原则执行，即发行人的控股股东、实际控制人夫妻双方直系亲属拥有与发行人密切相关联的业务，原则上认定为独立性存在缺陷。

（二）业务判断

1. 营业执照范围重叠就需要关注，禁止主营业务存在同业竞争。

2. 不能以细分行业、产品、客户、区域等界定同业竞争。

3. 竞争不限于销售，还包括生产、技术、研发、设备、渠道、供应商等因素。

（三）重要性判断

从业务的性质、业务的客户对象、产品或劳务的可替代性、市场差别等方面进行判断，同时应充分考虑对拟上市企业及其股东的客观影响。

从竞争的形式来分析，“当前业务的竞争”“潜在业务的竞争”“资源的竞争”和“投资机会的竞争”是主要竞争形式的四个方面。

五、同业竞争的审核思路

（一）从严审核

“同业竞争”是资本运作的“红线”之一，也是监管部门的核查重点。

对于同业竞争的判断应该从是否属于同一业务或者相似业务实质出发，从业务性质、产品或劳务的可替代性等领域进行判断，明确只要发行人与控股股东、实际控制人控制的企业从属同一大类行业内，从事相同或者相似的业务，即可认定为同业竞争，即构成上市的实质性障碍。而明确不能以经营区域、细分产品、细分市场不同来判断不构成同业竞争。

比如，发行人与实际控制人控制的企业同属环保行业，但属于环保行业之大气污染处理、废水处理及固废处理等子行业，即使二者客户、市场、产品、区域等方面都不相同，也构成同业竞争。

保代培训要求，不能以细分行业、细分产品、细分客户、细分区域等界定同业竞争，生产、技术、研发、设备、渠道、客户、供应商等因素都要进行综合考虑，界定同业竞争的标准从严。比如，大股东做女装，上市主体做男装，尽管没有替代性，但销售渠道是相同的，仍然构成同业竞争。

（二）实质重于形式

2012 年第 4 期保代培训要求，同业竞争在判断上要实质重于形式，从业务性质、对象、替代性等角度进行判断。

对于同业的判断，可参考上市公司行业分类，产品服务之间的关系、供应商、客户、商标之间的关系，做专业判断。

同业竞争除关注控股股东、实际控制人外，还应关注“董监高”和对发行人影响较大的主要股东；不能简单以细分行业、产品、市场不同来回避同业竞争，要综合判断是否会产生利益冲突：①直接冲突；②商业机会，“董监高”，控股股东也不能利用控股机会侵占发行人的商业机会；③是否用同样的采购、销售渠道，是否采用同样的商标、商号。

六、拟 IPO 企业规避同业竞争思路

（一）整体思路：关停并转

“关、停”，即直接注销同业竞争方，或者竞争方改变经营范围，放弃竞争业务。

“并”，即将同业竞争的公司股权、业务通过收购、吸收、合并、注入等方式整合到一个主体下。

“转”，即由同业竞争方将存在的竞争性业务或公司的股权转让给无关联关系第三方（含国资委），保证整个集团内不存在同业竞争。

“降低影响”，改变对同业竞争一方的持有目的和影响程度，即通过降低持股比例到一定程度或在决策机构内减少甚至不委派人员等方式，避免对一方存在控制、共同控制或重大影响等对其经营决策可能有决定或产生影响的情况存在。

（二）整体要求

1. 以不影响独立性为底线。同业竞争问题如果直接影响到发行人的独立性（如资产独立、业务独立、财务独立等），触及到审核底线，而且没有采取相应的解决措施，那么很可能会因同业竞争被否，不要存在侥幸心理。

2. 提前处理。鉴于发审委对独立性及同业竞争问题的高度重视、从严监管，发行人控股股东在处理同业竞争时，最好距离申报 IPO 的时间越长越好，而不是临时抱佛脚。

（三）规范措施

1. 股权整合

注销同业竞争公司。发行人注销与其主业所在大行业相关的所有存在同业竞争可能性的公司，停止一切相关经营活动。

收购同业竞争公司。发行人收购实际控制人其他所有存在同业竞争可能性的公司股权。

转让同业竞争公司。发行人将与其主业所在大行业相关的所有存在同业竞争可能性的公司转让给没有任何关联的第三方。但此方案存在“未实质性消除同业竞争”的风险，需要足够证据表明第三方与发行人及其控股股东不存在任何关联，会增加解释成本。

需要特别提醒的是，在用股权整合方法解决同业竞争问题时，可能会涉及较大的资产重组，可能会触及相关法律法规，要对此事给予充分关注。

2. 资产整合

发行人收购与其主业所在大行业相关的机器设备、原材料及存货，随后注销相应公司。

3. 避免同业竞争承诺

对于特殊原因造成的同业不竞争的情形，很难通过上述办法解决的，可以考虑由实际控制人出具“避免同业竞争承诺”。

例如，新疆中泰化学股份有限公司 2006 年 11 月 16 日公告的《首次公开发行 A 股招股意向书》披露拟上市企业与实际控制人中国化工其他下属企业的同业竞争关系。当时，中国化工下属 9 家一级子公司、140 家二级子公司、203 家三家子公司中，经营与本公司相同或相近业务的企业共有 5 家。实际控制人中国化工为此专门出具《避免同业竞争承诺书》。但这个策略有其特殊性：

第一，历史原因。中泰化学与中国化工其他下属企业的同业情况是国有资产行政划拨造成的，划拨后未对中泰化学正常生产经营产生任何影响。

第二，关联性较弱。由于中泰化学与中国化工下属同业企业关联性较弱，并且均拥有独立完整的产、供、销体系，也无法通过其控股股东施加影响，属于同业不竞争现象。

第三节 关联交易

一、案例解析（见表7－7）

表7－7 关联交易案例解析

公司名称	上会情况	问题解析	问题归类
杭州华光焊接	2017年第1次发审委会议未通过	相关主要客户与发行人是否存在关联关系；主要向贸易商销售的原因及最终销售去向	销售真实性、关联交易
上海思华科技	2017年第13次发审委会议未通过	发行人与2016年11月10日新成立的上海盛汀信息签署大额业务合同，确认当年3066.67万元收入，盛汀信息与发行人及其控股股东、实际控制人、董事、监事和高级管理人员之间是否存在股权控制关系和关联关系；该等客户刚成立不久就向发行人大额采购的原因和合理性	销售真实性、关联交易
福建永德吉灯业	2017年第71次发审委会议未通过	发行人主要原材料玻璃管和发光二极管采购量、主要能源耗发电量增幅均低于产销量增幅，销售费用率、管理费用率均低于同行业可比公司的原因，是否存在关联方、潜在关联方或者第三方为发行人承担成本或代垫费用的情形	费用合理性、关联交易
上海威士顿信息	2017年第97次发审委会议未通过	发行人与上烟集团是否存在长期的业务合作协议或特殊利益安排；上烟集团及其下属企业“董监高”人员是否直接或间接持有发行人股权，是否存在利益输送	利益输送、关联交易
鸿禧能源	2017年第44次发审委会议未通过	嘉兴市高正高分子材料公司在业务、设备、技术等方面与发行人存在相同、相似或其他关联，租用发行人厂房、与发行人生产混同；关联方向发行人提供资金的来源，是否存在资金体外循环情况	业务混同、关联方体外资金循环

（续）

公司名称	上会情况	问题解析	问题归类
重庆顺博铝合金	2017 年第 61 次发审委会议未通过	发行人 2014 年、2015 年第一大供应商重庆志德，由发行人前员工和第三方自然人于 2014 年共同出资设立。2016 年、2017 年第一大供应商变更为葛洲坝环嘉，该公司为 2015 年 6 月成立，且个人股东占比 45%。重庆志德、葛洲坝环嘉不属于关联方的理由；发行人或其关联方与重庆志德股东之间是否存在股权代持关系，是否实际控制重庆志德	关联交易非关联化
无锡普天铁心	2017 年第 23 次会议未通过	普天物流作为发行人重要的运输服务供应商，发行人是普天物流的唯一客户。普天物流股权转让的真实性，是否存在关联关系非关联化的情形	关联交易非关联化
四川安宁铁钛	2017 年第 76 次发审委会议未通过	发行人与关联方存在采购运输服务、销售钛精矿、租赁机械设备等关联交易。（1）关联方及关联交易披露是否全面、完整，关联交易的必要性、合理性以及价格的公允性；（2）实际个人运输成本是否真实，价格是否公允，是否存在通过挂靠单位或关联方分担成本、费用情形	关联交易的必要性、合理性，业务真实性
深圳华龙讯达	2017 年第 2 次发审委会议未通过	报告期发行人对中臣数控关联销售毛利总额的比例分别为 4.76%、17.93%、18.22%、33.92%。请说明关联交易产生的毛利率长期高于非关联方交易的合理性	关联交易利益输送
杭州华光焊接	2017 年第 1 次发审委会议未通过	相关主要客户与发行人是否存在关联关系；主要向贸易商销售的原因及最终销售去向	销售真实性、关联交易
上海思华科技	2017 年第 13 次发审委会议未通过	发行人与 2016 年 11 月 10 日新成立的上海盛汀信息签署大额业务合同，确认当年 3066.67 万元收入，盛汀信息与发行人及其控股股东、实际控制人、董事、监事和高级管理人员之间是否存在股权控制关系和关联关系；该等客户刚成立不久就向发行人大额采购的原因和合理性	销售真实性、关联交易

（续）

公司名称	上会情况	问题解析	问题归类
福建永德吉灯业	2017年第71次发审委会议未通过	发行人主要原材料玻璃管和发光二极管采购量、主要能源耗发电量增幅均低于产销量增幅，销售费用率、管理费用率均低于同行业可比公司的原因，是否存在关联方、潜在关联方或者第三方为发行人承担成本或代垫费用的情形	费用合理性、关联交易
上海威士顿信息	2017年第97次发审委会议未通过	发行人与上烟集团是否存在长期的业务合作协议或特殊利益安排；上烟集团及其下属企业“董监高”人员是否直接或间接持有发行人股权，是否存在利益输送	利益输送、关联交易
鸿禧能源	2017年第44次发审委会议未通过	嘉兴市高正高分子材料公司在业务、设备、技术等方面与发行人存在相同、相似或其他关联，租用发行人厂房、与发行人生产混同；关联方向发行人提供资金的来源，是否存在资金体外循环的情况	业务混同、关联方体外资金循环
重庆顺博铝合金	2017年第61次发审委会议未通过	发行人2014年、2015年第一大供应商重庆志德，由发行人前员工和第三方自然人于2014年共同出资设立。2016年、2017年第一大供应商变更为葛洲坝环嘉，该公司为2015年6月成立，且个人股东占比45%。重庆志德、葛洲坝环嘉不属于关联方的理由；发行人或其关联方与重庆志德股东之间是否存在股权代持关系，是否实际控制重庆志德	关联交易非关联化
四川安宁铁钛	2017年第76次发审委会议未通过	发行人与关联方存在采购运输服务、销售钛精矿、租赁机械设备等关联交易。（1）关联方及关联交易披露是否全面、完整，关联交易的必要性、合理性以及价格的公允性；（2）实际个人运输成本是否真实，价格是否公允，是否存在通过挂靠单位或关联方分担成本、费用的情形	关联交易的必要性、合理性，业务真实性
深圳华龙讯达	2017年第2次发审委会议未通过	报告期发行人对中臣数控关联销售毛利总额的比例分别为4.76%、17.93%、18.22%、33.92%。请说明关联交易产生的毛利率长期高于非关联方交易的合理性	关联交易利益输送

二、法律法规

（一）《首次公开发行并上市管理办法》

《首次公开发行并上市管理办法》（2006年版）第十九条“发行人的业务独立。发行人的业务应当独立于控股股东、实际控制人及其控制的其他企业，与控股股东、实际控制人及其控制的其他企业间不得有同业竞争或者显失公平的关联交易。”（2016年版已经删除）（已经取消关联交易不能超过30%的规定）《首次公开发行并上市管理办法》（2016年版）第二十五条“发行人应完整披露关联方关系并按重要性原则恰当披露关联交易。关联交易价格公允，不存在通过关联交易操纵利润的情形。”

（二）《上海证券交易所股票上市规则》（2014年修订）、《深圳证券交易所股票上市规则》（2014年修订）

（三）《上海证券交易所上市公司关联交易实施指引》（自2011年5月1日起执行）

三、关联方的认定及其依据（见表7－8）

表7－8　关联方认定及其依据

关联方	《上海证券交易所股票上市规则》（2014年修订）	《深圳证券交易所股票上市规则》（2014年修订）
关联法人	（一）直接或者间接控制上市公司的法人或其他组织	（一）直接或者间接地控制上市公司的法人或者其他组织
	（二）由上述第（一）项直接或者间接控制的除上市公司及其控股子公司以外的法人或其他组织	（二）由前项所述法人直接或者间接控制的除上市公司及其控股子公司以外的法人或者其他组织
	（三）由本规则所列上市公司的关联自然人直接或者间接控制的，或者由关联自然人担任董事、高级管理人员的除上市公司及其控股子公司以外的法人或其他组织	（三）由本规则所列上市公司的关联自然人直接或者间接控制的，或者担任董事、高级管理人员的，除上市公司及其控股子公司以外的法人或者其他组织

（续）

关联方	《上海证券交易所股票上市规则》（2014 年修订）	《深圳证券交易所股票上市规则》（2014 年修订）
关联法人	（四）持有上市公司 5% 以上股份的法人或其他组织	（四）持有上市公司 5% 以上股份的法人或者其他组织及其一致行动人
	（五）中国证监会、本所或者上市公司根据实质重于形式原则认定的其他与上市公司有特殊关系，可能导致上市公司利益对其倾斜的法人或其他组织	（五）中国证监会、本所或者上市公司根据实质重于形式的原则认定的其他与上市公司有特殊关系，可能或者已经造成上市公司对其利益倾斜的法人或者其他组织
	上市公司与第（二）项所列法人受同一国有资产管理机构控制的，不因此而形成关联关系，但该法人的法定代表人、总经理或者半数以上的董事兼任上市公司董事、监事或者高级管理人员的除外	上市公司与本规则第（二）项所列法人受同一国有资产管理机构控制而形成第（二）项所述情形的，不因此构成关联关系，但该法人的董事长、总经理或者半数以上的董事属于本规则过去十二个月曾经是关联人或关联法人除外
关联自然人	（一）直接或间接持有上市公司 5% 以上股份的自然人	（一）直接或者间接持有上市公司 5% 以上股份的自然人
	（二）上市公司董事、监事和高级管理人员	（二）上市公司董事、监事及高级管理人员
	（三）直接或者间接控制上市公司关联法人的董事、监事和高级管理人员	（三）直接或者间接控制上市公司关联法人的董事、监事和高级管理人员
	（四）本条第（一）项和第（二）项所述人士的关系密切的家庭成员，包括配偶、年满 18 周岁的子女及其配偶、父母及配偶的父母、兄弟姐妹及其配偶、配偶的兄弟姐妹、子女配偶的父母	（四）本条第（一）项、第（二）项所述人士的关系密切的家庭成员，包括配偶、父母及配偶的父母、兄弟姐妹及其配偶、年满十八周岁的子女及其配偶、配偶的兄弟姐妹和子女配偶的父母
	（五）中国证监会、本所或者上市公司根据实质重于形式原则认定的其他与上市公司有特殊关系，可能导致上市公司利益对其倾斜的自然人	（五）中国证监会、本所或者上市公司根据实质重于形式的原则认定的其他与上市公司有特殊关系，可能造成上市公司对其利益倾斜的自然人

（续）

关联方	《上海证券交易所股票上市规则》（2014 年修订）	《深圳证券交易所股票上市规则》（2014 年修订）
其他关联法人或自然人情形	（一）根据与上市公司或者其关联人签署的协议或者作出的安排，在协议或者安排生效后，或在未来十二个月内，将具有上述关联法人、关联自然人情形之一	（一）因与上市公司或者其关联人签署协议或者作出安排，在协议或者安排生效后，或者在未来十二个月内，将具有上述关联法人、关联自然人情形之一
	（二）过去十二个月内，曾经具有上述关联法人、关联自然人的情形之一	（二）过去十二个月内，曾经具有上述关联法人、关联自然人的情形之一。

四、关联交易的认定及其依据（见表7－9）

表7－9　关联交易认定及其依据

序号	《上海证券交易所股票上市规则》（2014 年修订）	《深圳证券交易所股票上市规则》（2014 年修订）
1	购买或者出售资产	购买或者出售资产
2	对外投资（含委托理财、委托贷款等）	对外投资（含委托理财、委托贷款、对子公司投资等）
3	提供财务资助	提供财务资助
4	提供担保	提供担保
5	租入或者租出资产	租入或者租出资产
6	委托或者受托管理资产和业务	签订管理方面的合同（含委托经营、受托经营等）
7	赠与或者受赠资产	赠与或者受赠资产
8	债权、债务重组	债权或者债务重组
9	签订许可使用协议	研究与开发项目的转移
10	转让或者受让研究与开发项目	签订许可协议
11	本所认定的其他交易	本所认定的其他交易
12	购买原材料、燃料、动力	购买原材料、燃料、动力
13	销售产品、商品	销售产品、商品

（续）

类别	《上海证券交易所股票上市规则》（2014年修订）	《深圳证券交易所股票上市规则》（2014年修订）
14	提供或者接受劳务	提供或者接受劳务
15	委托或者受托销售	委托或者受托销售
16	在关联人财务公司存贷款	关联双方共同投资
17	与关联人共同投资	其他通过约定可能造成资源或者义务转移的事项
18	其他通过约定可能引致资源或者义务转移的事项	

五、关注要点及原则（见表7-10）

表7-10　关联交易关注要点及原则

关注方面	原则
必要性	应该是公司正常经营需要的，不能涉嫌利益输送
性质	不能存在商业意外的目的和动机
数量	没有量化的指标，可以参考以前的30%上限标准
趋势	是否交易金额越来越少、交易内容越来越窄、交易对象越来越少、交易重要性越来越低
重要性	核心业务、核心收入、核心技术、业务链核心环节不能依赖关联方
完整性	业务是否完整，是否只是集团业务的一个环节
可替代性	完全可以通过非关联交易替代解决，即依赖性不强
程序合法性	按照法律法规、公司章程规定的程序批准，关联方回避表决
价格公允性	有足够证据证明交易价格和条件公允，不能涉嫌利益输送
充分披露	按照招股说明书等上市规则的要求真实、准确、完整披露
会计处理	根据企业会计准则妥善进行账务处理
真实性	不允许实质关联交易非关联化处理
是否为战略投资者	战略投资者投资的目的是建立长期稳定的合作关系，关联交易在所难免，该类关联交易要规范处理
比例	不仅要看该关联交易占发行人同类业务的比例，还要看占交易对手的业务比例
独立性	综合判断关联交易不能影响发行人资产、人员、财务、机构、业务的独立性

六、拟 IPO 企业应着重关注的问题

（一）关联交易问题的几点忠告

第一，以“关联交易能规避就规避，能减少就减少”为原则。尽管新修订的办法删除了关联交易 30% 的比例，但无论从监管层的出发点还是发审委实践来看，对关联交易问题的关注和重视都有增无减，毕竟这关系到公司独立性与否、财务真实与否、持续盈利能力与否、内部控制规范与否等若干方面。那种轻视关联交易，尤其是主观故意加大关联交易的公司，势必要在 IPO 道路上摔得很惨。同时，作为替代监管手段，信息披露的要求更加严格。如经常性的关联交易应当分别披露最近三年及一期关联交易名称、交易内容、交易金额、交易价格、占当期营业收入或营业成本的比重、增减变化趋势，是否履行的公司章程规定的程序，以及独立董事对关联交易履行对审议程序是否合法合规及交易价格是否公允等意见。

第二，以不影响公司独立性为底线。无论如何，关联交易都不能影响拟上市公司的独立性，否则将会成为 IPO 道路上一个严重障碍。

第三，以实质规范大于形式规范为解决宗旨。首先要进行实质性规范，尽可能规避、减少及规范关联交易；其次对于实在短期内无法规避或减少的关联交易，在形式上、程序上尽最大努力规范，从一定程度上弥补实质性措施不足的缺陷。

（二）关联交易的解决措施

但从实际角度看，有些关联交易很难避免，短期内彻底消除很不现实。比如厂房已租赁关联方多年，设备不可能很快搬走；水电由专业提供水电的关联方提供，很难马上终止合作；有些原材料因国外价格比国内价格低廉，而且规格多、原材料批量小、高精尖原材料国内很难满足，短期内也很难终止关联交易。因而需要提出一系列切实可行的解决措施（见表 7－11）。

表 7-11　关联交易问题处理措施

<table>
<tr><th colspan="2">解决方法</th><th>具体措施</th></tr>
<tr><td colspan="2">主体非关联化</td><td>注销（注销比转让要彻底）、转让（往往被质疑是否存在关联关系非关联化的情形、是否存在代持股份行为）、购并（操作程序繁琐、操作成本较高、交易周期较长）或者设立子公司</td></tr>
<tr><td rowspan="2">客体
非关联化</td><td>业务非关联化</td><td>购买发生关联交易所对应的资产和渠道等资源</td></tr>
<tr><td>资金非关联化</td><td>经营性资金关联化减少并规范
非经营性资金关联化尽快清理</td></tr>
<tr><td colspan="2">实质规范</td><td>有足够的证据表明交易的价格遵循市场定价机制</td></tr>
<tr><td colspan="2">形式规范</td><td>应严格按照公司章程和公司制度对关联交易进行审批和表决</td></tr>
</table>

第八章
持续盈利能力

上市之后业绩迅速“变脸”情况备受诟病，鉴于IPO审核实质性判断理念和风险导向审核理念，企业能否持续盈利问题势必不容有半点马虎。重点关注五大依赖情形（依赖关联方、重大不确定性客户或供应商、税收优惠或政府补助、合并财务报表范围以外的投资收益或理财收益、某个区域市场）、生产经营外部环境重大变化或内部经营条件重大变化。

第一节　案例解析

统计显示，持续盈利能力问题是拟上市企业被否的第一大主因。拟上市公司如果持续盈利能力存在较大的不确定性，在上会时被否的可能性较大。纵观2006年至2016年十年期间，被否的案例中，持续盈利能力、独立性、规范运行和会计核算是IPO被否的四大主因，占被否原因的80%。持续盈利能力案例解析，见表8－1。

表8－1　持续盈利能力案例解析

瑕疵情形	具体情形	2017年被否部分案例解析
第一大情形：五大依赖	对关联方重大依赖	上海锦和商业（关联方依赖）、深圳中天精装（对第一大客户及关联方万科地产依赖）、重庆广电数字传媒（对实际控制人依赖）
	对税收优惠或政府补助等非经常性损益依赖	浙江鸿禧能源

（续）

瑕疵情形	具体情形	2017 年被否部分案例解析
第一大情形：五大依赖	合并财务报表范围以外投资收益或理财收益的依赖	浙江时代院线（投资收益依赖）
	对重大不确定性客户或供应商的重大依赖性	福建永德吉灯业（大客户依赖）、钜泉光电（大客户依赖）、联德精密材料（大客户兼供应商依赖）、四川安宁铁钛（大客户依赖）、四川里伍铜业（大客户依赖）
	对某个区域市场的依赖	北京全时天地（对北京地区依赖）
第二大情形：内部经营条件不确定性	发行人的经营模式、产品或服务的品种结构已经或者将发生重大变化	国金黄金（经营模式重大变化）、品恩科技（主要收入各年度差异大、分布无规律）
	发行人的经营模式、产品或服务的品种结构已经或者将发生重大变化	国金黄金（经营模式重大变化）、品恩科技（主要收入各年度差异大、分布无规律）
	发行人在用的商标、专利、专有技术以及特许经营权等重要资产或技术的取得或者使用存在重大不利变化	河南金丹乳酸（核心技术不成熟）、重庆广电数字传媒（无许可证，对实际控制人业务授权依赖）
第三大情形：外部经营条件不确定性	发行人的行业地位已经或者将发生重大变化	杭州华光焊接（产品替代风险）、深圳西龙同辉技术（产品替代风险）
	发行人所处行业经营环境已经或者将发生重大变化	上海思华科技（主要竞争对手亏损严重，行业经营环境发生重大变化）、山西壶化（市场整体下滑）、重庆顺博铝合金（新的产业政策）、浙江时代院线（市场环境变化）、四川里伍铜业（经营环境发生重大不利变化）、浙江绩丰岩土
	发行人商业模式是否会被替代或颠覆	上海威士顿信息（商业模式被替代风险）、杭州致瑞传媒（客户与供应商有可能直接交易）

第二节　法律法规

一、《证券法》

第十三条：公司公开发行新股，应当符合下列条件：具有持续盈利能力，财务状况良好。

二、《首次公开发行股票并上市管理办法》

第三十条发行人不得有下列影响持续盈利能力的六种情形：发行人的经营模式、产品或服务的品种结构已经或者将发生重大变化，并对发行人的持续盈利能力构成重大不利影响；发行人的行业地位或发行人所处行业的经营环境已经或者将发生重大变化，并对发行人的持续盈利能力构成重大不利影响；发行人最近 1 个会计年度的营业收入或净利润对关联方或者存在重大不确定性的客户存在重大依赖；发行人最近 1 个会计年度的净利润主要来自合并财务报表范围以外的投资收益；发行人在用的商标、专利、专有技术以及特许经营权等重要资产或技术的取得或者使用存在重大不利变化的风险；其他可能对发行人持续盈利能力构成重大不利影响的情形。

三、《首次公开发行股票并在创业板上市管理办法》

第六条　保荐人及其保荐代表人应当严格履行法定职责，对发行人是否具备持续盈利能力、是否符合法定发行条件作出专业判断。

第三十三条　发行人应当在招股说明书中分析并完整披露对其持续盈利能力产生重大不利影响的所有因素，充分揭示相关风险，并披露保荐人对发行人是否具备持续盈利能力的核查结论意见。

第三节　持续盈利能力重要性

鉴于我国 IPO 审核的实质性判断理念和风险导向审核理念，持续盈利能力问题在历史上曾经是 IPO 被否决的重灾区。持续盈利能力与独立性、募集资金投向是当时最常被使用的三大否决理由，在理论上讲，持续盈利能力再怎么强调也不过分。

一、持续盈利能力仍然是实质性审核的关键条件

现行适用的《证券法》《首次公开发行股票并上市管理办法》及《创业板首发办法》实质上都仍将持续盈利能力作为发行条件。

二、发审委员终身追责制度势必严格持续盈利能力条件

2017 年 11 月，在中国证监会第十七届发行审核委员会就职仪式上，证监会主席刘士余表示，必须强化对发审委和委员的监督机制，证监会党委已经决定成立发行与并购重组审核监察委员会，健全监督制约机制，坚持无禁区、全覆盖、零容忍，终身追责。企业能否持续盈利决定了上市之后是否会发生业绩迅速“变脸”的情况，因而备受发审委关注。

三、持续盈利能力与财务及规范性问题相互交织

从内在因素看，持续盈利能力与企业盈利能力、增长性、业绩真实性及规范运行等因素共同作用，相互影响，大多数情况下还是一个综合考量的结果。

第四节　影响持续盈利能力第一类情形：五大依赖

从会计信息来看，盈利能力主要体现在收入的结构组成及增减变动、毛利率的构成及各期增减、利润来源的连续性和稳定性等方面。

重点归因为是否存在五大依赖：是否存在对关联方重大依赖；是否存在对重大不确定性客户或供应商的重大依赖性（重点关注第一大客户、第一大供应商之间的微妙关系）；是否存在对税收优惠或政府补助等非经常性损益依赖；合并财务报表范围以外的投资收益或理财收益的依赖；对某个区域市场的依赖。

一、对关联方对重大依赖

《关于进一步规范股票首次发行上市有关工作的通知》（证监发行字〔2003〕116号）曾经规定：发行人具有直接面向市场独立经营的能力，最近一年和最近一期，是否存在对重大不确定性客户或供应商的重大依赖性（切忌第一大客户、第一大供应商之间的微妙关系）；发行人与控股股东（或实际控制人）及其全资或控股企业，在产品（或服务）销售或原材料（或服务）采购方面的交易额，占发行人主营业务收入或外购原材料（或服务）金额的比例，均不超过30%。这一规定以30%的定量标准作为红线。

该规定被废止后，证监会没有提出新的定量标准，而是从实质性判断和综合考量角度来看待此问题。重点关注：关联交易的合理性、必要性；价格公允性，是否存在代为支付费用、价格不公允等利益输送行为；销售真实性；关联方支付货款、代为贷款等情形。

【案例】第十七届发行审核委员会2017年第36次会议上海锦和商业经营管理股份有限公司（首发）未通过。

发行人最大园区项目“越界创意园”系从关联方广电浦东租入，报告期内，“越界创意园”是公司收入贡献最大的单个项目，实现收入占发行人主营业务收入40%左右，毛利占比50%。请发行人代表说明发行人的利润对关联方是否存在重大的依赖，是否存在租金减免或其他利益输送行为。请保荐代表人发表核查意见。

【案例】第十七届发行审核委员会2017年第49次会议苏州赛腾精密电子股份有限公司深圳中天精装股份有限公司（首发）未通过。

万科地产为发行人第一大客户，发行人股东之一万丰资产唯一股东为万科企业股资产管理中心，万科地产员工代表大会对该中心的宗旨及理事会人选有最终决定权。请发行人代表说明：（1）根据实质重于形式原则，万科地产是否为关联方，发行人是否构成对关联方存在重大依赖的情形；（2）万丰资产未来的减持计划，是否对发行人持续盈利能力产生重大不利影响。请保荐代表人说明核查方法、依据，并发表明确核查意见。

二、对税收优惠或政府补助等非经常性损益依赖

【案例】第十七届发行审核委员会2017年第44次会议浙江鸿禧能源股份有限公司（首发）未通过。

发行人在报告期内取得的政府补助较多，公司的发展在较大程度上依赖于政府扶持和补贴政策的支持。请发行人代表结合自身的经营情况和行业特点进一步说明未来的盈利能力能否持续，面对行业政策的变化采取的应对措施。

【案例】创业板发行审核委员会2017年第71次发审委会议智业软件股份有限公司（首发）未通过。

2014年、2015年、2016年扣除税收返还和政府补助后的净利润分别为2,564.1、-201.78、1,839.34万元，自2013年至2016年期间，发行人陆续收购了天津天职、内蒙古普诺杰、云南汇众的100%股权、西藏展望60%股权，并增资控股了云顶伟业与福建海医汇。请发行人代表说明上述收购行为对发行人报告期内盈利能力的影响，说明发行人后续经营的主要瓶颈。

三、合并财务报表范围以外的投资收益或理财收益的依赖

《首次公开发行股票并上市管理办法》第三十条第四款：发行人不得“最近1个会计年度净利润主要来自合并报表范围以外的投资收益”。该条款主要考虑到发行人对并表范围外企业投资收益控制力较弱，实现投资收益的持续性难以把握，如占比较高，可能影响持续盈利能力。

证监会发行部曾经在培训中有一个窗口指导意见，提出了报告期内如果同时满足三个条件，则对外投资收益占比高就不构成对发行人持续经营能力的影响。这三个条件包括：

1. 发行人如减除合并财务报表范围外的对外投资及投资收益，仍须符合首发条件。目前已有成功 IPO 案例，常熟汽车装饰公司，投资收益占比超过 60%。

2. 被投资企业主营业务与发行人主营业务须具有高度关联性；不存在大规模非主业投资的情形，如上述汽车装饰公司，主要投资都是与汽车零部件相关的上下游的产业。

3. 须充分披露相关投资情况及对发行人的影响。在管理层讨论章节充分披露被投资方的基本情况，经营状况，业务合作关系，分红政策等。

四、对重大不确定性客户或供应商的重大依赖性（切忌第一大客户、第一大供应商之间的微妙关系）

《首次公开发行股票并上市管理办法》第三十条　发行人不得有下列影响持续盈利能力的情形：发行人最近 1 个会计年度的营业收入或净利润对关联方或者存在重大不确定性的客户存在重大依赖。

对于该问题，重点要把握如下几个方面：

1. 依赖程度。主要包括单一客户占营业收入的比例，从整体判断发行人财务风险角度出发，如果发行人营业收入和净利润规模足够大，即便排除掉大客户带来的收入与利润仍然具备发行条件，则有助于审核的通过。

2. 依赖性质。一方面考察行业特征，下游客户本身是分散和高度竞争的，还是下游客户呈高度集中态势；另一方面考察合作方向，是单向依赖还是双向依赖，如果是后者，则被替代的可能性小；第三考察合作的紧密程度，是短期合作还是存在长期的业务合作协议；第四考察合作的合理性，交易是否真实、价格是否公允、是否存在利益输送等情形。

3. 大客户自身稳定性。大客户本身是否具有重大不确定性，包括客户的行业地位、经营业绩、经营环境等。

4. 客户性质。特指大客户兼供应商情形，不仅影响到持续盈利能力，甚至影响到商业模式是否被否定。

【案例】创业板发行审核委员会 2017 年第 71 次发审委会议珠海市赛纬电

子材料股份有限公司（首发）未通过。

2015年至2017年1~6月，发行人对第一大客户沃特玛的销售收入占公司营业总收入的比例分别为11.63%、45.93%和47.46%，发行人向沃特玛销售产生的毛利额占公司毛利总额的比例分别为4.79%、45.18%和34.03%。2017年1~6月发行人向沃特玛的采购金额达到6,379.48万元，沃特玛成为发行人的第一大供应商，占比达到47.98%。截至2017年6月30日，公司对沃特玛的应收账款和应收票据合计8,598.90万元，其中应收账款1,898.90万元、应收商业承兑汇票6,700.00万元。请发行人代表：（1）说明沃特玛既是发行人第一大客户又是第一大供应商的合理性和必要性，说明沃特玛对发行人后续经营的重要性；（2）发行人向沃特玛采购六氟磷酸锂，采购款项直接从发行人应收沃特玛销售款项中抵扣，说明抵销应付账款和应收账款对发行人报告期现金流量表和利润表的影响，说明上述会计处理是否能准确反映发行人的经济业务；（3）说明发行人向沃特玛采购六氟磷酸锂的价格远高于市场平均价格的原因，说明发行人向沃特玛销售产品的价格是如何确定的，并据此说明与沃特玛的合作模式属于商品买卖还是属于委托加工；（4）公司对沃特玛的产品销售价格，是在对方提供的主要原材料的价格基础上加成计算而来，请说明从沃特玛采购原材料后，在公司提供产品之前，原材料的价格的波动是否会影响到向对方的销售的价格，请说明该交易模式对双方而言，是否符合风险和报酬的转移的条件，交易的实质是委托加工还是产品销售；（5）请同时从销售和采购的角度分析，公司的生产经营对沃特玛是否存在依赖。请保荐代表人对上述问题发表核查意见。

【案例】第十七届发行审核委员会2017年第53次发审委会议联德精密材料（中国）股份有限公司（首发）未通过。

报告期内，发行人向前十大客户销售占比在80%以上，客户集中度较高，日本古河集团是发行人的第一大客户与第一大供应商，且是其风扇与散热管的唯一供应商。请发行人代表说明：与日本古河集团上述合作的商业合理性，是否对其存在重大依赖；与古河集团的交易金额占其同类业务的比例及变化趋势，与其业务是否可持续；古河集团与发行人是否存在关联关系，是否向发行人输送利益。请保荐代表人说明核查方法、依据，并发表明确核查意见。

【案例】第十七届发行审核委员会2017年第56次发审委会议北京全时天地在线网络信息股份有限公司（首发）未通过。

请发行人代表说明：（1）与360合作的缘由、优势及将来合作的稳定性，在业务、技术、业绩等方面对360是否存在重大依赖；（2）与供应商合同一年一签的风险，对主要供应商是否存在较大依赖，发行人是否存在被复制、被替代的较大风险；（3）主要供应商占比较高、合同一年一签、存在违反限制性条款行为等是否对发行人持续经营能力构成重大不利影响的相关信息披露是否真实、准确、完整。请保荐代表人说明核查方法、依据，并发表明确核查意见。

【案例】主板发行审核委员会2017年第141次发审委会议杭州致瑞传媒股份有限公司（首发）未通过。

报告期各期，发行人向第一大客户宏盟集团下属公司的销售金额占当期营业收入的比例分别为67.39%、77.42%和89.66%，向第一大供应商浙江广播电视集团的采购金额占当期采购总额的比例分别为56.67%、77.43%、73.95%。请发行人代表进一步说明：（1）发行人与宏盟集团及其下属公司的主要合作方式，发行人与宏盟集团之间是否存在长期的战略合作协议或其他关联关系，发行人与宏盟集团下属公司的交易是否具有可持续性，宏盟集团是否会越过发行人直接或通过其他公司与发行人供应商浙江广播电视集团等进行交易，发行人是否存在被替代的经营风险，是否对宏盟集团下属公司存在重大依赖；（2）发行人与第一大供应商浙江广播电视集团合作的主要方式，招商谈判的具体程序，媒体代理售价的确定依据；发行人与浙江广播电视集团的合作是否具有稳定性和可持续性，发行人是否对浙江广播电视集团存在重大依赖；（3）发行人客户和供应商集中度远高于同行业可比上市公司的具体原因和合理性，发行人的独立性是否存在重大缺陷，发行人客户和供应商集中度高对其持续盈利能力是否存在重大不利影响。请保荐代表人发表核查意见，并说明发行人是否符合《首次公开发行股票并上市管理办法》第三十条、第四十二条的相关规定。

【案例】第十七届发行审核委员会2017年第46次会议北京百华悦邦科技股份有限公司（首发）获通过。

报告期内，苹果公司一直是发行人的第一大客户，发行人与苹果公司签订的《授权服务协议》有效期一般为1～2年，授权期限较短。请发行人代表说明：（1）与苹果公司签订的《授权许可协议》的主要内容，包括但不限于发行人（含分、子公司及门店）获得苹果公司维修业务授权的条件、流程、双方的主要权利与义务、权利存在的条件和时限、或有条款和赔付条款，发行人被取消授权的可能性，是否存在被取消授权的情形；（2）自2016年下半年以来苹果公司对手机保内维修逐步采取返厂维修方式，该经营模式的变化对发行人持续盈利能力的影响；（3）如果发行人与苹果公司合作出现纠纷或因其他原因失去部分或全部苹果公司的售后维修授权，将有何措施防止收入和利润下滑；（4）发行人为维持与苹果公司长期合作关系所采取的措施，是否存在对单一客户的重大依赖。请保荐代表人说明核查方法、过程，并发表明确核查意见。

五、对某个区域市场的依赖

【案例】第十七届发行审核委员会2017年第11次会议湖南科创信息技术股份有限公司（首发）获通过。

报告期内，发行人的营业收入主要集中在湖南地区，湖南地区主营业务收入分别为13,915.02万元、21,648.73万元、20,791.18万元和4,585.23万元，占主营业务收入比重为73.78%、86.98%、76.83%和78.65%。请发行人代表分析说明收入地域集中是否对发行人持续盈利能力构成重大不利影响。

【案例】第十七届发行审核委员会2017年第56次发审委会议北京全时天地在线网络信息股份有限公司（首发）未通过。

请发行人代表说明：发行人业务主要集中在北京地区，获取北京以外地区的代理资质是否存在障碍；如无法有效拓展其他地区的业务，说明对发行人未来的影响。

第五节　影响持续盈利能力第二类情形：内部经营条件发生重大变化

《首次公开发行股票并上市管理办法》第三十条：发行人的经营模式、产品或服务的品种结构已经或者将发生重大变化，并对发行人的持续盈利能力构成重大不利影响；发行人在用的商标、专利、专有技术以及特许经营权等重要资产或技术的取得或者使用存在重大不利变化的风险。

一、经营模式已经或者发生重大变化

具体指的是受经营环境（例如市场竞争、新产品出现、新技术发展、主要消费群体消费行为变化）、自身战略等的影响，发行人的商业模式（包括但不限于采购模式、生产模式、销售模式等）出现重大变化，例如，生产模式是自产、外协生产还是直接采购；销售模式是自营、经销还是代销，线上销售还是线下销售，自有品牌销售还是 OEM，国内销售为主还是海外销售为主等。

【案例】 第十七届发行审核委员会 2017 年第 36 次会议国金黄金股份有限公司（首发）未通过。

报告期内发行人自产和外协生产占比逐渐下降，发行人披露本次募投项目达产后将逐步实现对现有外部产能的替代。请发行人代表结合报告期自产、外协生产和直接采购三种模式的金额、比例、趋势，说明募投项目必要性及对生产模式的影响。请保荐代表人说明上述情形是否属于《首次公开发行股票并上市管理办法》第三十条第一款规定的情形，并明确发表核查意见。

二、产品或服务的品种结构已经或者将发生重大变化

以 2017 年 6 月 7 日被发审委否决的北京品恩科技股份有限公司为例，发审委在聆讯问题中非常详细地列举了发行人报告期内的主营业务收入构成情况。

【案例】创业板发行审核委员会2017年第47次发审委会议北京品恩科技股份有限公司（首发）未通过发行人报告期内发行人软件产品、解决方案、技术开发三项主要收入各年度差异大、分布无规律，2016年度经营性现金流为负。

请说明：（1）2015年度技术开发、2016年度解决方案业务内容的差异，以及收入快速增长的原因；（2）对发行人持续盈利能力的影响、风险等信息披露是否充分。

三、发行人在用的商标、专利、专有技术以及特许经营权等重要资产或技术的取得或者使用存在重大不利变化的风险。

从一定程度上看，重要资产或技术存在重大不利变化，实质上已经影响到发行人独立性（具体指资产完整性），而不仅仅是持续盈利能力问题，必将构成实质性审查重点。

【案例】第十七届发行审核委员会2017年第56次发审委会议重庆广电数字传媒股份有限公司（首发）未通过发行人不直接拥有《信息网络传播视听节目许可证》。经重庆广播电视集团（总台）独家授权，发行人拥有重庆IPTV分平台牌照和重庆网络广播电视台牌照中有关经营性业务的运营权。报告期，发行人IPTV业务收入主要来源于基础业务，按照行业政策法规要求，基础业务主要由中央IPTV总平台提供的视听节目内容和公司采购或合作的视听节目内容等资源组成，IPTV节目内容经重庆IPTV集成播控平台审查后传输给电信运营商。发行人的直接客户为电信运营商而非IPTV终端用户，重庆电信是发行人的第一大客户，报告期内各期营业收入占比均超过50%。

请发行人代表说明：（1）资产是否完整、业务是否独立，是否拥有独立的市场运营能力；（2）是否对实际控制人构成重大依赖；（3）发行人如果无法获得重庆广播电视集团的授权或独家授权，是否能够保证业务延续。请保荐代表人说明核查方法、依据，并发表明确核查意见。

【案例】第十七届发行审核委员会2017年第2次会议山西壶化集团股份有限公司（首发）未通过。

发行人产品在生产、销售、购买、运输和使用各个环节均实行许可证制度，请发行人代表说明公司相关经营资质到期后能否及时延续，结合发行人报告期财务数据发生的不利变化，说明许可证制度对公司未来行业地位、发展空间和盈利能力的影响。

【案例】 第十七届发行审核委员会2017年第46次会议北京百华悦邦科技股份有限公司（首发）获通过。

请发行人代表说明：发行人及其子公司是否获得了开展特许经营所需的许可或备案，何时取得该许可或备案，发行人及其子公司开展特许经营活动是否符合《商业特许经营管理条例》《商业特许经营备案管理办法》及《商业特许经营信息披露管理办法》等规定，是否已在招股说明书中进行充分披露。

第六节　影响持续盈利能力第三类情形：外部经营条件发生重大变化

《首次公开发行股票并上市管理办法》第三十条：发行人的行业地位或发行人所处行业的经营环境已经或者将发生重大变化，并对发行人的持续盈利能力构成重大不利影响。

一、发行人的行业地位已经或者将发生重大变化

行业地位变化的考量因素一般包括公司收入、利润等在行业中的排名、公司产品的市场占有率、公司在行业中的竞争优势与核心竞争力变化情况等。

【案例】 2017年第1次发审委会议杭州华光焊接新材料股份有限公司（首发）未通过。

发行人经营业绩是否存在继续大幅下滑的风险，主要产品之一银钎料是否存在被其他产品替代的风险，所处经营环境是否已经发生或将要发生重大变化，持续盈利能力是否存在重大不确定性，相关信息披露和风险揭示是否充分。

【案例】2017年第11次发审委会议深圳西龙同辉技术股份有限公司（首发）未通过。

报告期内，发行人以代理NBS产品销售产生的贸易销售收入、芯片贸易收入和卡片代工收入合计占当期销售收入的比例分别为57.93%、46.23%和43.42%。同时招股说明书又披露发行人的核心技术产品收入占营业收入的比例分别为87.24%、89.71%和87.18%。结合以上情况请发行人代表说明：(1) 主营业务收入口径披露是否矛盾；(2) 随着支付技术和移动互联网技术等的发展，基于二维码技术的支付手段、虚拟钱包、虚拟信用卡等新型无卡支付手段的发展对基于智能IC卡等的有卡支付方式带来的巨大影响。

【案例】第十七届发行审核委员会2017年第46次会议北京百华悦邦科技股份有限公司（首发）获通过。

请发行人代表结合2017年1~6月份净利润下滑、向苹果公司提供保内维修业务工单量大幅降低，且苹果公司开始下调部分保内维修劳务费标准单价，2016年年底开始整机交换比例下降而配件更换比例逐步提高等情况，以及行业发展情况、市场竞争态势、网络平台维修的快速发展对现有店面模式的冲击等，说明今年1~9月份发行人营业收入和利润实现情况，上述事项对发行人未来持续盈利能力可能产生的影响。请保荐代表人说明核查方法、过程，并发表明确核查意见。

二、发行人所处行业的经营环境已经或者将发生重大变化

经营环境变化的考量因素一般包括上下游行业发展状况对发行人所处行业的影响（例如下游行业大面积亏损甚至消失、原材料成本价格波动极高且对公司净利润影响的敏感度很高等）、产业政策和环保等方面的政策发生重大变化（例如《产业结构调整指导目录》变化）、市场竞争态势变化（例如新产品新技术新商业模式的出现等）、主要消费群体消费行为变化等。

【案例】第十七届发行审核委员会2017年第22次会议蒙娜丽莎集团股份有限公司（首发）获通过。

建筑陶瓷行业总体产能过剩，竞争较为激烈，同时又具有高耗能、高污

染特征。国家发改委产业结构调整目录明确将建筑陶瓷分为鼓励类、限制类、淘汰类三类产品。请发行人代表说明建筑陶瓷行业产能过剩情况，国家产业政策对于建筑陶瓷产品结构调整和发展的重点要求，说明公司产品是否符合国家产业政策要求。请保荐代表人说明核查程序、核查过程，并发表核查意见。

【案例】第十七届发行审核委员会2017年第22次会议鑫广绿环再生资源股份有限公司（首发）获通过。

请发行人代表说明环保监管政策变化对发行人经营的影响，是否存在重大不确定性因素（危废处置可能影响居民生活环境，前期焚烧存在被群众举报情形），发行人为消除这些负面影响和隐患所采取的主要措施，是否充分披露。

关于《排污许可证》未续期。请发行人代表说明许可证续办最新进展及预计取得相关许可证的时间。

三、公司的商业模式是否适应市场环境，是否会被替代或颠覆

【案例】2017年第97次发审委会议上海威士顿信息技术股份有限公司（首发）未通过。

发行人客户集中且主要客户为上烟集团。发行人与上烟集团是否存在长期的业务合作协议或特殊利益安排，是否存在利益输送；发行人的营业收入或净利润对存在重大不确定性的客户是否存在重大依赖；发行人与上烟集团的交易是否具有可持续性，在烟草行业“统一领导、垂直管理、专卖专营”的管理体制下，发行人产品和服务是否存在国家烟草专卖局（中国烟草总公司）统一进行信息化建设而被取代的风险。

【案例】2017年第141次发审委会议杭州致瑞传媒股份有限公司（首发）未通过报告期各期，发行人向第一大客户宏盟集团下属公司的销售金额占当期营业收入的比例分别为67.39%、77.42%和89.66%，向第一大供应商浙江广播电视集团的采购金额占当期采购总额的比例分别为56.67%、77.43%、73.95%。

请发行人代表进一步说明：（1）发行人与宏盟集团之间是否存在长期的战略合作协议或其他关联关系，发行人与宏盟集团下属公司的交易是否具有可持续性，宏盟集团是否会越过发行人直接或通过其他公司与发行人供应商浙江广播电视集团等进行交易，发行人是否存在被替代的经营风险；（2）发行人客户和供应商集中度远高于同行业可比上市公司的具体原因和合理性，发行人的独立性是否存在重大缺陷。

第七节　拟 IPO 企业应着重关注的问题

一、前瞻性

密切关注行业环境的变化，包括但不限于行业发展趋势、国家产业政策以及行业竞争状况等，制定具有前瞻性的发展战略。

二、灵活性

根据市场环境的变化，重新调整公司发展战略，重新配置公司各方面资源和生产要素，快速适应市场形势变化。

三、独立性

保证资产完整、规避对单一客户、供应商、单一市场、偶发性收入等的依赖，这是持续盈利能力的基础。

四、连续性

一个成熟的公司其发展战略、商业模式、产品结构等是相对连续的，即使有调整，也要符合连续性的逻辑，符合商业规律，否则容易被视为不成熟，甚至主营业务不单一，很难做到持续盈利。

第九章
财务与会计

财务规范及真实性是企业通向资本市场的基础条件。2017 年发行与并购重组审核监察委员会成立，坚持监督无禁区、全覆盖、零容忍，终身追责，财务造假问题当之无愧是 IPO“红线之红线”。

第一节 财务与会计的基本情况

一、案例解析（见表 9-1）

表 9-1 财务与会计案例解析

公司名称	上会情况	问题解析	问题归类
尼毕鲁	2017 年第 35 次发审委会议未通过	公司记录的游戏充值金额与玩家确认的游戏金额是否一致，如何确认现金流水及收入的真实性、准确性、完整性，是否存在通过自充值、刷榜等方式增加收入情形	收入真实性
永泰隆电子	2017 年第 9 次发审委会议未通过	根据招股说明书披露，2013 年、2014 年、2015 年、2016 年 1～6 月发行人海外收入占比分别为 93.89%、91.27%、90.84%、87.73%，客户主要集中于俄罗斯、巴基斯坦、韩国、荷兰等国家。请保荐代表人进一步说明针对发行人海外收入的真实性采取的核查程序并发表核查意见	海外销售真实性
浙江三锋实业	2017 年第 48 次发审委会议未通过	鉴于发行人的产品很少直接销售到最终用户，其“自营出口的下游客户主要为国外品牌商、国外大型超市”，国内销售“以经销商模式为主”，请保荐代表人就其是否已充分关注申报期内发行人经销商模式收入的最终销售实现情况	海外销售真实性

（续）

公司名称	上会情况	问题解析	问题归类
北京宝兰德软件	2017年第39次发审委会议未通过	发行人报告期2014～2016年度代理销售分别占比为72.16%、75.34%和45.78%。关于代理销售真实性的核查，中介机构未能取得代理商向终端客户出具的销售发票、终端客户向代理商出具的验收报告。请发行人代表说明：如何核查代理销售的真实性	代理销售的真实性
西藏新博美	2017年第120次发审委会议未通过	发行人期间费用率低于同行业可比上市公司平均水平的具体原因、合理性和可持续性；发行人是否存在通过人为压低发行人高管和员工薪酬以降低期间费用、增加利润的情形	费用真实性
云南神农农业	2017年第35次发审委会议未通过	发行人内部财务会计系统是否健全，各业务板块成本核算、归集和结转方式	会计基础
重庆顺博铝合金	2017年第61次发审委会议未通过	发行人首发申报文件与新三板挂牌期间披露的文件在关联方及关联交易、前五名客户及收入金额、前五名供应商及采购金额、研发投入及经营活动现金流量等方面存在差异。请发行人代表说明在新三板挂牌期间是否符合《企业会计准则》及相关信息披露要求；会计基础工作是否规范、内部控制是否健全有效，是否能够保证财务信息披露的真实、准确、完整	会计基础、信息披露
西藏国策环保	2017年第52次发审委会议未通过	发行人存在以下情形：（1）发行人的部分会计凭证的制单、审核以及过账均为财务总监赵某一人操作；（2）发行人昌都分公司财务人员唐某于2015年2月17日从昌都市财政局领取现金支票后，除支付188,250元给环卫工人外，其余款项633,856元均私自挪用，而发行人直到2015年8月份才发现唐某挪用公款的行为；（3）建筑施工项目未建立项目预算制度和体系，对于建筑施工项目财务核算不规范；（4）昂仁县县城垃圾填埋场工程跨期确认收入；（5）未计提安全生产费；（6）公司的部分固定资产权属不清楚，存在部分政府拥有实际产权	会计基础薄弱

（续）

公司名称	上会情况	问题解析	问题归类
西藏国策环保	2017 年第 52 次发审委会议未通过	的车辆登记在发行人名下的情况。请发行人代表说明上述行为是否符合《首次公开发行股票并在创业板上市管理办法》第 17 条、第 18 条的规定	会计基础薄弱
哈尔滨城林科技	2017 年第 41 次发审委会议未通过	发行人提供技术服务的毛利率比较高，主要是在已经研发形成的各种设计图纸、方案等基础上进行适当调整，研发过程中的费用已经在当期费用化。请保荐代表人说明，发行人关于技术服务收入和成本的会计处理是否符合会计准则中的配比原则	会计处理规范性
山东元利科技	2017 年第 52 次发审委会议未通过	分析发行人毛利率显著高于同行业可比上市公司且报告期各期毛利率变动趋势与可比上市公司不一致的具体原因和合理性；在国内宏观经济下行，国内产能总体过剩，开工率不足的背景下，报告期内发行人利润水平以及毛利水平逐年增加的原因及其合理性	毛利率不合逻辑
美联钢结构建筑系统	2017 年第 61 次发审委会议未通过	发行人报告期毛利率较高以及不同项目毛利率差异较大的原因及其合理性，发行人毛利率与同行业上市公司变动不一致的原因及其合理性，较高毛利率的可持续性和相关风险是否充分披露	毛利率不合逻辑
		公司应收账款金额较大的原因；发行人关联组合的应收款项不计提坏账准备是否符合相关会计准则的规定，存货减值准备和坏账准备计提是否充分、谨慎；应收账款涉诉情况，应收账款是否存在无法回收的风险	应收账款
上能电气	2017 年第 149 次发审委会议未通过	报告期内经营活动现金流净额连续三年为负数的原因和合理性；应收账款和存货余额大幅增长的原因，应收账款周转率、存货周转率与同行业可比上市公司是否存在重大差异及其原因；应收账款坏账准备、存货跌价准备计提是否审慎、充分	现金流、应收账款、存货

（续）

公司名称	上会情况	问题解析	问题归类
上海锦和商业	2017年第36次发审委会议未通过	报告期末长期待摊费用余额10.25亿元，占总资产的68%，请发行人代表说明长期待摊费用中所有重大项目的资本化及其摊销是否符合企业会计准则的规定	长期待摊费用
浙江捷众科技	2017年第39次发审委会议未通过	发行人在2016年和2017年1~6月该类产品毛利率明显高于同行业可比上市公司同类产品毛利率的原因；报告期内发行人毛利率变动趋势与同行业不一致的原因	毛利率不合逻辑
雪龙集团	2017年第49次发审委会议未通过	发行人报告期毛利率和净利率明显高于同行业可比上市公司水平，且总体呈现持续上升趋势，发行人的研发费用占比低于同行业可比公司	毛利率不合逻辑
深圳中天精装	2017年第49次发审委会议未通过	发行人报告期内应收账款占总资产约50%，按账龄计提坏账准备比例低于行业平均水平。请发行人代表说明：（1）相关坏账计提是否充分、谨慎；（2）应收账款反向保理业务会计处理是否符合企业会计准则的规定	坏账计提
上海悉地工程设计	2017年第70次发审委会议未通过	自申报以来，历次提交的财务报表之间的差异，差异形成的原因，该等调整是否符合企业会计准则的相关规定；发行人的内控制度是否完善且得到有效执行	信息披露
		发行人报告期内营业收入及净利润呈下降趋势，应收账款余额及占营业收入比例呈逐年上升趋势，信用期外应收账款金额持续增长，且应收账款周转率低于同行业可比公司	应收账款
上海通领汽车	2017年第81次发审委会议未通过	发行人报告期间营业收入持续增加，但毛利率下降，营业利润逐年下滑，且经营活动现金流量净额变动幅度较大。请说明：毛利率下降的原因，持续盈利能力是否存在重大不确定性；与行业可比公司毛利率变动趋势不一致的原因及合理性	利润下滑

（续）

公司名称	上会情况	问题解析	问题归类
三达膜环境	2017年第80次发审委会议未通过	发行人按照实际污水处理量、基本水量孰高的原则确认污水处理收入。请说明：客户是否履行了其内部审议程序及合法合规性，相关会计处理是否符合会计准则	收入确认方式
三达膜环境	2017年第80次发审委会议未通过	报告期各期发行人原始财务报表所列示的营业收入与增值税纳税申报表相应收入存在较大差异，请发行人代表说明差异原因及收入确认是否为企业会计准则	收入数据差异
		发行人报告期各期应收账款余额较大且呈逐期上升的趋势，长期未收回款项金额较大。请发行人代表结合同行业可比公司数据、应收账款期后还款情况、是否存在有效收款措施	应收账款
四川港通医疗设备	2017年第77次发审委会议未通过	应收账款占营业收入比重逐年增长的合理性；应收账款逾期情况及对应客户情况，逾期应收账款未单项计提坏账减值准备的原因及其合理性	应收账款
海宁中国家纺城	2017年第21次发审委会议未通过	发行人经营活动现金流量净额波动较大，2017年1~6月经营活动产生的现金流量净额为负，且报告期发行人资产负债率较高。说明发行人行业经营环境、行业地位是否已经或正在发生重大变化，对持续盈利能力是否构成重大影响	现金流
重庆百亚卫生用品	2017年第83次发审委会议未通过	2014~2016年，发行人的固定资产净值增长了282.07%，而同期主要产品卫生巾的产能下降了18.44%。2016年，发行人婴儿纸尿裤产品销售收入占比26%，而报告期产能利用率一直在50%~55%。请发行人代表：说明固定资产规模增幅与主要产品产能增幅不匹配的具体原因和商业合理性	固定资产规模增幅与主要产品产能增幅不匹配

（续）

公司名称	上会情况	问题解析	问题归类
深圳西龙同辉技术	2017 年第 11 次发审委会议未通过	发行人以代理 NBS 产品销售产生的贸易销售收入、芯片贸易收入和卡片代工收入合计占当期销售收入的比例分别为 57.93%、46.23% 和 43.42%。同时招股说明书又披露发行人的核心技术产品收入占营业收入的比例分别为 87.24%、89.71% 和 87.18%。结合以上情况请发行人代表说明：主营业务收入口径披露是否矛盾	主营业务收入口径披露矛盾
北京新水源景	2017 年第 25 次发审委会议未通过	发行人固定资产较少，请发行人代表说明发行人的固定资产是否足够进行前述产品的生产。说明募集资金实施前后，固定资产中的机器设备与收入的配比关系	固定资产与产品生产、收入配比关系
浙江科维节能	2017 年第 27 次发审委会议未通过	发行人主营业务为合同能源管理，发行人承担节能优化改造的全部费用，改造后新增设备设施的所有权在分享期满前归发行人所有，项目合作结束后发行人将全部设施无偿移交给客户。报告期公司归属母公司所有者的扣除非经常性损益后的净利润分别为 4,106.63 万元、3,089.87 万元和 2,973.14 万元。请发行人代表说明合同中新增设备设施的折旧政策及其政策依据，加速折旧的固定资产是否应做纳税调整，是否已征得主管税务机关同意	净利润大幅下滑、纳税调整
北京宝兰德软件	2017 年第 39 次发审委会议未通过	报告期内发行人技术服务收入增长较大。招股说明书披露技术支持团队隶属于公司销售部门，薪酬在销售费用中核算。请说明高级服务是否再转包；说明发行人技术服务人员数目与发行人技术服务业务收入水平及增长率是否匹配	技术服务人员数目与发行人技术服务业务收入水平及增长率是否匹配
北京品恩科技	2017 年第 47 次发审委会议未通过	发行人应收账款逐年增长，分别为 9,154.50 万元、9,575.09 万元和 14,307.34 万元，占营业收入的比例分别为 158.97%、78.92% 和 66.39%。说明应收账款占营业收入比重较高的原因，说明坏账准备计提比例低于同行业上市公司水平的合理性	应收账款

（续）

公司名称	上会情况	问题解析	问题归类
浙江三锋实业	2017年第48次发审委会议未通过	发行人董事、监事、高级管理人员及其他核心人员薪酬水平是否与当地工资水平匹配；(2)除黄会飞外，是否有其他人士或机构代付发行人职工薪酬；(3)发行人上市后，其高管薪酬结构是否会发生大幅变化	薪酬不合理
上海步科自动化	2017年第50次发审委会议未通过	报告期内发行人扣除非经常性损益后归属于母公司股东的净利润分别为20,824,588.31元、16,789,402.77元、21,426,232.08元。经营规模持续较小的原因	净利润过少
西藏国策环保	2017年第52次发审委会议未通过	发行人报告期扣除非经常性损益后的净利润分别为1,281.89万元、1,368.37万元、1,786.63万元。发行人报告期高管薪酬总额逐年下降、董事长薪酬大幅下降。2016年管理费用中研发费用大幅下降	净利润过少
江苏联动轴承	2017年第58次发审委会议未通过	发行人董事长2016年度的税前薪酬为23.83万元，低于2015年度的25.27万元。总经理2016年度薪酬为税前19.87万元，低于2015年度的21.07万元。财务总监和董事会秘书的薪酬分别为税前9.87万元和9.35万元。发行人核心技术人员的工资水平也偏低，是否存在大股东或其他关联方代垫薪酬的情形	薪酬不合理
福州瑞芯微	2017年第59次发审委会议未通过	发行人报告期2014～2016年度，所得税费用分别为－953.03万元、－59.82万元、－195.59万元。请发行人代表说明：报告期实际缴纳的企业所得税金额以及所得税费用均为负数的原因	所得税为负
		报告期内，英特尔是发行人的主要供应商，也是发行人技术服务的主要客户。发行人2014年度的净利润为5,516.24万元，英特尔2014年度向发行人支付服务费用共计6,598.05万元，该项收入的毛利率超过99%	毛利率超过99%

（续）

公司名称	上会情况	问题解析	问题归类
安徽泰达新材料	2017 年第 62 次发审委会议未通过	发行人“董监高”中年薪最高的为总经理的 7.62 万元，请发行人代表将高管薪酬和同行业可比公司进行分析比较说明是否存在刻意压低薪酬增加业绩的情形	薪酬不合理
江西耐普矿机新材料	2017 年第 64 次发审委会议未通过	2014 年度、2015 年度、2016 年度及 2017 年 1～6 月，发行人主要产品橡胶耐磨制品毛利率分别为 61.11%、57.59%、59.73%、57.21%，请发行人代表说明在近两年矿业生产企业不景气的情况下橡胶耐磨制品能保持高毛利率的原因	毛利率不合逻辑
		报告期前三年发行人应收账款占营业收入的比率分别为61.10%、69.57%和57.36%，营业收入逆势增长，应收账款占营业收入比重较高的原因	应收账款居高不下
智业软件	2017 年第 71 次发审委会议未通过	发行人 2013 年末至 2017 年上半年末商誉账面价值分别为 2,696.27 万元、2,696.27 万元、2,582.51 万元、3,896.28 万元、3,896.28 万元。请发行人代表说明：上述商誉减值准备计提是否充分；商誉减值做会计差错更正的原因和决策程序	商誉减值会计差错
普天铁心	2017 年第 23 次发审委会议未通过	报告期内发行人存货大幅增加，存货周转率逐年下降。同时，应收账款大幅上升，占营业收入的比重为 69.25%	存货大幅增加、应收账款大幅上升
常州中英科技	2017 年第 37 次发审委会议未通过	综合毛利率显著高于同行业上市公司水平，核心技术人员仅包括实际控制人余卫忠等 3 人，请说明维持高毛利率的可行性	毛利率异常

二、法律法规

（一）《中华人民共和国会计法》（自 2017 年 11 月 5 日起施行）

（二）《会计基础工作规范》（财会字〔1996〕19 号）

（三）《首次公开发行股票并上市管理办法》（2016 年修订）

（四）《企业会计准则》及其解释

（五）《公开发行证券的公司信息披露解释性公告第 1 号——非经常性损益》

三、关注财务问题的焦点

（一）财务真实性

1. 纵向分析财务指标的合理性，包括三年一期资产负债率、销售增长率、现金流量情况等，分析相同指标在不同期间有无异常波动。审核人员比较关注的财务指标问题主要有：主要会计科目，如应收及暂付款项、存货、长短期借款、销售收入、主营业务成本、应交税金的异常增长和变动；主要财务指标如存货周转、流动比率、速动比率、资产负债率、毛利率的异常波动等；现金流情况，净利润大幅度增长的同时没有伴随着现金流量的相应增加；各项准备计提不充分，没有贯彻谨慎性原则。

2. 横向与同行业（上市）公司比较分析，如同类产品销售毛利率、成本费用率情况，若差异较大，需要有合理的解释。如果全行业因原材料价格上涨，毛利率下滑，发行人毛利率却大幅上升但无合理解释，则可能影响审核人员的判断。

（二）内部控制

不可否认的是，政府相关机构对企业的内部控制越来越严格。主板及创业板上市管理办法均对发行人的内部控制制度进行了明确规定。值得一提的是 2010 年 4 月《企业内部控制应用指引第 1 号——组织架构》等 18 项应用指引以及《企业内部控制评价指引》和《企业内部控制审计指引》颁布，自 2011 年 1 月 1 日起在境内外同时上市的公司施行，自 2012 年 1 月 1 日起在上海证券交易所、深圳证券交易所主板上市公司施行。因此企业应按照相关要求，建立健全内部控制并严格执行。

（三）会计基础工作

会计基础工作规范，是企业上市的一条基本原则。

拟改制上市企业，特别是民营企业，由于存在融资、税务等多方面需求，普遍存在几套账情况，需要及时对其进行处理，将所有经济业务事项纳入统一的一套报账体系内。

会计政策要保持一贯性，会计估计要合理并不得随意变更。如不随意变更固定资产折旧年限，不随意变更坏账准备计提比例，不随意变更收入确认方法，不随意变更存货成本结转方法。

第二节　财务真实

一、财务造假的若干情形

（一）情形之一：寅吃卯粮，提前确认

一是在存有重大不确定性时确定收入；二是完工百分比法的不适当运用；三是提前开具销售发票，以美化业绩。如房地产企业，往往将预收账款作销售收入，滥用完工百分比法等。

（二）情形二：无中生有，虚构利润

这是最严重的财务造假行为，有几种做法，一是白条出库，作销售入账；二是对开发票，确认收入；三是虚开发票，确认收入；四是公司直接或间接提供资金支持，用自己的钱买自己的产品或劳务确认收入。

（三）情形三：关联交易，抬高利润

利用关联方及关联交易，提高商品销售和服务价格，或者由关联方承担部分费用，从而达到高利润的目的。

（四）调节费用，虚增利润

为了虚增利润，有些费用根本就不入账，或由母公司承担；少提或不提固定资产折旧；应该反映在当期报表上的费用，挂在“待摊费用”和“递延资产”或“预提费用”借方这几个跨期摊销账户中，以调节利润；在建工程长期不竣工（一方面竣工前可以资本化，利息计入在建工程成本，不计入当期费用；另外一方面可以少提折旧，从而从两方面增加利润）。

（五）资产减值，夸大利润

《企业会计制度》要求自2001年1月1日起，上市公司要计提八项资产减值准备：坏账准备、短期投资跌价准备、长期投资跌价准备、存货跌价准备、固定资产、无形资产、在建工程减值准备和委托贷款减值准备。在企业法人治理结构和内部控制不健全的状况下，计提资产减值准备有较大的利润调节空间。如果少提资产减值准备就可以达到虚增当期利润的目的。

（六）会计政策，调节利润

会计政策和会计估计的变更的必然性和合理性以及变更标准的主观性，为公司进行盈利管理提供了条件，公司有可能利用这一特点，在需要时对会计政策和会计估计做出某种调整和变更。因此，关注公司会计政策和会计估计是否改变，对判断公司是否进行盈利管理，是一个十分重要的线索。改变会计政策譬如折旧年限、坏账计提比例、长期股权投资核算方法、改变会计报表合并范围、变更其他长期资产的摊销时间、变更递延收益的摊销方法、变更存货计价方法、变更坏账准备计提方法等均将对当期利润造成影响，导致前后期损益数据不可比。

二、识别财务造假的若干方法

（一）税项分析法

根据“应交税金期末余额 = 应交税金期初余额 + 本期计提税额 - 本期缴纳税额”去计算某公司期末应交所得税余额，如果与实际余额相差甚远，与其主营收入根本不能配比，有理由怀疑其收入和利润是虚构的。

（二）应收款项和存货分析法

虚构收入的公司往往表现为应收款项（包括应收账款、应收票据、预付账款、其他应收款）急剧增加，应收账款周转率急剧下降；存货急剧增加，存货周转率急剧下降。

例如，为了避免引起外界怀疑，这类公司一般操作手法是先把资金打出去，再叫客户把资金打回来，打出去时挂在其他应收款或预付账款，打回来作货款，确认收入。所以要注意其他应收款、预付账款往往名不符实的情形。

（三）毛利分析法

如果公司某块主营业务收益大大超过同行业水平或者波动较大，就有可能在造假。利用这种方法应对行业有个基本了解，包括同行的上市公司盈利能力。

（四）现金流量分析法

如果企业的现金净流量长期、远远低于净利润，那么就意味着与已经确认为利润相对应的资产可能属于不能转化为现金流量的虚拟资产，说明有关利润项目可能为挂账利润或虚拟利润。

（五）关联交易分析法

如果企业的营业收入和利润主要来源于关联企业，会计信息使用者就应当特别关注关联交易的定价政策，分析企业是否以不等到价交换的方式与关联交易发生交易进行会计报表粉饰。

（六）审计意见分析法

会计师一般不会直接指出公司造假，在措辞时往往避重就轻，非常委婉，用说明段和解释段内容暗示该公司存在严重财务问题。如会计师强调“应收款项金额巨大”时，这时投资者就要注意可能这些应收款项很难收回或者是虚构的；会计师强调“主营收入主要来源于某家公司尤其是境外公司”时，这时投资者就要注意这些收入可能是虚构的。

第三节　发审委重点关注的财务指标

一、收入与费用

（一）收入

营业收入是利润表的重要科目，反映了公司创造利润和现金流量的能力。在主板及创业板上市管理办法规定的发行条件中，均有营业收入的指标要求。

核查重点：

公司的销售模式、渠道和收款方式。按照会计准则的规定，判断公司能否确认收入的一个核心原则是商品所有权上的主要风险和报酬是否转移给购货方，这就需要结合公司的销售模式、渠道以及收款方式进行确定。

销售循环的内控制度是否健全，流程是否规范，单据流、资金流、货物流是否清晰可验证。这些是确认收入真实性、完整性的重要依据，也是上市审计中对收入的关注重点。

收入的完整性，即所有收入是否均开票入账，对大量现金收入的情况，是否有专门内部控制进行管理。对于零售企业等大量收入现金的企业，更须引起重点关注。

【案例】第十七届发行审核委员会2017年第9次会议湘北威尔曼制药股份有限公司（首发）未通过。

报告期发行人存在以下问题：（1）无实际销售活动的发票开具行为；（2）实际销售收入确认与招股说明书中描述不符；（3）发货指令单上无发货人、储运部主管、出纳签字；产成品出库单上仅有制单人名字，无复核人、发货人、主管签字审核；原材料采购入库环节原始单据无编号，车间到仓库的产成品入库环节原始单据无编号；（4）报告期内现金交易金额较大，相关的资金管理制度对现金的提现标准与现金使用无明确规定等。请发行人代表进一步说明：（1）发行人在开票、产品发货和出库、原材料采购、资金管理等方面的内部控制制度及实际执行情况，如何保证相关制度的有效实施；（2）申报材料有关销售收入确认原则前后披露不一致的原因，发行人实际执行的收入确认原则是否符合企业会计准则的要求。

请保荐代表人对发行人收入确认原则是否符合企业会计准则要求，以及发行人内部控制制度是否健全且被有效执行，是否符合《首次公开发行管理办法》规定的发行条件发表明确意见。

【案例】第十七届发行审核委员会2017年第23次会议无锡普天铁心股份有限公司（首发）未通过。

发行人报告期内多次大额资金通过往来单位获取银行贷款、为客户获取银行贷款、开具无真实交易背景的银行承兑汇票，累计通过往来单位取得银行贷款总额18,370.00万元，向供应商转让票据融资总额2,241.94万元。请发行人代表说明：(1) 上述行为是否存在利益输送、违法违规、影响销售真实性及收入确认准确性的情形；(2) 发行人内控制度是否健全并得到有效执行。请保荐代表人发表核查意见。

【案例】第十七届发行审核委员会2017年第37次会议常州中英科技股份有限公司（首发）未通过。

报告期内，发行人与关联方之间存在借款、无真实交易背景的票据融资等情况，金额较大且较为频繁。请发行人代表说明：(1) 发行人资金、账户、合同管理、贷款、关联交易、法律风险等相关事项的内控制度及执行情况；(2) 向实际控制人筹借资金的原因，是否存在利益输送情形；(3) 票据融资的主要用途，产生的债权债务是否已经履行完毕，雷纳机械是否已偿还500万元因票据融资所欠资金，是否仍有尚未披露的无真实交易背景的票据融资；(4) 发行人是否建立健全相关的内部控制制度，上述事项是否符合《首次公开发行股票并在创业板上市管理办法》的相关规定。请保荐代表人说明核查方法、依据并发表核查意见。

（二）成本费用

成本费用直接影响企业的毛利率和利润，影响企业的规范、合规性和盈利能力，其主要关注点如下：

成本核算方法是否规范，核算政策是否一致。拟改制上市的企业，往往成本核算较为混乱。对历史遗留问题解决之后，应立即着手建立健全存货与成本内部控制体系以及成本核算体系。

费用报销流程是否规范，相关管理制度是否健全，票据取得是否合法，有无税务风险。

成本费用的结构和趋势的波动是否合理。

原材料采购是否规范。应关注原材料采购模式，供应商管理制度等相关内部控制制度是否健全，价格形成机制是否规范，采购发票是否规范。

【案例】第十七届发行审核委员会2017年第44次会议浙江鸿禧能源股份有限公司（首发）未通过。

报告期发行人销售费用率远低于同行业上市公司。请发行人代表结合客户开发方式、销售部门设立与运行情况、运费承担方式等说明销售费用金额较低的原因及合理性。请保荐代表人说明核查依据、过程及结论。

【案例】 第十七届发行审核委员会2017年第37次会议常州中英科技股份有限公司（首发）未通过研发费用的真实性。结合报告期内发行人研发人员20人，核心技术人员仅包括实际控制人余卫忠等3人，研发投入每年约400万元等情况，进一步说明发行人核心产品的研发投入，研发人员的配备、销售收入构成变化情况，同时说明发行人产品的创新性、核心竞争力、技术能力。请保荐代表人说明核查方法、依据并发表核查意见。

报告期内，发行人与关联方之间存在借款、无真实交易背景的票据融资等情况，金额较大且较为频繁。请发行人代表说明：（1）发行人资金、账户、合同管理、贷款、关联交易、法律风险等相关事项的内控制度及执行情况；（2）向实际控制人筹借资金的原因，是否存在利益输送情形；（3）票据融资的主要用途，产生的债权债务是否已经履行完毕，雷纳机械是否已偿还500万元因票据融资所欠资金，是否仍有尚未披露的无真实交易背景的票据融资；（4）发行人是否建立健全相关的内部控制制度，上述事项是否符合《首次公开发行股票并在创业板上市管理办法》的相关规定。请保荐代表人说明核查方法、依据并发表核查意见。

（三）收入费用匹配

【案例】 第十七届发行审核委员会2017年第39次会议浙江捷众科技股份有限公司（首发）未通过。

发行人报告期外协采购的金额占主营业务成本的比重较高，且报告期内发行人产品销售单价逐年增加，而外协加工件采购单价逐年下滑。请发行人代表结合外协厂商的定价模式、价格、产品构成、外协厂商同种类型部件对外销售的价格说明：（1）产品销售单价与外协加工件采购单价变化趋势不一致的原因；（2）在2016年下半年及2017年上半年金属材料价格大幅上升情况下，外协部件采购单价却未上升的原因及其合理性；（3）发行人与主要外协加工厂商是否存在利益输送和特殊利益安排，成本费用是否真实、准确、完整入账，是否存在由实际控制人及其他关联方为发行人垫付成本费用的情形。请保荐代表人说明核查方法、依据，并发表明确核查意见。

二、净利润

审核重点：净利润下滑的原因；发行人所在行业的宏观经济环境及下游行业需求变化，净利润下滑的未来趋势；净利润进一步下滑是否影响公司持续盈利能力，是否有足够措施应对市场变化；发行人报告期收入、利润的变动趋势和幅度，与同行业上市公司比较是否一致。

【案例】第十七届发行审核委员会2017年第2次会议山西壶化集团股份有限公司（首发）未通过。

发行人报告期内业绩呈下滑趋势。（1）2015年，发行人经营业绩下滑幅度大幅高于全国平均水平，2017年上半年经营业绩有所上升，但不及同行业公司。请发行人代表结合与同行业公司比较，分析业绩下滑的原因，是否与同行业存在较大差异，是否影响发行人持续盈利能力，是否有足够措施应对市场变化特别是区域市场的变化；（2）请发行人代表补充说明2017年三季度业绩快速增长的原因和主要构成；（3）发行人的主要客户是矿产类企业，根据发行人披露，2014年以来，受宏观经济环境下行的影响，下游行业需求减少，我国民爆行业整体业绩出现负增长。受此影响，公司2015年主营业务收入同比下降25.38%。若经济形势无明显好转，将对公司的盈利能力造成一定的影响。请发行人代表说明钢铁、煤炭等过剩产能行业大幅削减产能对其持续经营和盈利能力的影响程度；如果上述影响程度较大，本次募集项目用于扩大产能的合理性和必要性。

三、利润率

审核重点：与同行业上市公司相比、与发行人历史相比，毛利率异常情况归因分析，具体可以分为毛利率高和毛利率低两种情况。

【案例】第十七届发行审核委员会2017年第49次会议雪龙集团股份有限公司（首发）未通过。

发行人报告期毛利率和净利率明显高于同行业可比上市公司水平，且总体呈现持续上升趋势，发行人的研发费用占比低于同行业可比公司。请发行人代表说明高毛利率、高净利率形成的原因及合理性，是否存在实际控制人及其关联方代为承担成本费用的情形。请保荐代表人说明核查方法、依据，并发表明确核查意见。

【案例】 第十七届发行审核委员会2017年第49次会议苏州赛腾精密电子股份有限公司深圳中天精装股份有限公司（首发）未通过。

发行人毛利率高于同行业；发行人员工数量和成本低于同行业，设计研究人员、销售人员人数较少，研发支出低且逐年下降。请发行人代表说明：(1) 发行人的核心竞争力；(2) 研发投入、研发人员配备情况与发行人技术领先优势的匹配性；(3) 毛利率高于同行业的原因；(4) 综合毛利率逐年下降的主要原因，是否会对持续经营产生不利影响。请保荐代表人说明核查方法、依据，并发表明确核查意见。

四、应收账款

审核重点：应收账款较高的原因及其合理性；相关坏账计提是否充分、谨慎；结合发行人信用政策、客户结构的调整策略、完工百分比法的确认原则，说明应收账款占主营业务收入比例较高的主要原因及其合理性，发行人是否存在提前确认收入的情形；背景交易的真实性；应收账款的内部管理制度是否健全有效。

【案例】 第十七届发行审核委员会2017年第49次会议苏州赛腾精密电子股份有限公司深圳中天精装股份有限公司（首发）未通过。

发行人报告期内应收账款占总资产约50%，按账龄计提坏账准备比例低于行业平均水平。请发行人代表说明：(1) 相关坏账计提是否充分、谨慎；(2) 应收账款反向保理业务会计处理是否符合企业会计准则的规定。请保荐代表人说明核查方法、依据，并发表明确核查意见。

【案例】 第十七届发行审核委员会2017年第37次会议常州中英科技股份有限公司（首发）未通过。

发行人报告期各期末应收账款金额较大，2014 年、2015 年、2016 年分别占营业收入的 43.42%、43.58%、47.59%。请发行人代表：(1) 结合不同产品销售政策、结构、信用政策以及发行人不同产品季节性销售情况，说明应收账款较高的原因及其合理性；(2) 2017 年 6 月末应收账款余额和同期收入占比不相匹配的原因及其合理性。请保荐代表人说明核查方法、依据并发表核查意见。

【案例】 第十七届发行审核委员会 2017 年第 21 次会议哈尔滨森鹰窗业股份有限公司（首发）未通过。

报告期内，发行人工程渠道销售收入占比逐年下降，工程客户应收账款占主营业务收入比例逐年上升。请发行人代表：(1) 结合下游需求变化，特别是工程类业务集中地——东北、华北地区房地产市场及政策变化情况，进一步说明 2017 年工程渠道销售收入同比下降的原因，结合在手订单情况，分析说明发行人工程渠道业务未来的发展趋势；(2) 结合工程渠道下签订的合同类型、各期主要工程项目的开工时间、期末完工进度、预计完工时间、竣工验收时间及单个项目的时间周期，进一步说明发行人对工程渠道实现的收入按建造合同准则以完工百分比法确认收入的依据，是否符合企业会计准则的要求；(3) 结合发行人信用政策、客户结构的调整策略、完工百分比法的确认原则，说明 2016 年、2017 年 1 ~ 6 月末应收账款占主营业务收入比例较高的主要原因及其合理性。请保荐代表人说明核查方法、依据，并发表明确核查意见。

五、现金流

现金流量反应了一个企业真实的盈利能力、偿债和支付能力，现金流量表提供了资产负债表、利润表无法提供的更加真实有用的财务信息，更为清晰地揭示了企业资产的流动性和财务状况。现金流量主要关注点有以下几个方面：

经营活动产生的现金流量净额直接关系到收入的质量及公司的核心竞争力。应结合企业的行业特点和经营模式，将经营活动现金流量与主营业务收入、净利润进行比较。经营活动产生的现金流量净额为负数的要有合理解释。

关注投资、筹资活动现金流量与公司经营战略的关系。例如，公司投资和筹资活动现金流量净额增加，表明企业实行的是扩张的战略，处于发展阶段。此时需要关注其偿债风险。

【案例】 主板发行审核委员会 2017 年第 149 次发审委会议上能电气股份有限公司（首发）未通过。

请发行人代表进一步说明：（1）报告期内经营活动现金流净额连续三年为负数的原因和合理性；（2）应收账款和存货余额大幅增长的原因，应收账款周转率、存货周转率与同行业可比上市公司是否存在重大差异及其原因；发行人对主要客户的信用政策和实际执行情况，应收账款在信用期内回款比例较低的原因，发行人是否存在放宽信用政策扩大销售的情形；应收账款坏账准备、存货跌价准备计提是否审慎、充分；（3）发行人所在行业经营环境是否已经或将要发生重大变化，是否或已经对发行人持续盈利能力产生重大不利影响；（4）相关信息和风险是否已充分披露。请保荐代表人发表核查意见。

请发行人代表进一步说明：发行人 2017 年上半年对中广核、三峡集团、协鑫集团、大同煤矿集团、中民投等客户的销售金额大幅减少的原因，与主要客户的合作关系是否稳定，目前在手订单情况，2017 年营业收入和净利润是否存在大幅下滑的风险，相关风险披露是否充分。请保荐代表人发表核查意见。

【案例】 第十七届发行审核委员会 2017 年第 21 次会议海宁中国家纺城股份有限公司（首发）未通过。

报告期内，发行人经营活动现金流量净额波动较大，2017 年 1 ~6 月经营活动产生的现金流量净额为负，且报告期发行人资产负债率较高。请发行人代表：（1）进一步分析现金流波动原因，是否存在资金紧张压力，及进一步的改善措施；（2）报告期固定资产处置收益以及财政补贴占利润比例较高，结合同行业上市公司业绩指标变动趋势，说明发行人行业经营环境、行业地位是否已经或正在发生重大变化，对持续盈利能力是否构成重大影响。请保荐代表人发表明确意见。

六、存货

审核重点：存货高企及存货周转率较大幅度降低原因；存货消化情况说明存货跌价准备计提的合理性；发行人是否存在向经销商铺货提前确认收入等问题。

【案例】第十七届发行审核委员会2017年第22次会议蒙娜丽莎集团股份有限公司（首发）获通过。

2014～2016年末，公司存货账面价值分别为69,616.09万元、71,622.77万元和67,245.91万元，占各期末流动资产的比例分别为55.23%、50.07%和41.61%，存货规模较大。（1）请发行人代表说明存货高企的原因，结合产品适销情况、存货消化情况说明存货跌价准备计提的合理性，并与同行业公司进行比较分析差异。（2）发行人与主要经销商的交易为买断式经销，请保荐代表人结合发行人存货余额、经销商销售额等因素，就主要经销商经销库存保有量的合理性、发行人是否存在向经销商铺货提前确认收入等问题发表核查意见。

七、税务

税务问题是企业改制上市过程中的重点问题。在税务方面，中国证监会颁布的主板和创业板发行上市管理办法均规定：发行人依法纳税，各项税收优惠符合相关法律法规的规定，发行人的经营成果对税收优惠不存在重大依赖。

企业执行的税种、税率应合法合规。对于税收优惠，应首先关注其合法性，税收优惠是否属于地方性政策且与国家规定不符，税收优惠有没有正式的批准文件。对于税收优惠属于地方性政策且与国家规定不一致的情况，根据证监会保荐代表人培训提供的审核政策说明，寻找不同的解决办法。

纳税申报是否及时，是否完整纳税，避税行为是否规范，是否因纳税问题受到税收征管部门的处罚。

第十章
其他规范情形

证监会保代培训时举例，一个互联网推广整体解决方案提供商，业务模式写的晦涩难懂，被要求多次重写，最后按照广告商的业务模式描述；一个水龙头企业被写成“流体控制与综合解决方案提供商”。同样，股权激励也被诸多企业视为公司治理不二法宝。商业模式被神秘化、股权激励被神秘化的现象的确该叫停。

第一节　商业模式

一、案例解析（见表10－1）

表10－1　商业模式案例解析

公司名称	上会情况	审核结果	问题解析	问题归类
博拉网络	2017年第56次发审委会议于2017年11月29日	未通过	互联网技术是发行人的核心竞争优势，请发行人代表说明拥有的互联网技术是否难以被复制或研发，发行人是否能够持续保持相关的技术优势	核心技术
全时天地	2017年第56次发审委会议于2017年11月29日	未通过	与主要供应商合同一年一签的风险，对主要供应商是否存在较大依赖，发行人是否存在被复制、被替代的较大风险	供应商依赖
			量化分析渠道冲量造成的亏损与其带来的供应商返点的关系，说明大部分的渠道带来毛利为负的合理性，说明该种销售推广模式的可持续性，补充说明发行人的核心竞争力	销售模式

（续）

公司名称	上会情况	审核结果	问题解析	问题归类
全时天地	2017 年第 56 次发审委会议于 2017 年 11 月 29 日	未通过	腾讯和上海微问自 2016 年既是供应商，又是客户，使得腾讯为发行人第一大客户，其实质是腾讯是对发行人采购业务的返点，请从实质重于形式的原则判断，说明其收入确认是否符合企业会计准则相关要求	供应商兼大客户、收入模式（采购返点）
			发行人业务主要集中在北京地区，获取北京以外地区的代理资质是否存在障碍；如无法有效拓展其他地区的业务，说明对发行人未来的影响	区域局限
赛腾电子	2017 年第 49 次发审委会议于 2017 年 11 月 21 日	通过	发行人此前并未涉足汽车、光伏、医疗行业自动化设备生产领域，请发行人代表说明发行人是否有足够的资源支持规模的快速扩张；结合行业发展情况、市场竞争态势等，说明发行人的发展目标、发展战略和近年业务发展计划	资源支持、发展战略
百华悦邦	2017 年第 46 次发审委会议于 2017 年 11 月 15 日	通过	苹果公司一直是发行人的第一大客户，发行人与苹果公司签订的《授权服务协议》有效期一般为 1 ~ 2 年，授权期限较短。发行人被取消授权的可能性，是否存在被取消授权的情形	大客户依赖
御家汇	2017 年第 46 次发审委会议于 2017 年 11 月 15 日	通过	发行人报告期主要以线上销售为主，请发行人代表说明：（1）信息系统、财务核算和内部控制是否反映电商业态的特点，是否能确保发行人采购销售及财务状况的真实性；（2）分析相关运营数据，包括报告期客户人均消费、地区分布、性别比例、年龄结构、职业情况、操作时段、次均消费额、购买频次等，与可比公司比较是否存在明显差异，是否存在虚构交易、提升信誉、“空包裹”等情况	线上销售
			（3）线上及线下自营、经销、代销的主要划分依据，收入确认条件及依据，销售结算模式与收入确认条件是否相一致，是否与同行业可比公司存在显著差异	销售模式划分
			报告期内发行人主要自营平台线上销售的关键业务指标中客单价在不同平台差异较大的原因。	线上销售

（续）

公司名称	上会情况	审核结果	问题解析	问题归类
御家汇	2017年第46次发审委会议于2017年11月15日	通过	发行人采取委托加工为主的生产方式，加工单位成本逐年下滑，销售费用逐年上升。请发行人代表说明：外协厂商与发行人是否存在关联关系，相关信息披露是否符合规定，上述情况对发行人业务独立性和真实性是否构成重大影响，外协加工成本是否真实完整	外协加工
鸿禧能源	2017年第44次发审委会议于2017年11月14日	未通过	公司产品主要采取直销的销售模式，主要客户较为集中，存在部分客户同时是供应商的情况，且销售金额呈逐年上升趋势。请发行人代表说明公司业务是否独立，是否存在建立在销售业务基础上的绑定采购，说明采购与销售定价是否公允，是否符合行业惯例、是否符合商业逻辑	供应商兼客户（绑定采购）
四川振静	2017年第44次发审委会议于2017年11月14日	通过	发行人主要原材料牛原皮采购来自于澳大利亚。请结合发行人与主要供应商签署的协议期限，定价机制说明发行人和主要供应商的合作稳定性，是否对主要供应商存在重大依赖	供应商依赖
伊戈尔电气	2017年第39次发审委会议于2017年11月10日	通过	中山伊协为发行人重要经销商。李开泉持有中山伊协95%的股权，2000～2007年在发行人处任职。请发行人代表说明：（1）直销模式和经销模式的设定标准，选择中山伊协作为其主要经销客户的原因及商业合理性；（2）作为非标产品，采用经销模式向中山伊协销售是否符合产品特点，是否为行业惯例；（3）中山伊协是否仅销售发行人产品，向中山伊协销售的产品内容、销售价格及与独立第三方差异的原因及合理性，是否存在利益输送情形，是否实现最终销售；（4）中山伊协的实际银行回款高于销售收入的金额及其占比差异产生的原因。请保荐代表人说明核查方法、依据，并发表明确核查意见	经销模式

（续）

公司名称	上会情况	审核结果	问题解析	问题归类
浙江捷众	2017年第39次发审委会议于2017年11月10日	未通过	发行人报告期外协采购的金额占主营业务成本的比重较高，且报告期内发行人产品销售单价逐年增加，而外协加工件采购单价逐年下滑。请发行人说明：（1）产品销售单价与外协加工件采购单价变化趋势不一致的原因；（2）发行人与主要外协加工厂商是否存在利益输送和特殊利益安排，成本费用是否真实、准确、完整入账，是否存在由实际控制人及其他关联方为发行人垫付成本费用的情形	外协采购
春秋电子	2017年第36次发审委会议于2017年11月7日	通过	发行人存在较多的外协生产情况。请发行人代表进一步说明主要外协厂商相关业务是否依赖发行人，是否存在关联关系或潜在利益输送；结合主要外协厂商税收合法性、环保合法性等因素，进一步分析主要外协厂商对发行人采购业务稳定性的影响	外协生产
			发行人报告期前五大客户收入占比为91%~94%，客户集中度较高。同时，主要供应商采购占比为18%~21%。请发行人代表说明发行人对主要客户的销售是否与向其采购具有绑定等约束关系；是否对主要客户及供应商存在依赖，是否影响其经营的独立性、是否会影响发行人的持续盈利能力	供应商兼客户（绑定采购）
国金黄金	2017年第36次发审委会议于2017年11月7日	未通过	请发行人代表结合报告期自产、外协生产和直接采购三种模式的金额、比例、趋势，说明募投项目必要性及对生产模式的影响。请保荐代表人说明上述情形是否属于《首次公开发行股票并上市管理办法》第三十条第一款规定的情形，并明确发表核查意见	生产模式

（续）

公司名称	上会情况	审核结果	问题解析	问题归类
钜泉光电	2017年第24次发审委会议于2017年11月3日	未通过	发行人报告期内销售以经销商代理销售为主，各期经销收入占比均在96%以上，发行人与经销商的关系属于买断式销售关系。请发行人代表说明：（1）报告期前五名经销商销售占营业收入持续95%左右，主要最终客户仅为23个，上述客户是否存在关联关系，采取经销商买断模式的合理性；（2）经销商买断模式对发行人收入确认真实性、准确性的影响，收入确认政策是否符合企业会计准则的相关规定；（3）报告期发行人对其参股子公司前景无忧，最终销售占比不断增加，2017年上半年已成为第一大最终客户，不认定为关联方和关联交易的依据，未直接向北京前景无忧销售的原因，说明业务合理性、真实性	经销销售
			结合发行人主要生产过程均采取外协加工方式，成本占全部成本的95%以上，分析说明对发行人核心竞争力的影响，对发行人生产质量控制的影响	外协加工
森鹰窗业	2017年第21次发审委会议于2017年10月31日	未通过	报告期内，发行人经销渠道收入占比逐年上升，经销商客户数量逐年增加，经销方式下的单位售价、毛利率都高于工程渠道和直接销售。请发行人代表：（1）说明经销售价高于直销和工程渠道的原因及其商业合理性；（2）说明经销毛利率高于直销和工程渠道，且不同报告期变动幅度不相一致的原因及其商业合理性；（3）说明经销商终端销售实现情况，报告期向经销商计提返利情况及支付情况，是否存在发行人为经销商提供担保、资金融通或其他利益安排的情形	经销模式

（续）

公司名称	上会情况	审核结果	问题解析	问题归类
稳健医疗	2017 年第 22 次发审委会议于 2017 年 10 月 31 日	未通过	发行人实际控制人 2009 年创建了 PurCotton 全棉时代品牌，并于同年 10 月转板 NYSE Amex，请发行人代表说明业务转型的具体时间和转型的过程	业务转型
湖南科创	2017 年第 11 次发审委会议于 2017 年 10 月 25 日	通过	报告期内，发行人的营业收入主要集中在湖南地区，湖南地区占主营业务收入比重为 73.78%、86.98%、76.83% 和 78.65%。请发行人代表分析说明收入地域集中是否对发行人持续盈利能力构成重大不利影响	区域依赖
威尔曼制药	2017 年第 9 次发审委会议于 2017 年 10 月 24 日	未通过	发行人主要采取经销的销售模式，报告期内发行人二级经销商的业务员因商业贿赂被判处刑罚，请发行人代表进一步说明：（1）发行人的主要销售模式，招商代理的经销模式具体销售流程，代理商同时均为经销商的合理性；（2）发行人与经销商、代理商有关费用的分摊、销售人员的归属，经销商和代理商的权利义务是否存在差异；（3）发行人对经销业务的内部控制制度及执行情况，是否已建立相关的风险控制体系防范商业贿赂风险	经销与代理、商业贿赂
			发行人主要产品为抗耐药复方抗生素制剂，其核心产品青霉素哌舒（2：1）属于青霉素复方抗生素中第二大用药，头孢噻舒属于头孢复方抗生素中第四大用药，是发行人独家品种。抗生素制剂在功能上存在一定的替代性，但不同抗生素对于不同的适应症疗效有所差异。请发行人代表进一步说明：发行人主要产品的核心竞争力是什么，其功能和疗效是否具有独家性和排他性，是否存在功能或疗效相近或替代产品	产品核心竞争力

（续）

公司名称	上会情况	审核结果	问题解析	问题归类
双飞轴承	2017年第4次发审委会议于2017年10月18日	未通过	发行人主要供应商占比较高，相对比较集中，按会计准则和相关信息披露的要求，是否与发行人存在关联关系	供应商（关联交易）
			发行人销售采用直销和经销两种模式，经销商模式70%左右的收入销往国外。请保荐代表人说明对经销商的销售核查方法，替代方法的有效性，是否有第三方核验证据，并发表明确核查意见	海外销售
山东出版	2017年第2次发审委会议于2017年10月17日	通过	报告期内发行人传统纸张、木浆等贸易业务不断下降，开始涉足汽车和煤炭等新型贸易业务。请发行人代表进一步说明：（1）该业务和发行人主业的关系；（2）发行人是否具备与开展新业务相关的专业能力、人员、资金、客户资源等；（3）发行人对于贸易业务未来的发展规划	业务转型
壶化集团	2017年第2次发审委会议于2017年10月17日	未通过	忻州同德为发行人竞争对手同德化工的全资子公司，也是发行人的重要客户，请发行人代表说明双方发生交易的原因，是否具有商业合理性；陕西恺欣化工和天脊煤化工集团同为发行人重要供应商，请发行人代表说明跨地域向陕西恺欣化工进行采购的原因，陕西恺欣化工的股东背景、货物来源等	商业逻辑
广信科技	2017年第72次发审委会议于2017年9月13日	未通过	发行人从事绝缘纸板和绝缘成型件产品研发、生产和销售，实际控制人魏冬云控制的新邵广信从事纱管纸的生产、加工和销售，新邵广信与发行人共用锅炉。请说明：（1）新邵广信与发行人共用锅炉的必要性及合理性；（2）对新邵广信纱管纸业务与发行人绝缘纸板业务是否存在同业竞争发表核查意见	独立性、同业竞争

（续）

公司名称	上会情况	审核结果	问题解析	问题归类
珠海市赛纬电子	2017 年第 71 次发审委会议于 2017 年 9 月 13 日	未通过	请发行人代表：（1）说明沃特玛既是发行人第一大客户又是第一大供应商的合理性和必要性，说明沃特玛对发行人后续经营的重要性；（2）说明发行人向沃特玛采购六氟磷酸锂的价格远高于市场平均价格的原因，公司对沃特玛的产品销售价格，是在对方提供的主要原材料的价格基础上加成计算而来，请说明该交易模式对双方而言，是否符合风险和报酬的转移的条件，交易的实质是委托加工还是产品销售	供应商兼客户、委托加工还是产品销售
杭州致瑞传媒	2017 年第 141 次发审委会议于 2017 年 9 月 8 日	未通过	报告期各期，发行人向第一大客户宏盟集团下属公司的销售金额占当期营业收入的比例分别为 67.39%、77.42% 和 89.66%，向第一大供应商浙江广播电视集团的采购金额占当期采购总额的比例分别为 56.67%、77.43%、73.95%。请发行人代表进一步说明：发行人客户和供应商集中度远高于同行业可比上市公司的具体原因和合理性，发行人的独立性是否存在重大缺陷，发行人客户和供应商集中度高对其持续盈利能力是否存在重大不利影响	对单一客户、供应商高度依赖（独立性、持续盈利能力）

二、法律法规

《首次公开发行股票并上市管理办法》第三十条　发行人不得有下列影响持续盈利能力的情形：

发行人的经营模式、产品或服务的品种结构已经或者将发生重大变化，并对发行人的持续盈利能力构成重大不利影响。

发行人在用的商标、专利、专有技术以及特许经营权等重要资产或技术的取得或者使用存在重大不利变化的风险。

三、商业模式内涵

企业与企业之间、与企业的部门之间、与顾客之间、与渠道之间都存在的各种各样的交易关系和连结方式称之为商业模式。

通俗地讲，有一个好的 Business Model，成功就有了一半的保证。商业模式就是公司通过什么途径或方式来赚钱。简言之，饮料公司通过卖饮料来赚钱；快递公司通过送快递来赚钱；网络公司通过点击率来赚钱；通信公司通过收话费赚钱；超市通过平台和仓储来赚钱等。只要有赚钱的地儿，就有商业模式存在。

商业模式是一种包含了一系列要素及其关系的概念性工具，用以阐明某个特定实体的商业逻辑。它描述了公司所能为客户提供的价值以及公司的内部结构、合作伙伴网络和关系资本（Relationship Capital）等用以实现（创造、推销和交付）这一价值并产生可持续盈利收入的要素。

四、拟 IPO 企业商业模式应当着重关注的问题（见表 10 -2）

表 10 -2　商业模式应着重关注的问题

<table>
<tr><th colspan="2">要素</th><th>关注要点</th><th>案例</th></tr>
<tr><td rowspan="5">供应商</td><td rowspan="5">单一供应商依赖</td><td>持续盈利：与主要供应商合同一年一签的风险，对主要供应商是否存在较大依赖，发行人是否存在被复制、被替代的较大风险</td><td>全时天地、振静股份、</td></tr>
<tr><td>关联关系：发行人主要供应商占比较高，相对比较集中，是否与发行人存在关联关系</td><td>双飞轴承</td></tr>
<tr><td>商业合理性：跨地域进行重大采购的原因、该供应商的股东背景、货物来源</td><td>山西壶化</td></tr>
<tr><td>独立性：发行人供应商集中度远高于同行业可比上市公司的具体原因和合理性，发行人的独立性是否存在重大缺陷，对其持续盈利能力是否存在重大不利影响</td><td>致瑞传媒</td></tr>
<tr><td>是收入还是采购返点：从实质重于形式的原则判断，其收入的实质是对发行人采购业务的返点</td><td>全时天地</td></tr>
</table>

（续）

要素		关注要点	案例
供应商	供应商兼大客户	是收入还是采购返点：从实质重于形式的原则判断，其收入的实质是对发行人采购业务的返点	全时天地
		委托加工还是产品销售：既是发行人第一大客户又是第一大供应商，该交易模式对双方而言，是否符合风险和报酬的转移的条件，交易的实质是委托加工还是产品销售	赛纬电子
		绑定采购：公司业务是否独立，是否存在建立在销售业务基础上的绑定采购，采购与销售定价是否公允，是否符合行业惯例、是否符合商业逻辑	鸿禧能源、春秋电子
生产	自己生产	独立性：发行人与实际控制人同行业公司共用锅炉，发行人独立性及是否存在同业竞争	广信科技
	外协生产	关联关系、独立性：采取委托加工为主的生产方式，外协厂商与发行人是否存在关联关系，对发行人业务独立性和真实性是否构成重大影响，外协加工成本是否真实完整。对发行人核心竞争力的影响，对发行人生产质量控制的影响	御家汇、春秋电子、钜泉光电
	外协采购	潜在利益输送：发行人报告期外协采购的金额占主营业务成本的比重较高，发行人与主要外协加工厂商是否存在利益输送和特殊利益安排，是否存在由实际控制人及其他关联方为发行人垫付成本费用的情形	捷众科技
	三种模式	经营模式重大变化：请发行人代表结合报告期自产、外协生产和直接采购三种模式的金额、比例、趋势，说明募投项目必要性及对生产模式的影响	国金黄金
销售	线上、线下	真实性、一致性：是否存在虚构交易、提升信誉、“空包裹”等情况；自营平台线上销售的关键业务指标中客单价在不同平台差异较大的原因	御家汇
	自营、经销、代销	自营、经销、代销的主要划分依据，收入确认条件及依据，是否与同行业可比公司存在显著差异；经销商买断模式对发行人收入确认真实性、准确性的影响，不直接向第一大客户销售而通过经销商销售的原因。经销售价高于直销和工程渠道的原因及其商业合理性，经销商终端销售实现情况	御家汇、伊戈尔电气、钜泉光电、森鹰窗业

（续）

要素		关注要点	案例
销售	线上、线下	御家汇、伊戈尔电气、钜泉光电、森鹰窗业	
	海外销售	发行人销售采用直销和经销两种模式，经销商模式70%左右的收入销往国外，对经销商的销售核查方法，是否有第三方核验证据	双飞轴承
	区域依赖	发行人业务主要集中在某个地区，获取某个地区以外区域市场是否存在障碍，对发行人未来的影响	全时天地、科创信息
	大客户依赖	苹果公司一直是发行人的第一大客户，发行人被取消授权的可能性	百华悦邦、致瑞传媒
	供应商兼大客户	供应商返点的销售模式，大部分的渠道带来毛利为负的合理性，质疑该种销售推广模式的可持续性和发行人的核心竞争力	全时天地
	商业贿赂	发行人二级经销商的业务员因商业贿赂被判处刑罚	威尔曼制药
成功六要素	清晰明了	用一句话可以清楚概括出自己的商业模式，不要轻易用“综合运营商”“平台”概念，绝大部分企业都是产品或服务提供商	
	落地可行	资源支持：发行人此前并未涉足汽车、光伏、医疗行业自动化设备生产领域，请发行人代表说明发行人是否有足够的资源支持规模的快速扩张	赛腾精密电子
		业务转型：发行人实际控制人2009年创建了PurCotton全棉时代品牌，请发行人代表说明业务转型的具体时间和转型的过程	稳健医疗
	核心竞争力	核心技术：互联网技术是发行人的核心竞争优势，拥有的互联网技术是否难以被复制或研发	博拉网络
	适度领先	领先市场半步是英雄，领先市场一步是烈士	
	找准坐标	盖伊川崎四象限模型：以“对客户的价值”为横轴，以“提供独一无二的产品或服务的能力”为纵轴，出现四个象限。以第一象限为目标	
	合理规范	上述供应商、生产、销售三个环节合理规范性	

第二节　股权激励

一、案例解析

【案例】 主板发行审核委员会2017年第149次发审委会议上能电气股份有限公司（首发）未通过。

请发行人代表结合公司的经营及利润情况进一步说明：2015年控股股东为引进董事及高管人员陈敢峰而转让股权但未做股份支付的原因、将股权转让给员工持股平台做股份支付时按照当时转让给陈敢峰的价格作为公允价格的依据和理由，相关会计处理是否符合企业会计准则的规定。请保荐代表人发表核查意见。

二、定义

根据《上市公司股权激励管理办法》（2016年8月13日起正式实施），股权激励是指上市公司以本公司股票为标的，对其董事、高级管理人员及其他员工进行的长期性激励。

三、股权激励的意义

（一）企业法人治理

实施股权激励，其实质就是在企业的所有者和企业的经营者之间建立利益共享、责任共担的利益分配机制，通过利益关系来完善公司的激励约束机制。

（二）提高业绩

“耕者有其田，商者有其股”。实施股权激励计划有利于完善企业的激励约束机制，激发经营者的积极性和创造性，从而有利于提升企业的经营业绩。

（三）保护公司利益

公司以股权形式给予企业经营者一定的经济权利，使他们能够以股东的身份参与企业决策、分享利润、承担风险，正是由于股权激励计划将经营者的利益与公司的利益捆绑在一起，因此经营者保护自身利益与保护公司利益的目标才得到了高度统一，从而勤勉尽责地为公司的长期发展服务。此外，财务报告虚假和有重大违法违规行为的上市公司不能实施股权激励计划。

四、股权激励理论依据

经理人与股东实际上是一个委托代理的关系，股东委托经理人经营管理资产。但事实上，在委托代理关系中，由于信息不对称，股东和经理人之间的契约并不完全，需要依赖经理人的“道德自律”。股东和经理人追求的目标是不一致的，股东希望其持有的股权价值最大化，经理人则希望自身效用最大化，因此股东和经理人之间存在“道德风险”，需要通过激励和约束机制来引导和限制经理人行为。

在不同的激励方式中，工资主要是根据经理人的资历条件和公司情况预先确定的，在一定时期内相对稳定，因此与公司的业绩的关系并不非常密切。奖金一般以财务指标的考核来确定经理人的收入，因此与公司的短期业绩表现关系密切，但与公司的长期价值关系不明显，经理人有可能为了短期的财务指标而牺牲公司的长期利益。但是从股东投资角度来说，尤其是对于成长型的公司来说，经理人关心的更多地在于公司长期价值的增加，而不仅仅是短期财务指标的实现。

为了使经理人关心股东利益，需要使经理人和股东的利益追求尽可能趋于一致。对此，股权激励是一个较好的解决方案。通过使经理人在一定时期内持有权股，享受股权的增值收益，并在一定程度上承担风险，可以使经理人在经营过程中更多地关心公司的长期价值。股权激励对防止经理的短期行为，引导其长期行为具有较好的激励和约束作用。

五、法律法规

（一）一般规定

1. 2016 年 8 月：《上市公司股权激励管理办法》

该管理办法自 2016 年 8 月 13 日起正式实施，历史上股权激励的不足之处在该管理办法中进行了修订，适应了市场新情况的要求。该办法对“股权激励”进行了新的定义：股权激励是指上市公司以本公司股票为标的，对其董事、高级管理人员及其他员工进行的长期性激励。

2. 2008年3月：《股权激励有关备忘录1号》《股权激励有关备忘录2号》和《股权激励有关备忘录3号》

（1）《股权激励有关备忘录1号》：就提取激励基金、主要股东、实际控制人成为激励对象、限制性股票授予价格的折扣、分期授予、行权指标设定、授予日和激励对象资格问题详细做了规定。

（2）《股权激励有关备忘录2号》：就激励对象、股权激励与重大事件间隔期和股份来源等问题详细做了规定。

（3）《股权激励有关备忘录3号》：就股权激励计划的变更与撤销、会计处理、行权或解锁条件和同时采用两种激励方式等问题详细做了规定。

3. 2013年10月：《关于进一步明确股权激励相关政策的问题与解答》

该文件明确“上市公司启动及实施增发新股、资产注入、发行可转债与股权激励计划不相互排斥”。

4. 2014年1月：《关于股权激励备忘录相关事项的问答》

该文件就“上市公司是否可以同行业可比公司相关指标为对照依据，设计股权激励方案”进行了解答。

5. 2014年6月：《关于上市公司实施员工持股计划试点的指导意见》

该指导意见就“上市公司员工持股的现象比较普遍，持股来源多样”的新形势下，员工持股计划基本原则、主要内容、实施程序及信息披露和监管问题详细做了规定。

（二）国有控股的特殊规定

A股上市公司的股权激励除了一般性规定外，已上市的国有企业由于其特殊性需要适用特殊的规定，具体为：

1. 2006年1月：《国有控股上市公司（境外）实施股权激励试行办法》的通知(8)

该办法主要就中央非金融企业改制重组境外上市的国有控股上市公司的

股权激励进行规范，激励方式主要有股票期权和股票增值权，但不排除限制性股票、业绩股票等方式。其中，股票期权原则上适用于境外注册、国有控股的境外上市公司，股票增值权主要适用于发行境外上市外资股的公司。

2. 2006年9月：《国有控股上市公司（境内）实施股权激励试行办法》的通知（175）该办法称为175号文，该文就境内的国有控股上市公司实施股权激励做了详细规定。

3. 2008年10月：《关于规范国有控股上市公司实施股权激励制度有关问题的通知》（171）

该通知就国有控股上市公司实施股权激励的条件、业绩考核体系、合理控制股权激励收益水平等问题进行了规范。

4. 2015年8月：《中共中央、国务院关于深化国有企业改革的指导意见》

该意见提出：探索实行混合所有制企业员工持股。

5. 2015年9月：《国务院关于国有企业发展混合所有制经济的意见》（国发〔2015〕54号）

该意见提出：探索实行混合所有制企业员工持股。坚持激励和约束相结合的原则，通过试点稳妥推进员工持股。

6. 2016年8月：《关于国有控股混合所有制企业开展员工持股试点的意见》

该意见就国有控股混合所有制企业开展员工持股试点从原则、管理、实施等方面提出指导意见。

六、股权激励分类（见表10-3）

表10-3 股权激励分类

分类标准	内容
组织形式	上市公司股权激励、非上市公司股权激励
股权时限	现权激励、期权激励
股权来源	老股转让、定向增发、回购公司股份
实现方式	限制性股票、股票期权、股票增值权

七、股权激励的要素（见表 10－4）

表 10－4　股权激励的要素

要素	内容
定人	激励对象可以包括董事、高级管理人员、核心技术人员或者核心业务人员，以及公司认为应当激励的对公司经营业绩和未来发展有直接影响的其他员工。前述对象也可以包括外籍人士
	负面清单：独立董事和监事；单独或合计持有上市公司 5% 以上股份的股东或实际控制人及其配偶、父母、子女；最近 12 个月内被证券交易所或中国证监会及其派出机构认定为不适当人选；最近 12 个月内因重大违法违规行为被中国证监会及其派出机构行政处罚或者采取市场禁入措施；具有《公司法》规定的不得担任公司董事、高级管理人员情形的
定股	限制性股票：激励对象只有在工作年限或业绩目标符合股权激励计划规定条件后，才可出售限制性股票并从中获益
	股票期权：激励对象可以其获授的股票期权在规定的期间内以预先确定的价格和条件购买公司一定数量的股份。激励对象可以行使和放弃此权利，但不得转让、抵押、质押、担保和偿还债务
	股票增值权：获得规定数量的股票价格上升所带来的收益的权利。股权激励对象不拥有这些股票的所有权，也不拥有股东表决权，配股权，股票增值权不能转让和用于担保、偿还债务等
	员工持股计划：根据员工意愿，通过合法方式使员工获得本公司股票并长期持有，股份权益按约定分配给员工的制度安排。资金来源：（1）员工的合法薪酬；（2）法律、行政法规允许的其他方式。《关于上市公司实施员工持股计划试点的指导意见》并未规定上市公司不得为激励对象依股权激励计划获取有关权益提供贷款以及其他任何形式的财务资助（包括为其贷款提供担保）
定时	股权激励计划的有效期从首次授予权益日起不得超过 10 年
	股票期权不得转让、用于担保或偿还债务。股票期权授权日与获授股票期权首次可行权日之间的间隔不得少于 12 个月。分期行权，每期时限不得少于 12 个月，后一行权期的起算日不得早于前一行权期的届满日。每期可行权的股票期权比例不得超过激励对象获授股票期权总额的 50%

（续）

要素	内容
定时	限制性股票在解除限售前不得转让、用于担保或偿还债务。限制性股票授予日与首次解除限售日之间的间隔不得少于 12 个月。分期解除限售，每期时限不得少于 12 个月，各期解除限售的比例不得超过激励对象获授限制性股票总额的 50%
定价	行权价格：公司向激励对象授予期权时所确定的、激励对象购买公司股票（股份）的价格
	回购价格：公司股东购买激励对象转让的股票（股份）的价格
定量	总量：《上市公司股权激励管理办法》规定，上市公司全部在有效期内的股权激励计划所涉及的标的股票总数累计不得超过公司股本总额的 10%
	个量：《上市公司股权激励管理办法》规定，非经股东大会特别决议批准，任何一名激励对象通过全部在有效期内的股权激励计划获授的本公司股票，累计不得超过公司股本总额的 1%
来源	股票（股份）来源：发行股票（股份）、回购本公司股票（股份）以及采取法律、行政法规允许的其他方式
	资金来源：激励对象直接出资、激励对象工资、奖金、分红抵扣、企业资助。上市公司不得为激励对象依股权激励计划获取有关权益提供贷款以及其他任何形式的财务资助，包括为其贷款提供担保
机制	回避机制：拟作为激励对象的董事或与其存在关联关系的董事应当回避表决；拟为激励对象的股东或者与激励对象存在关联关系的股东，应当回避表决
	独立董事、监事会、律师事务所、独立财务顾问（如有）应当同时发表明确意见
	预留权益：预留比例不得超过本次股权激励计划拟授予权益数量的 20%。上市公司应当在股权激励计划经股东大会审议通过后 12 个月内明确预留权益的授予对象；超过 12 个月未明确激励对象的，预留权益失效

八、拟 IPO 企业股权激励应着重关注的问题

（一）股东适当性

1. 具有上市公司股东资格

《上市公司股权激励管理办法》明确规定，独立董事和监事；单独或合计

持有上市公司5%以上股份的股东或实际控制人及其配偶、父母、子女；最近12个月内被证券交易所或中国证监会及其派出机构认定为不适当人选；最近12个月内因重大违法违规行为被中国证监会及其派出机构行政处罚或者采取市场禁入措施；具有《公司法》规定的不得担任公司董事、高级管理人员情形的。

2. 规避关联交易

拟IPO企业在股权激励时，一定要尽可能规避供应商和大客户作为被激励对象，一方面股权激励对象一定是公司内部人，而不是外部人；另一方面上述人选作为股东会引起关联交易，增加解释成本。

3. 人员稳定性

《首次公开发行股票并上市管理办法》规定，发行人最近3年内主营业务和董事、高级管理人员没有发生重大变化，实际控制人没有发生变更。因此，在对董事、高级管理人员实行股权激励之前，一定要谨慎分析其稳定性。

（二）股权清晰稳定

股权激励过程中常常出现的员工持股计划、代持问题，很容易被发审委关注，确保拟IPO企业股权清晰稳定，无潜在股权纠纷。

（三）出资规范

《首次公开发行股票并上市管理办法》规定，发行人有严格的资金管理制度，不得有资金被控股股东、实际控制人及其控制的其他企业以借款、代偿债务、代垫款项或者其他方式占用的情形。

《上市公司股权激励管理办法》明确规定，上市公司不得为激励对象依股权激励计划获取有关权益提供贷款以及其他任何形式的财务资助，包括为其贷款提供担保。

（四）股东人数

《公司法》规定，设立股份有限公司，应当有二人以上二百人以下为发起人。在股权激励过程中，持股人数不要过多，不要超过200人。

（五）员工持股平台

非上市公司实施员工股权激励计划，可以通过员工直接持股或者员工通过持股平台间接持股的方式进行。一般而言，持股平台组织形式包括公司制、合伙制、资管计划或信托等形式。从税收角度和实际控制人对公司管理权控制角度而言，员工持股平台采取合伙制更加妥当。

（六）股权激励误区

对象不准，激励缺失。比如全员持股会导致股权激励变成普遍福利，起不到激励作用。

（七）股份回购用于股权激励的规定

《公司法》第一百四十二条：公司不得收购本公司股份。但是将股份奖励给本公司职工情形除外。但公司收购的本公司股份不得超过本公司已发行股份总额的百分之五；用于收购的资金应当从公司的税后利润中支出；所收购的股份应当在一年内转让给职工。

第三节　募资运用

一、案例解析（见表10－5）

表10－5　募资运用案例解析

公司名称	上会情况	问题解析	问题归类
浙江鸿禧能源	2017年第44次发审委会议未通过	根据由工业和信息化部电子信息司指导完成的《中国光伏产业发展路线图》（2016年版），单晶硅电池市场份额将会逐步扩大，而多晶硅电池的市场份额将逐步下降。且根据其数据，单晶硅电池的平均转化效率高于多晶硅电池。发行人募资项目之一为多晶硅电池片生产。请发行人代表说明所用募投项目技术路线是否与行业发展趋势一致，是否会出现募资项目经营业绩不达预期的情形	不符合产业政策
河南金丹乳酸	2017年第76次发审委会议未通过	2017年发行人动用3000多万元购置土地约20多万平米。而发行人本次募投项目用地是2012年办理产证的土地，并未使用新购置的土地。请说明：目前的业务规模与土地储备的匹配关系，大量储备	土地储备合理性，不符合主营业务方向

（续）

公司名称	上会情况	问题解析	问题归类
河南金丹乳酸	2017年第76次发审委会议未通过	工业用地的原因及合理性；目前土地及厂房使用的计划，计划未来生产经营需要的项目储备用地的合理性	土地储备合理性，不符合主营业务方向
海宁中国家纺城	2017年第21次发审委会议未通过	发行人投资建设科技产业园项目和国贸中心项目，是否涉及房地产业务，是否符合房地产相关监管政策，是否具备房地产经营开发资质、房产出售资质，项目是否具备房屋预售许可证等与房地产开发与销售相关的必备资质，是否符合法律法规的相关规定	涉足房地产，不符合主营业务方向
浙江捷众科技	2017年第39次发审委会议未通过	本次发行募集资金到位后发行人资产规模约增长200%，生产设备增长10余倍，雨刮器系统零部件扩产8,000万件，门窗系统零部件扩产9,000万件。请发行人代表结合主要产品的产能、产量、产能利用率、产销率以及行业发展趋势、产品的市场容量、国内外目前已投产及在建项目产能、管理、技术、市场、人力、场地等方面的储备及主要竞争对手等情况，说明本次投资扩产项目的可行性、必要性及产能消化措施	可行性、必要性及产能消化存疑
普天铁心	2017年第23次发审委会议未通过	发行人"铁心"业务在营业收入占比逐年下降，"定尺硅钢"业务占比逐年上升，结合市场发展前景、发行人铁心产品优势及市场占有率，说明本次募集资金2.28亿元用于"年产6万吨变压器铁心项目"的合理性及必要性，该项目对现有业务和经营情况的影响	合理性及必要性
苏州宇邦	2017年第82次发审委会议未通过	发行人同行业公司技术不断趋同，行业竞争加剧，净利润逐期大幅下降。发行人目前市场占有率近18%，产能约8,000吨，募投项目拟扩产11,000吨。请发行人代表结合市场竞争格局、低毛利率现状等说明消化募投项目产能的措施、募投项目实施的可行性与必要性	合理性及必要性

（续）

公司名称	上会情况	问题解析	问题归类
山东玻纤	2017年第35次发审委会议未通过	2016年8月公司已经完成5.4万吨中碱纱二号线技术改造，计划投资3.48亿元。申报材料显示固定资产增加了1.98亿元，主要由2016年对中碱二号线技术改造导致。请发行人代表说明固定资产增加1.98亿元和募投所需资金3.48亿元出现差异的原因，并进一步分析投入产出比的准确性及合理性	信息披露差异
新水源景	2017年第25次发审委会议未通过	发行人募集资金项目——新一代农业用水智能管理系统升级项目，投资总额19,837.30万元，项目达产后年均增加净利润为4,989.90万元。（1）说明募集资金实施前后，固定资产中的机器设备与收入的配比关系；（2）进一步说明在测算募集资金项目时，销售费用、管理费用占收入比例的测算依据；（3）说明募集资金实施前后，项目实施模式是否发生变化	配比关系
安健科技	2017年第82次发审委会议未通过	对比募投项目拟购置设备与发行人现有DR产品生产相关设备情况，说明是否配比，分析差异原因及其合理性	配比关系

二、法律法规

（一）《首次公开发行股票并上市管理办法》

1. 2015年修订版删除“募集资金运用”小节，包括第三十八至四十三条。

2. 修订“第四十九条　中国证监会在初审过程中，将征求发行人注册地省级人民政府是否同意发行人发行股票的意见，并就发行人的募集资金投资项目是否符合国家产业政策和投资管理的规定征求国家发展和改革委员会的意见。”

修改为“第三十六条　中国证监会在初审过程中，将征求发行人注册地省级人民政府是否同意发行人发行股票的意见。”

（二）《首次公开发行股票并在创业板上市管理办法》

第二十一条　发行人董事会应当依法就本次发行股票的具体方案、本次募集资金使用的可行性及其他必须明确的事项作出决议，并提请股东大会批准。

第二十二条　发行人股东大会应当就本次发行股票作出决议，决议应当包括募集资金用途等。

（三）关于募集资金运用条款修订的几点说明

1. 修订背景

自2014年5月14日修订实施以来，《创业板首发办法》对规范首次公开发行股票并上市行为，促进自主创新企业及其他成长型创业企业发展，保护投资者的合法权益，维护社会公共利益，支持实体经济发展，发挥了积极作用。然而，随着资本市场深化改革，部分发行条件的设置已经不适应大众创新、万众创业的需要，亟需在推进股票发行注册制改革的进程中进行调整。

2. 修订的总体思路和主要内容

《创业板首发办法》修订的总体思路是：进一步落实以信息披露为中心的审核理念，简化发行条件，方便企业融资，强化信息披露监管，提高信息披露质量。

调整募集资金使用条件为信息披露要求。一直以来，证监会对创业板的募集资金使用问题进行严格监管，要求募集资金应当用于主营业务并有明确的用途、筹资额不能超过投资项目的资金需求额。从实际运行效果看，事前把关的做法极大地增加了发行人的成本，降低了行政审批的效率。从境外成熟市场的做法看，募集资金使用是企业的财务安排，事前只需要进行充分的信息披露。为降低企业融资成本，提高行政许可效率，支持实体经济发展，拟取消募集资金使用方面的门槛，改为信息披露要求。

3. 审核情况

虽然新修订的首发管理办法删除了“募集资金运用”内容，但在实践中，该问题仍然备受关注，2017年被否案例中有很多涉及此内容，因为此问题涉及发行人持续盈利能力、实际资金去向等发展和合规问题。

三、拟 IPO 企业应着重关注的问题

（一）符合法律法规和产业政策

募集资金投资项目应当符合国家产业政策、投资管理、环境保护、土地管理以及其他法律、法规和规章的规定。

【案例】第十七届发行审核委员会 2017 年第 44 次会议浙江鸿禧能源股份有限公司（首发）未通过。

根据由工业和信息化部电子信息司指导完成的《中国光伏产业发展路线图》（2016 年版），单晶硅电池市场份额将会逐步扩大，而多晶硅电池的市场份额将逐步下降。且根据其数据，单晶硅电池的平均转化效率高于多晶硅电池。发行人募资项目之一为多晶硅电池片生产。请发行人代表说明所用募投项目技术路线是否与行业发展趋势一致，是否会出现募资项目经营业绩不达预期的情形。

（二）明确使用方向，原则上应当用于主营业务

除金融类企业外，募集资金使用项目不得为持有交易性金融资产和可供出售的金融资产、借予他人、委托理财等财务性投资，不得直接或者间接投资于以买卖有价证券为主要业务的公司。

如海宁中国家纺城投资建设科技产业园项目和国贸中心项目，是否涉及房地产业务。

（三）不会产生同业竞争或者对发行人的独立性产生不利影响。

（四）募集资金数额和投资项目应当与发行人现有生产经营规模、财务状况、技术水平和管理能力等相适应。

【案例】第十七届发行审核委员会 2017 年第 37 次会议惠州光弘科技股份有限公司（首发）获通过。

发行人 2016 年底总资产约 9.58 亿元，本次发行拟募集的资金（9.35 亿元）到位后发行人资产规模接近翻番。请发行人代表进一步说明是否有足够的资源支持公司规模的快速发展。

【案例】第十七届发行审核委员会 2017 年第 49 次会议苏州赛腾精密电子股份有限公司（首发）获通过。

发行人本次发行上市募集资金拟用于消费电子行业自动化设备建设项目、新建研发中心项目及汽车、光伏、医疗行业自动化设备建设项目。发行人此前并未涉足汽车、光伏、医疗行业自动化设备生产领域。请分析发行人参与上述项目的可行性；说明发行人是否有足够的资源支持规模的快速扩张。

【案例】第十七届发行审核委员会2017年第10次会议常州朗博密封科技股份有限公司（首发）获通过。

公司现计划利用募集资金横向拓展生产汽车动力系统、制动系统和传动系统用橡胶制品。招股说明书披露新产品已经研制成功，部分产品已经通过业内大型客户认证进入批量供货阶段，请发行人代表说明：新产品开发生产的具体进展情况，是否已完全掌握了相关的生产技术，取得了哪些客户的供应商资格认证，是否与相关客户签署了长期稳定的供货合同。

（五）募投项目必要性、合理性及对生产模式的影响

发行人董事会应当对募集资金投资项目的可行性进行认真分析，确信投资项目具有较好的市场前景和盈利能力，有效防范投资风险，提高募集资金使用效益。

【案例】第十七届发行审核委员会2017年第39次会议浙江捷众科技股份有限公司（首发）未通过。

本次发行募集资金到位后发行人资产规模约增长200%，生产设备增长10余倍，雨刮器系统零部件扩产8,000万件，门窗系统零部件扩产9,000万件。请发行人代表结合国内外目前已投产及在建项目产能、管理、技术、市场、人力、场地等方面的储备及主要竞争对手等情况，说明本次投资扩产项目的可行性、必要性及产能消化措施。

【案例】第十七届发行审核委员会2017年第46次会议北京百华悦邦科技股份有限公司（首发）获通过。

发行人报告期已停止二手机认证业务，向合作门店销售二手机和认证二手机业务微利或亏损。请发行人代表说明募集资金项目中“闪电峰电子商务平台优化项目”各业务的具体投资金额，“项目建成后预计未来6年可为公司带来年均57,925万元新增收入，8,175.69万元净利润”的测算依据，是否符合发行人实际经营情况，盈利预测是否谨慎，是否需要对招股说明书相关内容进行修正。

第十一章
典型行业规范及审核要点

行业不同，规律不同，没有放之四海而皆准的金科玉律。剖析典型行业典型问题大有裨益：农业企业现金交易、食品安全、持续盈利问题，医药企业商业贿赂、经营资质问题，软件行业增值税、研发费用资本化问题，军工企业军工业务资质、涉密处理问题，教育行业营利性依据、收入与费用真实性问题，风景名胜区门票收入、资源有偿使用问题等，无疑要重点关注。

第一节　农业企业规范及审核要点

一、持续盈利

农业类项目处于竞争激烈的行业环境中，且容易受到自然灾害、市场波动等多种不确定性因素的影响，因此，证监会高度关注农业类项目的持续盈利能力问题。这一因素已经成为农业类项目公司 IPO 的第一杀手。如海南天然橡胶、河南金博士种业、广西丰林木业、新疆康地种业第一次申报均遭到因持续盈利存在不确定性而被否。

证监会对农业类项目是否具有持续盈利能力的判断是综合性的，既包括对主要财务指标的判断（如净利润、每股收益、净资产收益率、主要产品毛利率、营业利润等），也包括行业法律环境的变化（增值税即征即退比率变化）和农业类项目公司对主要经营品种的权属状况（植物品种权保护到期）等法律方面的原因，还包括经营模式、产品服务发生重大变化等商业原因。

建议农业企业从经营模式、后续模式复制方面保证公司营业额和净利润保持稳定成长。

二、经营模式

在农业类公司中，“公司 + 农户” 模式是常见的商业模式。该模式常见于畜牧业，但同样可以应用于农、林、渔业。已知的农业类上市公司采取公司 + 农户模式的主要有朗源股份、雏鹰牧业、华英农业、大康牧业等。

经营模式选择主要从如何在国家税收优惠条件和提高经营效率等方面考虑。主要税收优惠依据是国家税务总局公告 2010 年第 2 号《关于“公司 + 农户”经营模式企业所得税优惠问题的公告》，将“公司 + 农户”的经营模式总结为公司与农户签订委托养殖合同，向农户提供畜禽苗、饲料、兽药及疫苗等（所有权〈产权〉仍属于公司），农户将畜禽养大成为成品后交付公司回收。同时，该文指出，从事农、林、牧、渔业项目的公司采用“公司 + 农户”模式的，可以享受减免企业所得税的优惠政策。

如果公司被认定为农业生产者，可以免征增值税，也可以免征、减征企业所得税；如果公司不能被认定为农业生产者，但符合农产品初加工范围，不能免征增值税，可以免征、减征企业所得税；如果公司不能被认定为农业生产者，也不符合农产品初加工范围，不能免征增值税，也不能免征、减征企业所得税。

《财政部、国家税务总局关于农民专业合作社有关税收政策的通知》（财税〔2008〕81 号）从增值税优惠方面给农民专业合作社很大支持，使农户自己与公司签订合同与通过自愿组成的农民专业合作社与公司签订合同没有差异，为“公司 + 农户”经营模式创新打下基础。同时，农民专业合作社可给公司开具发票等优势，减少发票风险。

“公司 + 合作社 + 农户”可以作为未来经营模式方向之一。

三、土地问题

根据《土地管理法》，土地按用途分为农用地、建设用地和未利用地，按所有权分为国家所有土地和集体所有土地。因此，土地按所有制和用途，可分为国有建设用地、国有农用地、集体建设用地和集体农用地等几类（暂不讨论未利用地）。农业类项目公司对土地的利用方式主要包括取得国有建设用地使用权、承包、租赁国有农用地、租赁集体建设用地以及转承包、租赁集体农用地等。农业类上市公司土地状况举例，见表11－1。

表11－1　农业类上市公司土地状况举例

IPO公司	土地状况	IPO时间
雏鹰农牧	自有国有土地使用权＋租赁国有土地使用权＋租赁集体农用地	2010年9月
荃银高科	自有国有土地使用权＋租赁集体农用地	2010年10月
华英农业	自有国有土地使用权＋租赁集体农用地＋租赁集体建设用地	2009年12月
圣农发展	自有国有土地使用权＋租赁国有农用地＋承包、租赁集体农用地	2009年12月

综合土地所有制与土地用途，并结合实际案例，拟IPO企业尤其应关注国有建设用地、集体农用地和集体建设用地的权属是否完整，是否履行了必要的法律程序。

（一）国有建设用地。应关注农业项目公司对该宗土地的权属是否完整，是否与出让方签署了《国有建设用地使用权出让合同》，取得了《国有土地使用权证》，土地使用权是否办理抵押登记或受到其他限制。

（二）集体农用地。根据《农村土地承包法》及农业部《农村土地承包经营权流转管理办法》（中华人民共和国农业部令第47号），农业类项目公司可以转承包或承租农村集体农用地。应关注以下事项：农业类项目公司是否与承包方（农户）签署了书面的农村土地承包经营权流转合同；流转合同标准文本由省级人民政府农业行政主管部门确定，由乡（镇）人民政府农村土地承包管理部门提供；该合同是否经发包方（一般是村集体经济组织或者村民委员会）以及乡（镇）人民政府农村土地承包管理部门备案；农业类项目公司是否改变了流转土地的农业用途；改变土地用途，在集体农用地上建造的永久性建筑，需要办理农用地转为建设用地审批手续，取得《集体土地使用证》；农业类项目公司以承包方式经营农村集体土地的，必须经村民会议三分之二以上成员或者三分之二以上村民代表的同意，并报乡（镇）人民政府批准。

证监会还会关注租赁农村土地承包经营权是否会对生产经营和募投项目产生重大不利影响。中介机构一般会从土地租赁协议的合法性、长期性，租赁土地的可替代性，出租方获得收益的稳定性等角度论证租赁农村土地不会影响公司的正常生产。

（三）集体建设用地。农业类项目公司可以租赁农村集体建设用地。目前，尚无法律、行政法规规范租赁集体建设用地应履行的程序，一些地方政府发布了适用于本地区的规定。应严格按照地方政府的规定，关注农业类项目公司是否履行了租赁集体建设用地的法律程序，是否在取得村集体村民会议 2/3 以上村民代表的书面同意后，与相关村民委员会签订了《集体建设用地使用权租赁合同》，是否取得了该等集体建设用地的《集体土地使用证》。

四、财务规范

（一）现金结算影响交易真实性

根据《现金管理暂行条例》，企业向个人收购农副产品时可以支付现金，因此现金结算具有合法性。但是，现金结算方式使财务控制风险加大，而交易过程未留下资金流转轨迹，且无外部票据，交易的真实性难以证实。

证监会并非完全禁止拟 IPO 公司进行现金交易，但要求拟 IPO 公司对现金交易的具体情况和相关制度做详细的披露，要求将现金交易比例控制在较低的范围内，并采取相关措施降低之。根据近期公布的 IPO 反馈意见，证监会对现金交易的审核特点主要为：

1. 关注现金交易的具体规模、比例、降低措施、会计处理及报告期内的变动趋势。

2. 关注现金交易相关的管理制度和内控制度及其执行情况。

3. 关注是否存在擅自挪用、盗用资金的情况，是否存在大额、异常现金交易。

4. 关注发生现金交易的环节、主要现金交易对手方的基本情况、交易内容、交易金额及占比。

5. 要求对现金销售的真实性进行核查并说明核查方法、程序、范围和结论。

6. 关注现金销售回款（包括POS机刷卡及个人结算卡支付）中是否存在第三方代付情况。

为满足监管需要，拟上市的农业类项目公司需要降低现金结算的比重，加强对现金结算的内部控制。农业类公司可以通过以下几个方面来解决：一是尽量通过银行转账结算；二是通过POS机刷卡；三是陪同业务人员到银行交款或预留客户银行卡的方式来减少现金结算的比例。

【案例】 2017年8月15日，福建傲农生物科技集团股份有限公司通过证监会发审委的审核根据预披露的招股说明书，福建傲农与现金交易的相关制度为：公司对采购有严格的内控措施。一方面，公司对所有采购预付款采取严格的分级审批制度，对于30万元以上的采购预付款均由公司总经理及财务负责人审批；另一方面，公司对现金支出有层层审批流程，并规定超出2,000元以上的采购都不得由现金直接支出。此外，福建傲农还披露其鼓励下游养殖户以银行转账的方式进行付款，报告期内现金收款比例分别为3.83%、2.33%和1.37%，占比很低且逐年降低，而银行转账付款的方式占比呈现逐年提高的趋势。

（二）生物资产的计价和盘点

生物资产是指与农业相关的有生命的动物和植物。生物资产与企业的存货、固定资产等一般资产不同，其具有特殊的自然增值属性、生命属性和特定的生活环境，实物盘点相对困难。

《企业会计准则第5号——生物资产》对生物资产确认、计量和相关信息的披露做了规定。生物资产分为消耗性生物资产、生产性生物资产及公益性生物资产。消耗性生物资产，是指为出售而持有的、或在将来收获为农产品的生物资产，包括生长中的大田作物、蔬菜、用材林以及存栏代售的牲畜等。生产性生物资产，是指为产出农产品、提供劳务或出租等目的而持有的生物资产，包括经济林、薪炭林、产畜和役畜等。公益性生物资产，是指以防护、环境保护为主要目的的生物资产，包括防风固沙林、水土保持林和水源涵养林等。

此外，关于收获后的农产品适用《企业会计准则第 1 号——存货》，与生物资产相关的政府补助适用《企业会计准则第 16 号——政府补助》。

根据近期公布的 IPO 反馈意见，证监会对生物性资产的审核特点主要为：

1. 关注与生物性资产相关的会计处理及其依据。

2. 关注与生物性资产相关的包括交易对手方情况、变化趋势及具体金额比例的交易情况。

3. 关注生物性资产相关数据的变化趋势。

【案例】 上海新农饲料股份有限公司 2017 年通过证监会发审委的审核招股说明书显示，2013 年、2014 年、2015 年、2016 年 1 ~6 月，公司生物性资产处置带来的营业外收入（或支出）合计分别为 62. 07 万元、－162. 41 万元、67. 20 万元和 228. 35 万元。

请发行人补充披露对生物性资产的处置计划、处置流程、内控措施，报告期内收购该类生物性资产的主要企业或个人情况，是否具备相关资质要求，并说明与非经常性损益相关的披露是否符合《公开发行证券的公司信息披露解释性公告第 1 号——非经常性损益》的披露要求。

请发行人对报告期内处置生物性资产的收入金额、结转成本情况分别列示，对 2014 年处置生物性资产造成营业外支出的情况进行说明，对 2016 年 1 ~6月处置生物性资产带来营业外收入较高的情况进行说明。请保荐机构、会计师说明核查过程及结论，明确发表核查意见。

（三）会计基础工作较差，内部控制薄弱

农业企业往往现代管理意识不强，加之财务人员素质普遍不高，致使会计基础工作较差，内部控制薄弱，构成了上市审核的重点。

五、税收优惠

从事农业生产的企业享受国家税收优惠政策，其中最主要的是销售自产农产品免征增值税和农产品种植部分免征企业所得税两项。应重点关注以下内容：第一，目标公司是否清楚地区分了应纳税收入和免税收入；第二，核查税收优惠相对于目标公司利润的比重，判断目标公司是否对税收优惠构成严重依赖。

六、法律问题

由于农村乡镇的社保制度还没有完全建立，这构成了农业企业上市的一个障碍或成本难题。而由于每个农业企业普遍是农民工、季节工，流动性较大，社保难交，这与发审部门严格要求的员工必须缴纳基本养老保险等条款的规定相违背，而该方面规定是商业保险不能取代的。可以采取通过劳务公司集体交社保的方式；由于已参加新型农村社会养老保险等原因向公司申请不在公司参加社会保险，签署放弃参保声明，公司实际控制人和控股股东出具相关承诺函。

七、产品安全

国家近年来高度关注农产品质量安全问题。已经施行的食品、农产品法律法规包括：2006 年 11 月 1 日起施行的《中华人民共和国农产品质量安全法》，2008 年 1 月 1 日起施行新修订的《中华人民共和国动物防疫法》，2009 年 6 月 1 日起施行的《食品安全法》，2009 年 7 月 20 日起施行《中华人民共和国食品安全法实施条例》等。

拟 IPO 企业应予关注的事项：第一，目标公司是否已经取得了开展营业活动所必需的产品质量许可；第二，目标公司是否已经建立相关制度，落实国家法律、法规的要求；第三，目标公司近期内是否发生过与食（产）品质量相关的纠纷，或受到行政处罚。

第二节　医药企业规范及审核要点

一、医改政策影响

（一）“两票制”政策

1. 政策依据：《深化医药卫生体制改革2016年重点工作任务的通知》（国办发）〔2016〕26号）、《关于在公立医疗机构药品采购中推行“两票制”的实施意见（试行）》（国医改办发〔2016〕4号）。

2. 主要内容：鼓励医院与药品生产企业直接结算药品货款、药品生产企业与配送企业结算配送费用。力争2018年在全国推开“两票制”。

3. 影响：两票制对制药企业而言，改变了以往低价模式的营销策略。企业不具备营销体系和议价能力，则会使该制药企业的收入在短期内受到影响，部分以过票为主的小经销商难以生存。

（二）药品定价政策改革

1. 政策依据：《关于印发推进药品价格改革意见的通知》（发改价格〔2015〕904号）、《关于加强药品市场价格行为监管的通知》（发改价〔2015〕930号）。

2. 主要内容：除麻醉药品和第一类精神药品仍暂时由国家发展改革委实行最高出厂价格和最高零售价格管理外，从2015年6月1日起取消绝大部分药品政府定价。

3. 影响：药品市场化定价可能会对公司药品的价格带来较强的不确定性，压缩利润空间。

（三）药品招标政策改革

1. 政策依据：《关于完善公立医院药品集中采购工作的指导意见》（国办发〔2015〕7号）、《关于落实完善公立医院药品集中采购工作指导意见的通知》（国卫药政发〔2015〕70号）。

2. 主要内容：鼓励医院推行分类采购，双信封竞标方法、医院直接采购等相结合。

3. 影响：药品招标价使得医院的话语权增大，如果公司产品未能按照预期中标或中标价格下降幅度较大，将对公司经营造成不利影响。

（四）“仿制药一致性评价”政策

1. 政策依据：《国务院办公厅关于开展仿制药质量和疗效一致性评价的意见》（国办发〔2016〕8 号）。

2. 主要内容：化学药品新注册分类实施前批准上市的仿制药，凡未按照与原研药品质量和疗效一致原则审批的，均须开展一致性评价。国家基本药物目录（2012 年版）中 2007 年 10 月 1 日前批准上市的化学药品仿制药口服固体制剂，应在 2018 年底前完成一致性评价。

3. 影响：实践中，大量获批上市的仿制药从没进行过与原研药的一致性评价，普遍存在质量差、疗效弱的问题。企业现有产品中是否存在仿制药需要进行一致性评价以及能否在规定时间内完成一致性评价具有不确定性。

二、商业贿赂

（一）案例解析（见表 11-2）

表 11-2　商业贿赂案例解析

公司名称	上会情况	问题解析	问题归类
河南润弘制药	2017 年第 95 次发审委会议未通过	发行人如何掌控经销商学术推广活动及向终端客户的产品销售价格，经销商在学术推广发行人产品中是否存在商业贿赂情形	经销商学术推广中涉嫌商业贿赂
南京圣和药业	2017 年第 44 次发审委会议未通过	黑龙江省黑河市中级人民法院于 2015 年 9 月 18 日作出的《刘彦铎贪污、单位受贿一案刑事判决书》显示，2013 年 1 至 12 月，圣和公司向相关人员返利款人民币 5,301,924.69 元。发行人防范商业贿赂的内部控制是否有效健全。在营销活动中是否存在给予过相关医生、医务人员、医药代表或客户回扣、账外返利、礼品，是否存在承担上述人员或其亲属境内外旅游费用等变相商业贿赂行为	黑河市中级人民法院对发行人单位行贿对象宣判
威尔曼制药	2017 年第 9 次发审委会议未通过	报告期内发行人二级经销商的业务员因商业贿赂被判处刑罚。发行人对经销业务的内部控制制度及执行情况，是否已建立相关的风险控制体系防范商业贿赂风险	发行人二级经销商的业务员因商业贿赂被判处刑罚

（续）

公司名称	上会情况	问题解析	问题归类
重庆圣华曦药业	2017 年第 65 次发审委会议未通过	报告期各期促销费及学术推广费的具体分项构成，是否在促销和学术推广活动中给予过相关医生、医务人员、医药代表或客户回扣、账外返利、礼品，是否存在承担上述人员或其亲属境内外旅游费用等变相商业贿赂行为	涉嫌给予相关医生、医务人员、医药代表回扣、境内外旅游

（二）法律法规（见表 11－3）

表 11－3　关于商业贿赂的法律法规

序号	法律法规	内容
1	《中华人民共和国反不正当竞争法》（自 2018 年 1 月 1 日起施行）	第七条　经营者不得采用财物或者其他手段贿赂下列单位或者个人，以谋取交易机会或者竞争优势：（一）交易相对方的工作人员；（二）受交易相对方委托办理相关事务的单位或者个人；（三）利用职权或者影响力影响交易的单位或者个人
2	《首次公开发行股票并上市管理办法》（自 2016 年 1 月 1 日起施行）	第十一条　发行人的生产经营符合法律、行政法规和公司章程的规定，符合国家产业政策。 第十八条　发行人不得有下列情形：涉嫌犯罪被司法机关立案侦查，尚未有明确结论意见；严重损害投资者合法权益和社会公共利益的其他情形
3	《关于禁止商业贿赂行为的暂行规定》（1996 年 11 月 15 日国家工商行政管理局令第 60 号公布）	第二条　经营者不得违反《反不正当竞争法》第八条规定，采用商业贿赂手段销售或者购买商品。本规定所称商业贿赂，是指经营者为销售或者购买商品而采用财物或者其他手段贿赂对方单位或者个人的行为。前款所称财物，是指现金和实物，包括经营者为销售或者购买商品，假借促销费、宣传费、赞助费、科研费、劳务费、咨询费、佣金等名义，或者以报销各种费用等方式，给付对方单位或者个人的财物。第二款所称其他手段，是指提供国内外各种名义的旅游、考虑等给付财物以外的其他利益的手段。 第三条　经营者的职工采用商业贿赂手段为经营者销售或者购买商品的行为，应当认定为经营者的行为

（续）

序号	法律法规	内容
4	《中华人民共和国刑法》（根据2015年8月29日第十二届全国人民代表大会常务委员会第十六次会议通过的《刑法修正案（九）》修正）	第一百六十四条【对非国家工作人员行贿罪；对外国公职人员、国际公共组织官员行贿罪】为谋取不正当利益，给予公司、企业或者其他单位的工作人员以财物，数额较大的，处三年以下有期徒刑或者拘役，并处罚金；数额巨大的，处三年以上十年以下有期徒刑，并处罚金。 为谋取不正当商业利益，给予外国公职人员或者国际公共组织官员以财物的，依照前款的规定处罚。 单位犯前两款罪的，对单位判处罚金，并对其直接负责的主管人员和其他直接责任人员，依照第一款的规定处罚
5	《最高人民检察院公安部关于公安机关管辖的刑事案件立案追诉标准的规定(二)》（公通字〔2010〕23号）	第十一条【对非国家工作人员行贿案（刑法第一百六十四条）】为谋取不正当利益，给予公司、企业或者其他单位的工作人员以财物，个人行贿数额在一万元以上的，单位行贿数额在二十万元以上的，应予立案追诉

（三）商业贿赂的若干情形

给予回扣、支付各种莫名费用、报销各种娱乐费用、违规附赠现金物品、非法佣金。

1. 给予回扣

指在账外暗中退给对方单位或相关人员一定比例的商品或价款，这是最典型的商业贿赂。其特点：一是“账外暗中”，根据《中华人民共和国反不正当竞争法》第七条规定，回扣已经合法入账的不算商业贿赂；二是按一定比例核算，不管是现金还是财物，不管是给对方单位还是主管、经办人员或其他第三方相关人员，都算回扣。

2. 费用报销

假借广告费、宣传费、促销费、咨询费、赞助费等各种名义众多的费用给予好处。比如一些超市的供应商，就会向超市支付“广告费”“促销费”等费用，取得在超市的销售权。

3. 吃喝玩乐

比如带着客户国内或境外旅游、考察，这种方式在医疗行业比较多见。

（四）审核要点

1. 市场推广、学术会议的真实性，是否存在商业贿赂的可能。

2. 销售费用中的业务招待费、市场开发费、会务展览费等费用大幅增长，占营业收入的比例高于同行业可比上市公司的具体原因，相关费用的报销是否真实合理，是否存在商业贿赂情形。

3. 在市场推广活动中是否给予过相关人员或客户回扣、账外返利、礼品，是否存在承担上述人员或其亲属境内外旅游费用等变相商业贿赂行为。

4. 在直销模式下，第三方公司是否具备资质、费用是否合理、价格是否公允；在经销模式下，重点考察经销协议的具体条款、实际销售情况，所涉及的中间费用还会与同行业进行对比。

5. 是否存在因涉嫌单位行贿被司法机关立案的情况，部分高管、员工涉及到的商业贿赂案件的情形，与商业贿赂相关的信息披露是否准确、完整，相关风险揭示是否充分。

6. 存在商业贿赂问题，发审委并非一棒子打死，如果存在商业贿赂行为并被行政处罚，一定需要行政处罚实施机关依法认定不属于重大违法行为，且能够依法做出合理说明的。

三、销售模式

医药行业属于进入门槛较高的行业，最终实现商品终端消费的场所为各级医院，而医院系统因其事业单位性质及其行业专业属性，具备浓厚的地域壁垒。发行人要想短时间内在某个区域实现营销网络的覆盖，依托于当地具备渠道优势和资源优势的经销商都是不二选择，这也因此造就了医药企业特有的经销模式。

在经销模式下，除了商业贿赂、两票制这两个老大难外，一些针对经销商的问题，主要有以下情形：发行人经销模式的占比、经销商的区域分布、经销商的规模与业务匹配性；与经销商之间的合作模式、结算模式，退换货条款、各期实际退换货情况及主要原因；最终销售情况的核查；对经销商的选择标准、定价原则及过程、有关经销商管理制度及执行情况、报告期各期对经销商信用政策的变化情况及合理性；发行人经销模式与直销模式在信用政策、会计处理等方面是否存在差异，两种模式在毛利率方面是否存在重大差异。

【案例】普华制药、西点药业、润弘制药被否

【案例】长春普华制药创业板发审委2017年第13次会议被否

发行人报告期内以经销模式实现的营业收入占比较高，且合作的经销商部分经销金额较低、合作时间不长，每年增减变动的经销商都有三、四百家，同时发行人还有一部分销售通过委托代销的方式实现。

（1）进一步说明选择确定经销商的内部控制流程，每年经销商变动较大的原因。

（2）进一步说明两票制的推行对发行人销售渠道、销售价格、税负、应收账款管理等方面的影响。

（3）说明在经销商频繁变动的情况下，为保证应收账款的及时回收采取了哪些措施。

四、药品质量

药品与普通商品不同，产品应用人群广、影响大，一旦出现质量问题，很可能危及使用者的健康甚至生命安全，尤其是被媒体曝光过的药企更应注意。一直以来，我国食药监部门始终对医药企业的产品质量进行严格监管，而申请IPO的医药企业更应严格遵守药品生产经营规范，确保生产和经营持续合规，若在申报期间出现因产品问题和资质问题被监管部门行政处罚的情况，则很可能因此遭受否决。

【案例】2017年第95次发审委会议河南润弘制药股份有限公司（首发）未通过。

发行人因产品质量问题两次被行政处罚和15次被有关监管部门查处和曝光，其中有5次涉及发行人主导产品长春西汀注射液。请发行人代表进一步

说明：（1）发行人关于原材料采购、药品生产、包装、运输等方面的产品质量内控制度是否健全并得到有效执行，发行人相关内控制度是否存在重大缺陷；（2）发行人在其历次提交的的《招股说明书（申报稿）》等申请材料中均未对其产品15次被有关药品监管部门查处和曝光为劣药事项进行披露的具体原因；（3）发行人相关信息披露是否准确、完整，相关风险揭示是否充分；发行人有关信息披露的内控制度是否健全并得到有效执行；（4）发行人的生产经营是否符合《中华人民共和国药品管理法》《药品生产质量管理规范》等法律法规的规定。请保荐代表人对前述事项说明核查方法、程序、依据和结论。

五、生产经营资质

审核要点：发行人是否具备药品生产企业所应具备的全部资质；生产经营过程中需要的资质是否存在续证风险；生产经营是否合法合规，是否存在无证经营、超范围经营和逾期经营的情况。

六、环保问题

制药企业属于化学制药业的一类，也常会出现污染、安全生产事故等化工企业常见问题：是否存在污染事故或隐患，环保措施是否到位；是否发生过重大安全事故，会不会对盈利能力产生影响。

【案例】2017年第33次发审委会议宁波美诺华药业股份有限公司（首发）获通过。

请发行人代表进一步说明，报告期内，发行人的生产经营是否符合国家有关环保法律法规；报告期内和截至目前是否存在重大环保违法行为，相关处罚对发行人生产经营和财务状况是否构成重大影响。报告期内，发行人子公司安徽美诺华药物化学有限公司的生产和污染物排放是否符合有关法律法规，是否存在被处罚的风险；浙江美诺华药物化学股份有限公司多次发生环境违法的原因，发行人采取了哪些整改措施，是否取得了预期效果；发行人关于环保的内控制度是否健全有效，是否得到了有效执行；发行人环保设施建设和运行、相关工艺流程是否符合要求并得到有效实施，是否与生产规模相匹配。请保荐代表人发表核查意见。

七、知识产权

医药行业创新过程具有高投入、高风险的特性，新药一旦研制成功，将对企业的盈利能力有重要的影响，但也正因如此，如果企业对其主要产品拥有不完整的知识产权，可能会影响到未来经营的稳定性和可预期性。

【案例】2016 年第 77 次发审委会议吉林省西点药业科技发展股份有限公司（首发）未通过。

请发行人代表针对发行人主要产品利培酮口腔崩解片（可同）的专利技术使用事宜进一步说明：(1)“一种利培酮口腔崩解片及其制备方法”专利技术及其相关的商标、商品名由“万全系”企业独家、无偿授权使用的原因及合理性；(2)“万全系”企业无偿授权发行人独家使用相关专利，但一直均未与发行人签订合法有效的专利许可使用协议的原因，专利权人是否有权单方面撤销《专利授权使用书》，发行人在用的关于可同产品的专利的使用是否存在重大不利变化的风险；(3) 发行人主要产品口腔崩解片的持续合法生产、销售及其专利技术的权属是否存在争议或潜在的纠纷，其持续经营是否存在重大不确定性；(4) 2006 年 3 月取得“可同”的新药证书和生产批件开始形成销售后直至 2012 年 10 月之前，公司对万德玛的销售价格低于其他经销商，是否事实上构成授权许可使用他方商标以及专有技术（专利）支付的对价（使用费）。若事实上构成商标以及专有技术（专利）使用费，相关会计处理是否符合企业会计准则的规定；(5) 发行人根据《技术转让合同书》与“万全系”企业取得“利培酮口腔崩解片”新药证书并由发行人单方取得生产批件是否真实、有效，前述新药证书及生产批件及其技术的所有权和生产权归属，是否符合相关法律法规和规范性文件的规定；(6) 发行人拥有的利培酮口腔崩解片（可同）药品批准文号的企业情况，利培酮口腔崩解片专有技术（专利）是否为发行人独家使用；(7) 前述相关事项的信息和风险是否充分、准确披露。请保荐代表人说明对前述事项的核查情况，并就发行人的本次发行是否符合《首次公开发行股票并上市管理办法》第30条的相关规定发表核查意见。

第三节　软件及网游企业规范及审核要点

一、增值税即征即退

（一）政策依据：财政部、国家税务总局《关于软件产品增值税政策的通知》（财税〔2011〕100号）

1. 增值税一般纳税人销售其自行开发生产的软件产品，按17%税率征收增值税后，对其增值税实际税负超过3%的部分实行即征即退政策。

2. 增值税一般纳税人将进口软件产品进行本地化改造后对外销售，其销售的软件产品可享受本条第一款规定的增值税即征即退政策。

本地化改造是指对进口软件产品进行重新设计、改进、转换等，单纯对进口软件产品进行汉字化处理不包括在内。

3. 纳税人受托开发软件产品，著作权属于受托方的征收增值税，著作权属于委托方或属于双方共同拥有的不征收增值税；对经过国家版权局注册登记，纳税人在销售时一并转让著作权、所有权的，不征收增值税。

（二）审核及规范要点

与上述税收优惠相关的主要有两个问题：其一，是否存在虚构软件开发事实、软件本地化改造事实、违反税收法规的情形；其二，是否存在对税收优惠的依赖。

【案例】2017年第82次发审委会议深圳市安健科技股份有限公司（首发）未通过。

报告期内发行人享受的税收优惠金额占同期利润总额的比例总体较高。请发行人代表说明：（1）产品中软件部分的具体应用情况，相关软件税收优惠是否合法合规；（2）发行人经营成果对税收优惠不存在严重依赖的理由及依据。

【案例】2017 年第 71 次发审委会议智业软件股份有限公司（首发）未通过。

2014 年、2015 年、2016 年扣除税收返还和政府补助后的净利润分别为 2,564.1、-201.78、1,839.34 万元，自 2013 年至 2016 年期间，发行人陆续收购了天津天职、内蒙古普诺杰、云南汇众的 100% 股权、西藏展望 60% 股权，并增资控股了云顶伟业与福建海医汇。请发行人代表：（1）说明上述收购行为对发行人报告期内盈利能力的影响，说明发行人后续经营的主要瓶颈；（2）“2014 年度至 2016 年度，经认定可以加计扣除的研发费用分别为 2,054.57 万元、2,361.54 万元、2,572.04 万元，同年分别加计扣除 1,027.28 万元、1,159.10 万元、1,286.02 万元”，说明认定数与加计扣除数之间差异的具体情形。请保荐代表人对上述问题发表核查意见。

二、软件著作权及核心技术

与软件相对应的知识产权通常不是专利权，而是软件著作权。因此，软件著作权通常是软件企业的主要知识产权。同时，软件公司的核心技术是竞争力的关键。

应关注的核心问题：

（一）软件著作权的权属等问题

1. 主要软件著作权、核心技术的形成过程。

2. 发行人主要技术人员的来源，包括但不限于入职时间、对发行人研发的具体贡献，是否存在违反竞业禁止和保密协议的情形。

3. 发行人技术、研发是否独立，是否依赖外部购买或合作开发等方式。

4. 权属是否存在瑕疵，例如是否系职务成果，受让取得的软件著作权的权属交割问题。

5. 是否未经许可使用受限制的底层软件，是否存在技术侵权纠纷及潜在纠纷。

6. 软件著作权出资的真实性及受让价格的公允性。

7. 是否制定了保护著作权、防范技术泄密的内部制度及其执行情况。

（二）核心技术及核心竞争力

与同业上市公司及其他竞争对手相比，是否具有核心技术，是否具有相应的技术开发人员，技术开发人员的数量及背景是否和公司经营规模相匹配。

【案例】2017 年第 82 次发审委会议深圳市安健科技股份有限公司（首发）未通过。

请发行人代表说明：发行人核心技术的来源及形成、发展过程，与安科公司、重庆华伦、安健医疗是否存在法律纠纷或技术侵权风险。

【案例】2017 年第 39 次发审委会议北京宝兰德软件股份有限公司（首发）未通过。

根据申报材料，发行人的市场份额为 1.7%，通过发行人披露的其与主要竞争对手核心技术的比较，发行人并没有在某项技术上特别优于竞争对手，请发行人代表说明其营业收入复合增长率、近 3 年净利润复合增长率、报告期内的平均 ROA、平均 ROE 远高于竞争对手的合理性，并结合截至目前的合同签订及履行情况以及 2017 年度生产经营计划，充分说明能证明其未来市场份额提升具有很大空间的具体因素。

【案例】2015 年第 42 次发审委会议北京龙软科技股份有限公司（首发）未通过。

审核中发现，“煤矿通风瓦斯超限预控与监管技术及系统”获国家科学技术进步奖二等奖等并不是由发行人独立完成，主要完成单位包括西山煤电（集团）有限责任公司，中国矿业大学（北京）等六家单位。此外，发行人获得 29 个奖项中 22 个为与其他主体共同申报取得。发行人在《招股说明书（上会稿）》未对上述 22 个奖项的主要完成单位、主要完成人和完成情况进行完整披露，请保荐代表人说明原因。

三、研发费用资本化

（一）相关规定

1.《企业会计准则第 6 号——无形资产》及其应用指南：企业内部研究开发项目的支出，应当区分**研究阶段支出**与**开发阶段支出**。

2.《公开发行证券的公司信息披露编报规则第15号——财务报告的一般规定》（证监会公告〔2014〕54号）：结合公司内部研究开发项目特点，披露划分研究阶段和开发阶段的具体标准，以及开发阶段支出资本化的具体条件。

3. 2014年1月7日证监会投资者保护局《关于上市公司进一步规范研发费用资本化的监管通报》。

（二）主要内容

1. 研究阶段与开发阶段的区分

根据《企业会计准则第6号——无形资产》及其应用指南，企业内部研究开发项目的支出，应当区分研究阶段支出与开发阶段支出。前者是否会形成无形资产均具有较大的不确定性，后者在很大程度上具备了形成一项新产品或技术的基本条件。

2. 不同阶段的费用处理方式与条件

根据《企业会计准则》要求，研究阶段的支出计入当期损益。

开发阶段有关支出的资本化须同时满足5个条件：①完成该无形资产以使其能够使用或出售在技术上具有可行性；②具有完成该无形资产并使用或出售的意图；③无形资产产生经济利益的方式，包括能够证明运用该无形资产生产的产品存在市场或无形资产自身存在市场；无形资产将在内部使用的，应当证明其有用性；④有足够的技术、财务资源和其他资源支持，以完成该无形资产的开发，并有能力使用或出售该无形资产；⑤归属于该无形资产开发阶段的支出能够可靠地计量。

简而言之，即同时满足以下五个条件方可资本化：技术可行、开发有目的、能带来经济利益、有资源支持、可靠计量。

3. 证监会要求

（1）《公开发行证券的公司信息披露编报规则第15号——财务报告的一般规定》（证监会公告〔2014〕54号）要求：结合公司内部研究开发项目特点，披露划分研究阶段和开发阶段的具体标准，以及开发阶段支出资本化的具体条件。

（2）2014 年 1 月 7 日证监会投资者保护局《关于上市公司进一步规范研发费用资本化的监管通报》要求：在对辖区公司进行检查中发现部分软件行业上市公司在研发费用资本化方面存在较多问题，如研发费用并不完全符合资本化条件，研发支出过度资本化，研发费用中大量人力成本核算依据不充分，在一定程度上存在通过研发费用资本化调节利润的倾向等。为保证研发费用资本化的准确、合理进行，提示公司应注意以下几点：

研发费用资本化门槛较高，公司应审慎对待。应严格制定研发费用资本化制度并规范执行，明确资本化时点、依据和内控流程，注意重点环节的控制及留痕，为研发费用资本化的合理归集提供充分依据。

公司应当明确研发费用的开支范围和标准，严格审批程序，并按照研发项目或者承担研发任务的单位，设立台账归集核算研发费用。

公司应加强成本费用核算基础，加强成本管理，保证开发阶段相关支出的核算和归集准确、清晰。

注意对研发费用资本化形成的相关资产持续关注，按会计准则规定进行减值测试，并在年报中对研发项目相关信息进行披露，避免因过度资本化造成资产虚高。

（三）研发费用资本化影响：调节利润，存在利润虚增可能

例如；甲公司属于软件行业，于上市前启动 A、B 两项目子系统的开发工作，当时的研发费用未进行资本化，发行上市后相关研发费用开始进行资本化。截至 2012 年末，A 项目已完成，总投入 6,000 余万元，其中资本化金额超过 90%；B 项目完成进度过半，2012 年度资本化的研发支出共 2,000 余万元。连同公司其他处于研究开发阶段的项目，2012 年度进行资本化的研发费用合计占当期净利润的 50% 以上，对公司损益产生重大影响。

（四）核查和规范要点

1. 研究阶段与开发阶段的划分标准是否清晰。

2. 开发阶段相关支出资本化的条件是否明确。

3. 研发费用中大量人员费用的归集核算依据是否充分。

【案例】 2017 年 1 月 1 日到 2017 年 12 月 5 日，IPO 过会的信息传输、软

件和信息技术服务业企业共为28家，均存在一定比例的研发费用，拥有较多的专利权和软件著作权，其中，大部分都是自主研发，按道理是可以进行一部分资本化进入无形资产，但是这28家企业均不存在研发费用资本化的情况。

实践经验表明，因阶段划分标准难以明晰、资本化条件难以明确等问题，谨慎起见，研发费用不可轻易资本化。

四、外协采购

软件企业主要对外采购软件、劳务、服务器及硬件设备等。

关于采购软件，证监会关注是否存在直接转售或加工后转售的情形，关注拟IPO公司自身产品是否具有竞争力、拟IPO公司独立性及采购的原因、相关授权等。

关于采购劳务，证监会关注劳务外包机构名称、外包内容、单价、业务量、交易金额及占比、外购劳务的原因、劳务外包业务是否涉及关键工序或关键技术、会计处理，如果从关联方采购，还关注拟IPO公司的独立性。

关于采购服务器等硬件设备，证监会关注是否采购、是否与销售相配比。

五、网络游戏公司

（一）信息披露

根据监管机构窗口指导精神，网络游戏企业信息披露是核查重点。

1. 需描述清楚开发模式和运营模式，包括授权运营模式、联合运营模式、自主开发运营模式。

2. 按业务类型或游戏产品披露收入、毛利和毛利率。

3. 披露游戏运行绩效指标，例如：网站浏览量，网页浏览量；月注册账户数，月付费账户数，月活跃账户数，月新增账户数，月新增付费账户数；月下载量，月活跃账户游戏停留时间；月充值金额、月活跃账户充值金额（ARPU），月付费转化率；移动端游戏收入分布情况（Android和IOS），充值通道（支付宝和微信支付等），境外充值情况（苹果商店等）；月线上与线下推广费用，月付费账户推广成本，月新增付费账户获取成本与投入产出率，CDN 的月流量和支出，展示时长付费（CPT），曝光量付费（CPM），点击量付费（CPC），下载量付费（CPD），充值分成（CPA），手机预装数量（CPS）等。

（二）数据真实性

由于互联网游戏类公司没有产品实体，采购和销售都难以核查，只能通过运营系统核查信息的准确真实性，重点是业务信息和财务信息的衔接，应建立完整的数据库，从业务到财务应有清晰的信息链条，确保数据可靠性。

监管机构窗口指导对“信息系统专项核查报告”提出了具体要求：由保荐机构和申报会计师分别出具核查人员胜任能力（可聘请第三方专家）、数据和财务数据的衔接（是否存在运营数据缺失的情况）、主要采用数据分析的方法、与第三方数据进行比较，关注系统控制、运营日志、运营数据是否真实、准确、完整。

（三）合法合规性

以游戏开发企业为例，是否拥有《增值电信业务经营许可证》、经营行为是否符合《网络出版服务管理规定》《互联网出版管理暂行规定》《网络游戏管理暂行办法》等相关规定。

【案例】第十七届发行审核委员会2017年第35次发审委会议成都尼毕鲁科技股份有限公司（首发）未通过。

1. 发行人所处网游行业受多个主管部门监管，报告期存在未取得互联网出版许可证而从事游戏出版发行、未取得《增值电信业务经营许可证》从事网络游戏运营的行为。请发行人代表：（1）结合境内主管部门的政策及变化情况，说明报告期从事的网络游戏研发、运营、发行等各项业务是否均已取得必要资质，是否存在证照或审批手续不完备的情形下开展相关业务的情况；（2）说明报告期运行的各款游戏是否均履行了必要的审批或备案程序，各款游戏的上线时间及完成审批或备案的时间是否一致，是否存在违反《网络出版服务管理规定》《互联网出版管理暂行规定》《网络游戏管理暂行办法》等相关规定的情形；（3）说明以上事项对发行人可能产生的影响及潜在风险，相关内部控制制度是否健全有效，并能保证公司合法合规经营；（4）说明上述行为是否属于重大违法违规行为，是否构成本次发行的实质法律障碍；（5）说明以上事项在历次申报的招股说明书中是否如实披露，是否符合《首次公开发行管理办法》相关规定。请保荐代表人对上述事项说明核查过程、依据并发表明确意见。

2. 发行人报告期内的收入主要通过苹果 App Store 和 Google Play 等第三方平台向游戏玩家收取。请发行人代表进一步说明：（1）苹果 App Store 和 Google Play 不接受对发行人收入进行函证的情况下如何保证收入的可靠性；（2）公司记录的游戏充值金额与玩家确认的游戏金额是否一致，如何确认现金流水及收入的真实性、准确性、完整性，是否存在通过自充值、刷榜等方式增加收入情形；（3）电话访谈玩家选取依据，占比，访谈玩家是否足够，其他替代程序是否有效。

3. 截至 2017 年 6 月 30 日，发行人已上线游戏中进入衰退期 5 款，成熟期 1 款，成长期 1 款。目前 2 款游戏“战地风暴”和“银河传说”占 2016 年度营业收入的 84.6%，且“银河传说”的收入、“战地风暴”付费玩家数量已开始下降。请发行人代表结合报告期内研发投入波动较大、研发人员数量下降、储备在研游戏等情况，说明发行人研发人员的稳定性，持续研发能力、经营业绩的可持续性。请保荐代表人对上述事项说明核查过程、依据并发表明确意见。

第四节　军工企业规范及审核要点

一、业务资质

（一）军工四证

军工类企业多为生产销售军品的企业，一般将生产销售军品、军选民用类产品都称为军工类企业。根据国家和军队的现行法规标准，承担武器装备科研生产任务的单位，一般应取得武器装备质量管理体系证书、武器装备科研生产保密资格证书、武器装备科研生产许可证书和装备承制单位资格证书，简称“四证”。根据不同的军品要求，企业应具备相应的军工证书。一般将军品承制单位资格分为三类：

一类：企业承担武器装备总体、重要分系统、核心配套等任务，需要“四证齐全”，认证过程最严格、最复杂。

二类：企业承担技术简单的军品生产，在一定条件下，可只与采购方签署保密协议，而不需要申领保密资质。

三类：企业生产“军选民用产品”，除了武器装备承制单位资格证外，不需要其他认证。

（二）中介资质

根据《中介机构参与军工企事业单位改制上市管理暂行规定》（科工改［2007］1371 号），国防科工局对涉及军品业务中介机构实施资格审查。申请资格审查的中介机构应符合以下条件：

1. 具有其行业主管部门审批认定的执业资格；其中涉及证券服务业务的，需具有证券监督管理部门批准的从业资格。

2. 无外资参股或外资背景。

3. 主要负责人及承办军品业务人员具有中华人民共和国国籍，并无其他国家或地区的永久或长期居留权。

4. 通过国防科工委组织的涉密资格审查。

5. 最近十二个月内未受到行业主管部门暂停部分或全部业务、停业整顿、吊销从（执）业资格证书等处罚。

二、涉密处理

（一）军工企业涉密处理

根据《军工企业对外融资特殊财务信息披露管理暂行办法》要求，对于涉及国家秘密的财务信息，或者可能间接推断出国家秘密的财务信息，公司及下属子公司对外披露时应当采用代称、打包或者汇总等方式，按照《军工企业对外融资特殊财务信息披露管理暂行办法》的要求进行脱密处理；对于无法进行脱密处理，或者经脱密处理后仍然存在泄露国家秘密风险的财务信息，军工企业应当依照《军工企业对外融资特殊财务信息披露管理暂行办法》的规定，向国家相关主管部门或者证券交易所申请豁免披露。

（二）中介涉密管理

《军工涉密业务咨询服务安全保密监督管理办法（试行）》（科工安密〔2011〕356号）：本办法所称军工涉密业务咨询服务是指，法人单位或者其他组织受军工企事业单位及民口配套单位（简称军工单位）委托，对军工涉密业务提供咨询、审计、法律、评估、评价、招标等服务。从事军工涉密业务咨询服务的法人单位或者其他组织（简称咨询服务单位），应当具备相应的安全保密条件，并严格遵守国家保密法律法规。

军工单位选择咨询服务单位，应当对其安全保密条件进行审查，符合条件的，方可委托军工涉密业务咨询服务。

咨询服务单位应当向所在地省级国防科技工业管理部门提出安全保密条件备案申请，经审查符合条件的，报国防科工局列入《军工涉密业务咨询服务单位备案名录》。

对咨询服务单位的安全保密管理措施：涉密人员管理、涉密载体管理、项目管理、涉密计算机管理、涉密通信和办公自动化设备管理、外协管理。

（三）通常做法

在法律法规的要求下，公司应建立包括信息披露事务的管理制度在内的完善的信息保密内部控制制度。

上市公司应当关注涉密信息不泄露，信息豁免披露流程的合规性，以及豁免披露后的信息是否符合招股说明书准则的要求。目前上市公司采取的方法是使用“某企业”“某军工企业”“某单位”这样的代称，但是需要披露金额等数量信息。对于涉及直接与军队单位交易的销售合同信息，可以不披露。

对于没有涉及军队和其他秘密的，中介服务机构可以不需要向国防科技工业管理部门申请对拟披露信息保密审查，直接披露客户名称等，并不会违反相关法律。如果是否保密拿不准，可以咨询省级国防科技工业管理部门或者国防科工局。

三、军品民品占比

（一）文件依据

《财政部国家税务总局关于对中国航空、航天、船舶工业总公司所属军工企业免征土地使用税的若干规定的通知》（财税字〔1995〕127号）。

按照国务院国函（1994）93号《国务院关于对军工科研生产调整改革问题的批复》中“军品科研生产及其相应附属设施用地，原则上免征土地使用税”的精神，结合军工企业的实际情况，根据《中华人民共和国城镇土地使用税暂行条例》第六条第七款“由财政部另行规定免税的能源、交通、水利设施用地和其他用地”的规定，现对中国航空工业总公司，中国航天工业总公司、中国船舶工业总公司所属军工企业征免土地使用税的有关问题，规定如下：

1. 对军品的科研生产专用的厂房、车间、仓库等建筑物用地和周围专属用地，及其相应的供水、供电、供气、供暖、供煤、供油、专用公路、专用铁路等附居设施用地，免征土地使用税；对满足军工产品性能实验所需的靶场、试验场、调试场、危险品销毁场等用地，及因安全要求所需的安全距离用地，免征土地使用税。

2. 对科研生产中军品、民品共用无法分清的厂房、车间、仓库等建筑物用地和周围专属用地，及其相应的供水、供电、供气、供暖、供煤、供油、专用公路、专用铁路等附属设施用地，按比例减征土地使用税。具体办法，在应纳土地使用税额内按军品销售额占销售总额的比例，相应减征土地使用税，计算公式为：

$$减征税额 = 应纳税额 \times 军品销售额/销售总额$$

3. 上述科研生产企业的军品销售额及土地使用税的减免，由当地税务征收机关商同级财政部门核批。

4. 此规定自1995年1月1日起执行。

（二）审核要点

军工类企业军品、民品的生产情况，收入占比情况影响土地使用税的缴纳。

军品、民品的收入占比也反映出企业涉入军工行业的程度，便于投资者及监管机构判断其收入、利润的合理性以及未来发展情况。

（三）通常做法

公司在生产军品、民品时应当区分产品线，对于军选民用的产品，应当明确各自的销售比例，准确计算各自的收入、利润等，与相关税收优惠匹配。

第五节　教育企业规范及审核要点

一、营利性法律依据

《全国人民代表大会常务委员会关于修改〈中华人民共和国民办教育促进法〉的决定》已由中华人民共和国第十二届全国人民代表大会常务委员会第二十四次会议于2016年11月7日通过，自2017年9月1日起施行。

第十九条规定“民办学校的举办者可以自主选择设立非营利性或者营利性民办学校。但是，不得设立实施义务教育的营利性民办学校。非营利性民办学校的举办者不得取得办学收益，学校的办学结余全部用于办学。营利性民办学校的举办者可以取得办学收益，学校的办学结余依照公司法等有关法律、行政法规的规定处理。”营利性的法定属性为培训机构IPO扫清了法律障碍。

二、行业资质

（一）机构资质

一般资质：《民办学校办学许可证》。

互联网教培：《互联网信息服务增值电信业务经营许可证》《网络文化经营许可证》《信息网络传播视听节目许可证》等。

留学中介：《自费出国留学中介服务机构资格认定书》等。

（二）教师资质

符合《中华人民共和国教育法》《中华人民共和国教师法》及《教师资

格条例》等。

三、收入真实性

（一）收入范围

收入主要包括：1．教学内容或者教材交付收入，以及线上教育模式的直播、视频音频点播收取费用；2．平台使用费、广告收入；3．学费或者会员费；4．合作分成、加盟费等。

（二）收入确认

按课程进度分摊确认，按合同有效期直线法分摊确认，按服务完成时点确认以及开课即确认部分收入等方式。

（三）收入复核

1．学员复核：将培训机构的系统数据与原始的招生简章、培训学员的合同/报名表、排期表、课程签到表、上课学员姓名、发票信息、联系电话、联系地址等信息进行真实性核查。

2．大额款项核查：核查培训机构各网点是否存在大额或集中收款、退款、确认收入的情况。

3．价格公允性复核：根据相关规定核查单个学员消费金额是否与招生简章公示价格一致，且不高于限价学费金额。

4．加盟费复核：加盟商及发行人实际控制人是否存在关联关系；加盟费收入及其占培训机构总收入的比重；加盟费的收费标准是否公允。

四、费用真实性

（一）费用特点

教育培训行业的人工成本一般占营业成本的50%以上，且存在人员流动性大及大量兼职的特点，计酬模式多种多样。

（二）复核要点

1．内控复核：与人工成本核算相关的内部控制是否完善、有效；与内控流程相关的原始文件，如项目可行性研究报告、项目立项书、产品设计文件、评审会议纪要、项目验收单等，是否保存完整、内容真实。结合内部控制和IT系统复核成本核算相关原始记录和单据。

2. 合理性复核：同行业可比公司平均成本水平等进行人工成本合理性分析；工资支出与营业收入的比例进行合理性分析。

3. 研发费用资本化：研发费用的划分，是否符合企业会计准则规定的研究阶段和开发阶段的划分要求。

4. 研发支出所形成无形资产的摊销方法、摊销年限的选择是否符合产品的业务模式，是否符合行业惯例。

五、税收优惠

（一）培训机构享受免税的收入是否符合税法规定，是否存在超范围免税申报。

（二）在进行免税申报时，是否在主管税务机关取得了免税资格认定。

（三）对于由非营利性变更为营利性后申请IPO的培训机构，需关注其变更前后税收优惠政策的变化，考虑是否存在税款补缴。

第六节　风景名胜区规范及审核要点

一、历史沿革及独立性

（一）历史沿革

由于旅游景区公司一般成立时间较长，历史沿革及股权演变较为复杂。可能涉及股权代持、国有股权转让、集体企业改制等各类问题。

重点需要关注：设立以来历次增资及股权转让的背景及合理性、价格及定价依据，自然人股东增资或受让股权的资金来源，法人股东与发行人是否存在关联关系；发行人历次股权转让及增资是否存在委托持股、利益输送或其他利益安排；历次股权转让时发行人股东履行纳税义务情况。

【案例】2017年第117次发审委会议江苏天目湖旅游股份有限公司（首

发）获通过。

(1) 孟广才等6名自然人股东与中国——比利时直接股权投资基金（以下简称中比基金）达成的利益补偿相关协议是否合法有效，是否可能导致发行人股权发生重大变化，是否存在潜在纠纷；(2) 发行人2013年为孟广才等6名自然人股东提供借款用于向中比基金支付股权受让款是否履行了完备的审批决策程序，是否损害了发行人的利益，发行人与资金管理相关的内部控制制度是否健全有效；(3) 孟广才等6名自然人股东支付给中比基金3,600万元补偿款的资金来源及其合法性，是否存在占用发行人资金的情形。

（二）独立性

根据《风景名胜区条例》（国务院令第474号，自2006年12月1日起施行）第三十九条的规定，风景名胜区管理机构不得从事以营利为目的的经营活动，不得将规划、管理和监督等行政管理职能委托给企业或者个人行使。风景名胜区管理机构的工作人员，不得在风景名胜区内的企业兼职。

1. 业务独立

实践中，可能出现景区管理机构控股、参股拟上市景区企业的情况以及景区企业与风景名胜区管理机构在实际业务中很难做到一分为二、完全独立，因此，实践中存在较多的独立性问题。

2. 人员独立

景区管理机构工作人员或其近亲属在拟上市企业兼职的情况，这些需要在尽调发现后尽早规范。

3. 财务独立

旅游企业经常存在资金被控股股东占用、为大股东或实际控制人提供担保等情形。此外，旅游企业往往是当地的财政支柱之一，因此在日常经营过程中受当地政府的影响也比较大。

二、门票收入

（一）法律法规

《风景名胜区条例》第三十七条：进入风景名胜区的门票，由风景名胜区管理机构负责出售。门票价格依照有关价格的法律、法规的规定执行。风景名胜区内的交通、服务等项目，应当由风景名胜区管理机构依照有关法律、法规和风景名胜区规划，采用招标等公平竞争的方式确定经营者。经营者应当缴纳风景名胜资源有偿使用费。

第三十八条规定，风景名胜区的门票收入和风景名胜资源有偿使用费，实行收支两条线管理。风景名胜区的门票收入和风景名胜资源有偿使用费应当专门用于风景名胜资源的保护和管理以及风景名胜区内财产的所有权人、使用权人损失的补偿。

（二）审核及规范要点

各省政府定期会更新并公布省级风景名胜区名录，国务院定期会更新并公布国家级风景名胜区名录。

如果目前不属于风景名胜区，请结合景区及主管部门的相关规划等，说明是否可能纳入国家级或省级风景名胜区名录；假设公司经营景区纳入国家级或省级风景名胜区名录后，由风景名胜区管理机构负责出售门票对发行人收入及净利润的影响进行测算分析，并做充分风险提示。

如发行人在申报IPO时景区已被纳入风景名胜区名录，则除景区门票收入不得进入公司收入，对于景区内的非门票经营项目还均需按照《风景名胜区条例》规定进行公开招投标，并由经营者支付有偿使用费。

【案例】九华旅游

1. 发行审核委员会2009年第148次会议安徽九华山旅游发展股份有限公司（首发）未通过。

若拟上市主体为风景名胜区且其收入中包含门票收入，则应将门票收入剥离，最为典型的案例如九华山旅游，其依托于九华山风景区，第一次申报时因实行一票制，即将景区门票与客运门票捆绑销售，被发行审核委员会予以否决。

2. 主板发行审核委员会2015年第28次会议安徽九华山旅游发展股份有限公司（首发）获通过。

再次上会时其售票模式及结算模式进行了更改。自2011年9月15日起，九华山风景区客运票由客运公司单独设立售票窗口独立销售，收费标准为柯村新区至九华街10元/人次，虎形山至凤凰松5元/人次，全程联票价30元/人次。自此，九华山风景区正式开始实施“两票分离”：门票由九华山管委会单独销售；客运票由客运公司单独销售。九华山风景区内部客运票由九华旅游（603199）单独设立售票窗口出售，九华山风景区管理委员会不再与九华旅游定期结算景区内部客运票收入，才获得发审委认可并于2015年成功上市。

三、资源有偿使用

（一）法律法规

《风景名胜区条例》第三十七条。

（二）审核及规范要点

1. 景区有偿资源范围

（1）客运收入（客车、索道、水运等）。

（2）旅游资源（如水面资源等）开发权和经营权。

（3）景区及相关区域的餐饮等服务。

2. 审核及规范要点

（1）说明管理委员会是否具有权限授予以及法定程序。

（2）旅游资源经营权和开发权是否排他。

（3）景区内各种独家经营权获取的合法性，是否采用招标等公平竞争的方式确定经营者。

实践中，存在《风景名胜区条例》发布前未依据招投标手续而获取独家经营权的情况，考虑到历史原因且为《风景名胜区条例》发布前已存在的既有事实，实践中一般获取主管部门再确认即可，不会构成实质性障碍。但在《风景名胜区条例》发布后未依据招标等程序取得经营权的行为，证监会会认定为业务经营的合规性，在独家经营权带来的收入占比相对较高的情况下将构成实质性障碍。

另外，随着日后行业的进入门槛越来越高，其他竞争者（尤其是外地竞争者）实际上很难再进入这一市场。不宜简单地在形式上满足现行法律法规对经营资质的要求，还应从企业乃至景区发展的持续性、稳定性等方面综合考量。

（4）相关开发或使用是否符合规划、建设项目是否经过审批

建设单位在国家级风景名胜区内建设旅馆建筑的，由省级建设主管部门审查后报国务院建设行政主管部门或其授权部门审批；属于省级和县（市）级风景名胜区的，报省级建设行政主管部门或其授权部门审批。

然而，实践中，部分企业的一些重要建设项目并没有按照上述要求进行审批，先建后审的情况较为严重。但是，如果企业不在上市申报之前取得相应的审批或确认文件，可能会对上市造成实质性的障碍。

（5）到期后能否续期。

【案例】

长白山（603099）

公司通过招、拍、挂程序取得了长白山景区内旅游客运、区间和环山公路旅游包车客运经营许可（权），有偿使用费为每年110万元，有效期自2010年8月21日至2030年8月21日。长白山管委会运输管理处于2014年5月出具《确认函》，确认在该合同有效期内，公司拥有长白山旅游景区区内旅游客运、区间和环山公路旅游包车客运之独家经营权，承诺不引进其他经营者，不提高有偿使用费标准。

井冈山

公司通过招、拍、挂程序取得井冈山风景名胜区观光旅游运输（包含景区公交、观光车、龙潭索道、杜鹃山索道）、井冈湖游船的特许经营权，有效期自2014年1月1日至2054年12月31日。

普陀山

公司及子公司与普陀山管委会签署经营协议（20年期限），获取景区内道路客运/货运专营权、索道专营权，且普陀山管委会不再授权其他第三方。浙江省财政厅、物价局、普陀山管委会书面确认，暂不征收普陀山风景名胜资源有偿使用费。

四、土地规范

（一）法律法规

根据《中华人民共和国物权法》有关规定“矿藏、河流、海域，城市的土地，法律规定属于国家所有的农村和城市郊区的土地，属于国家所有”。因此，旅游景区内的土地、林地等资源一般为国家所有。

（二）审核及规范要点

1．划拨土地及集体用地

由于旅游企业历史上多为国企，因此其土地使用权不少为国有划拨土地；而地域特征又使得其很可能存在使用集体土地的情况。在改制上市工作过程中，需特别关注其拥有的土地使用权是否存在重大权属瑕疵；是否会对其正常生产经营构成负面影响；规范此类土地使用权所需要付出的成本。

2．公路的资产权属确认

以景区游览（如观光车运输、景区内的宾馆住宿、索道等）为主营业务的旅游企业，其资产中多含有景区公路及相关维护设施等资产（如护坡、栏杆、排水沟等）。目前国内对于公路的所有权问题没有形成通行的意见，因此，此类资产权属的认定仍存在不确定性，并可能会对企业上市构成障碍。此外，由于该等资产并不直接带来收益，且企业每年需承担巨额折旧。因此，企业可以将该等资产剥离至当地的风景名胜区管理机构，公司每年向后者缴纳资源有偿使用费用于维护保养。这种模式既能够保证上市主体资产权属明晰，又能够减少企业的负担。

3．程序合规性

旅游景区类拟上市公司所涉土地、林地使用权、房产等问题应特别予以关注。尤其是对上述资产取得的过程、所支付的对价、取得的期限以及是否存在抵押或其他权属纠纷等问题进行充分披露并取得相关凭证。

【案例】2017 年第 117 次发审委会议江苏天目湖旅游股份有限公司（首发）获通过。

（1）发行人及其子公司报告期内租赁天目湖两侧林地、南山竹海林地为农村集体土地，上述是否涉及将农村集体土地转为建设用地，发行人是否严格按照《中华人民共和国土地管理法》第十一条、第十二条、第四十四条和《国务院关于深化改革严格土地管理的决定》（国发〔2004〕28号）第一条等规定，办理农村集体土地转为建设用地的转用审批手续和变更登记手续；是否事先经过了有权部门批准；（2）发行人租赁使用的山水园景区涉及土地是否为划拨用地，是否严格按照《城镇国有土地使用权出让和转让暂行条例》第四十五条、《划拨土地使用权管理暂行办法》的第五条、第六条的规定经市、县人民政府土地管理部门批准并办理土地使用权出让手续，交付土地使用权出让金；（3）发行人租赁的上述土地的合同期限均超过20年，是否符合《中华人民共和国合同法》第二百一十四条的规定；（4）发行人报告期内上述租赁土地的情形，是否影响发行人的资产完整性，发行人的独立性是否存在重大缺陷，是否符合《公开发行证券的公司信息披露内容与格式准则第1号——招股说明书（2015年修订）》第五十一条的规定；是否会对发行人的生产经营带来重大不利影响，是否构成本次发行上市的法律障碍；（5）上述租赁土地和山林资源到期后的续约安排，如果到期无法续约，对发行人生产经营和持续盈利能力是否产生重大不利影响，相关的信息和风险是否充分披露。

五、劳务派遣

旅游景区一般存在淡旺季的问题，旅游景区类公司根据每年淡旺季的划分，可能会存在旺季因自身工作人员不足而需要进行劳务派遣用工或劳务外包的问题。劳务派遣问题本身属于IPO常规反馈问题之一。

（一）兼职问题

《风景名胜区条例》第三十九条的规定“风景名胜区管理机构的工作人员，不得在风景名胜区内的企业兼职”。

（二）劳务派遣

根据《中华人民共和国劳动合同法》《劳务派遣暂行规定》的有关规定，发行人在进行劳务派遣用工时除不得超过其用工总量10%的比例之外，被派遣劳动者所从事的工作也只能是非关键性、临时性或辅助性的岗位。另外被派遣劳动者享有与用工单位劳动者同工同酬的权利。

六、安全生产

（一）食品安全

景区类公司的一般存在同时存在经营酒店、餐饮等相关业务的情形。对于涉及餐饮食品的行业，食品安全与卫生则属于IPO常规反馈问题之一。

对此，中介机构应对发行人及其下属各门店报告期内在食品安全、卫生受到相关部门处罚的情况、造成的重大诉讼或纠纷情况以及向相关消费者权益保护机构查询是否存在顾客投诉或索赔的情况这三个方面进行核查，判断发行人是否受到相关部门对其食品、卫生问题的调查及处理结果。

（二）设施安全

由于旅游活动的特殊性，安全事故在旅游景区类公司中属于高发事件。景区类公司IPO过程中，安全问题也是证监会关注的重点问题。

首先发行人应确保景区内的设施已完成必要的安全、消防检查并取得《检验合格证》。此外，对于景区内已发生的安全事故应进行充分信息披露，包括事故发生的原因，造成的影响，公司采取的后续补救措施等。

第十二章
有效对接投资机构

简洁明了的商业计划书、客观看待尽职调查、合理进行企业估值、谨慎签署对赌协议，这些都是战术上有效对接资本市场的标配。

第一节　商业计划书

一、商业计划书含义

商业计划书，英文名称为 Business Plan（简称 BP），商业计划书是一份全方位的项目计划，其主要意图是递交给投资商，以便于他们能对企业或项目做出评判，从而使企业获得融资。

二、商业计划书的意义

（一）写给投资者的情书

投资者每天会接收到很多商业计划书，在堆积如山的商业计划书中脱颖而出是获得投资者青睐的首要条件。从这个角度看，商业计划书更多的只是一个情书，目的是让投资人对你产生兴趣，有了兴趣才可能达到后面的事情。商业计划书的质量和专业性就成了企业需求投资的关键点。

足够闪亮的项目，投资人都是追着去的，不过这种传说级别的项目毕竟是少数，因此对于大多数创业者而言，是要去重视的，以便赢得与更多人接触交流的机会。企业家在争取获得风险投资之初，首先应该将商业计划书的制作列为头等大事。

（二）商业模式的自我梳理

商业计划书是给投资人看的，更是给自己看的。通过撰写商业计划书梳理自己公司的发展状态、发展战略和资本部署是非常必要的。可帮你提炼和梳理创业思路，指导你分析市场和用户、找到好的定位和切入点、明确产品逻辑和业务走向、规划发展路径，搭建团队，定制资金规划。迫使你检查自己的运作构思是否可行。帮你改正不切实际的想法，降低试错的代价。

（三）理想与现实的桥梁

商业计划书是制订新企业的企业经营计划。在这些商业计划书里，企业家对预建企业最初 3 ~5 年内的销售、经营和财务方面作出计划。

作为企业家创建新企业的蓝图，商业计划在本质上是一座沟通理想与现实的桥梁。最初没有在脑海里看到预期的最终结果，企业家是不可能看到企业成为物质实体的。商业计划书首先把计划中的创业或经营活动推销给了企业家自己。在做一份商业计划书的同时，企业家心目中会对自己要做的事情有越来越深入的了解。对创业者来说，他可以从仅有的创意发展为充分认识到将创意转成实际创业的市场机会。对已有了一定基础想进一步扩大规模的企业家来说，他可以通过商业计划书看到推动企业飞速发展的时机。

三、商业计划书要素

商业计划书，一般都包含产品介绍、市场分析、商业模式、竞争优势、团地介绍、发展规划、财务规划与预测、融资需求、退出机制等内容（见表 12 - 1）。

表 12 -1　商业计划书要素

要素	关键点	注意事项
产品服务	痛点、解决思路、目标人群、效果分析	1. 不能过于抽象，如果用户体验或者视觉设计是很重要的卖点，可单独拿出体现；2. 不要夸大其词，切忌“我们要成为中国最大的什么什么……”“最好最好的什么什么……”；3. 不要追求大而全，要小而美，解决痛点中的某一个关键问题
行业分析	市场规模、市场细分、目标市场	最忌讳的就是通篇讲产业、讲概念，不务实、不落地。应该告诉投资人的是将在预估市场规模的基础上，进行市场细分，并根据自己公司的规划和资源禀赋优势，确定自己的目标市场

（续）

要素	关键点	注意事项
商业模式	供应商、有效资源、生产方式、市场策略、成本核算、收入方式	清晰明了、富有特色及切实可行的盈利模式是投资人关心的事，切忌玄而又玄、模糊不清、不切实际。明确合作伙伴关系、生产方式（自己生产、外协生产等）、市场策略（线上、线下、直销、经销、代理）、收入结算与确认原则、差异化市场策略
竞争分析	竞争对手、核心竞争力、竞争壁垒、渠道优势、差异化	知己知彼，百战不殆；“没有竞争对手”是知己不知彼的体现，难以取信投资人；竞争对手比较分析，突出自己的核心竞争力及竞争壁垒（技术壁垒、资源壁垒、市场准入壁垒等）
团队介绍	团队的教育背景、职业背景、创业背景	合伙人比商业模式更重要。合适的人做合适的事，团队是否和创业匹配、是否具有创业精神和企业家精神、是否团结和具有凝聚力
发展规划	描述蓝图、增强信心	和公司资源相匹配，不要不切实际、夸夸其谈
财务状况	财务现状、财务预测	投入资金规模、财务现状（不要只顾预测遮掩现状，客观面对）、财务预测合理可行，不要一味为追求高估值而浮夸
融资需求	融资历史及现实需求	设定阶段目标、小步快走，合理估值；资金的合理规划
退出机制	不会伴随终生	上市、公司并购、转让及管理层回购多种退出方式

四、商业计划书内容注意事项

（一）成功的商业计划书策略

1. 简洁大方

要把一个项目的要点讲清楚，尽可能多用图表，少用文字，少用很大的图片；颜色尽可能简单朴素、不要花哨。同时，忌讳的是全是文字，能用图与数字表示是最好的形式。

2. 重点突出

一份商业计划书写得好与坏不在文字的多或少，即便每一个章节都写得面面俱到，但关键内容含糊其辞，恐怕到头来还是白忙乎。每个项目都有差异之处，核心还是要展现差异化的地方。

商业计划书要紧扣主题，不要兜圈子，投资机构主要关心：市场大不大，增长快不快；产品好不好，逻辑顺不顺；数据涨不涨，指标硬不硬；模式有没有，收钱行不行；团队齐不齐，老大强不强；融资多不多，价格低不低。

3. 切忌空谈

有些创业者认为自己做的东西前无古人后无来者，自己是全世界上独一无二做这个生意的；但没看到不一定代表没有。“山外有山，人外有人”，别用“平台”“唯一”“全球领先”这些牛词。

同时，不切实际的幻想，对于投资人来讲毫无意义。“下一个阿里巴巴”“××行业的阿里巴巴”，这些语句，只会让投资人觉得团队思考不深刻，没有属于自己的创新。

4. 切忌晦涩难懂

商业计划书应该以普通人的口吻来撰写，避免使用任何术语和无休止的缩写形容产品或生产营运过程，以便易于阅读和理解。有的企业过于强调产品的功能细节，创业者担心投资者不了解自己的产品，商业计划书就写得非常具体。其实投资者更关心的是你的产品能够解决用户的什么问题。

5. 谨慎“保密协议”

VC 不愿意签所谓的“保密协议”；这一类硬邦邦的法律文书令人相当不愉快，尤其是当它们来自初创企业时；如果不方便透露，那就不写，也不要用“暂不方便透露”“必须签署保密协议”之类的话语，这些大家都懂，但是写出来就很扫兴。

6. 有效沟通

团队内有一个人专门负责沟通融资，经常和投资人喝喝茶谈谈感情。投资人都有圈子，找到一个投资人以后先交朋友，即使没谈成也会介绍很多做投资的朋友给你。

邮件发送商业计划书的注意事项：邮件标题和商业计划书的主题页：项目名称 + 创业领域 + 模式，方便投资人和自己搜索和存档，如果邮件正文能够把附件内容大概罗列出来，打开附件的概率会更高一些；不要群发——这是基本的尊重，最好稍微花些时间到这些 VC 的网站上去看一下他们各自的投资方向和领域，对症下药；不要压缩包——很多投资人是用手机查看邮箱的，解压缩不一定支持；不要大文件——将 PPT 转成 PDF 文件会小一些，除非是数据图，一般的图片都可以适当压缩。

（二）失败的商业计划书典型（如图 12－1 所示）

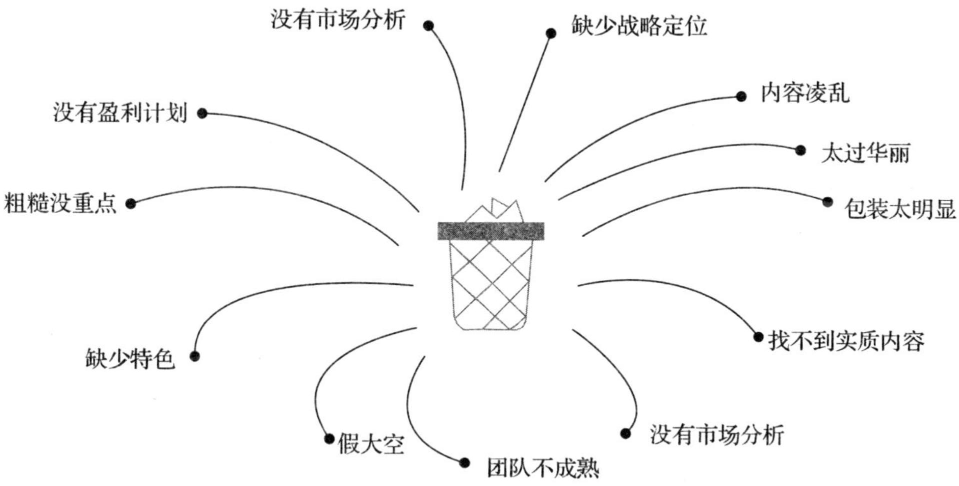

图 12－1　失败的商业计划书典型

第二节　尽职调查

一、尽职调查是投资机构必经程序

尽职调查的目的在于让投资机构全面和充分地了解企业的生产经营情况以及走向资本市场所面临的风险和问题，使投资机构有充分理由确信企业符合《公司法》《证券法》等法律法规及未来上市条件。计划走向资本市场企业需要客观面对投资机构的尽职调查，既是投资机构投资的必经程序；同时，通过尽职调查也可以帮助企业发现自身存在的问题和风险，以达到完善公司治理目的。

（一）减少信息不对称

企业和投资机构对企业的了解程度不一样，所获取信息的范围也不尽相同，这种信息的不对称会影响投资机构的投资决策。因此，投资机构有必要通过对企业进行尽职调查，减少双方在信息获知上的不平衡。

（二）评估企业潜在风险

任何企业都存在各种各样的风险，比如过往财务账册的规范性和准确性、会计基础的规范性、公司治理规范性、公司资产的完整性和独立性等，尽职调查是企业走向资本市场的第一步，有助于投资机构更好地了解企业，发现企业存在的各种风险并评估其影响。

（三）发现企业内在价值

投资机构投资决策过程中，需要发掘企业内在价值。企业内在价值不仅取决于当前的财务账面价值，也取决于未来的收益，而尽职调查有助于投资机构更好地从当前价值和未来收益两个方面全面发现企业的内在价值。

（四）帮助企业完善治理

企业有时会遇到“不识庐山真面目”的情形，通过投资机构尽职调查可以有效帮助企业客观、全面、系统地认识自身存在的问题和价值，有利于企业进一步完善公司治理、梳理和构建富有竞争力的商业模式、解决历史遗留的各种问题、明晰公司发展战略等。

二、尽职调查的工作规则

（一）《关于保荐项目尽职调查情况问核程序的审核指引》（发行监管函〔2011〕75号）（见表12－2）

表12－2　关于保荐项目重要事项尽职调查情况问核表

发行人					
保荐机构		保荐代表人			
序号	核查事项	核查方式	核查情况（请在□中打√）		备注
一	尽职调查需重点核查事项				
1	发行人行业排名和行业数据	核查招股说明书引用行业排名和行业数据是否符合权威性、客观性和公正性要求	是□	否□	

（续）

序号	核查事项	核查方式	核查情况（请在□中打√）		备注
2	发行人主要供应商、经销商情况	是否全面核查发行人与主要供应商、经销商的关联关系	是□	否□	
3	发行人环保情况	是否取得相应的环保批文，实地走访发行人主要经营所在地核查生产过程中的污染情况，了解发行人环保支出及环保设施的运转情况	是□	否□	
4	发行人拥有或使用专利情况	是否走访国家知识产权局并取得专利登记簿副本	是□	否□	
5	发行人拥有或使用商标情况	是否走访国家工商行政管理总局商标局并取得相关证明文件	是□	否□	
6	发行人拥有或使用计算机软件著作权情况	是否走访国家版权局并取得相关证明文件	是□	否□	
7	发行人拥有或使用集成电路布图设计专有权情况	是否走访国家知识产权局并取得相关证明文件	是□	否□	
8	发行人拥有采矿权和探矿权情况	是否核查发行人取得的省级以上国土资源主管部门核发的采矿许可证、勘查许可证	是□	否□	
9	发行人拥有特许经营权情况	是否走访特许经营权颁发部门并取得其出具的相关证书或证明文件	是□	否□	
10	发行人拥有与生产经营相关资质情况（如生产许可证、安全生产许可证、卫生许可证等）	是否走访相关资质审批部门并取得其出具的相关证书或证明文件	是□	否□	
11	发行人违法违规事项	是否走访工商、税收、土地、环保、海关等有关部门进行核查	是□	否□	
12	发行人关联方披露情况	是否通过走访有关工商、公安等机关或对有关人员进行访谈等方式进行全面核查	是□	否□	

（续）

序号	核查事项	核查方式	核查情况（请在□中打√）		备注
13	发行人与本次发行有关的中介机构及其负责人、高管、经办人员存在股权或权益关系情况	是否由发行人、发行人主要股东、有关中介机构及其负责人、高管、经办人等出具承诺书等方式全面核查	是□	否□	
14	直接或间接持有发行人股权质押或争议情况	是否走访工商登记机关并取得其出具的证明文件	是□	否□	
15	发行人重要合同情况	是否以向主要合同方函证方式进行核查	是□	否□	
16	发行人对外担保情况	是否通过走访相关银行等方式进行核查	是□	否□	
17	发行人曾发行内部职工股情况	是否以与相关当事人当面访谈的方式进行核查	是□	否□	
18	发行人曾存在工会、信托、委托持股情况	是否以与相关当事人当面访谈的方式进行核查	是□	否□	
19	发行人涉及诉讼、仲裁情况	是否走访发行人注册地和主要经营所在地相关法院、仲裁机构	是□	否□	
20	发行人董事、监事、高管、核心技术人员涉及诉讼、仲裁情况	是否走访相关人员户口所在地、经常居住地相关法院、仲裁机构	是□	否□	
21	发行人董事、监事、高管遭受行政处罚、交易所公开谴责、被立案侦查或调查情况	是否以与相关当事人当面访谈、登陆监管机构网站或互联网搜索方式进行核查	是□	否□	
22	发行人律师、会计师出具的专业意见	是否履行核查和验证程序	是□	否□	
23	发行人会计政策和会计估计	如发行人报告期内存在会计政策或会计估计变更，是否核查变更内容、理由和对发行人财务状况、经营成果的影响	是□	否□	

（续）

序号	核查事项	核查方式	核查情况（请在□中打√）		备注
24	发行人销售收入情况	是否走访重要客户、主要新增客户、销售金额变化较大客户等，并核查发行人对客户销售金额、销售量的真实性	是□	否□	
		是否核查主要产品销售价格与市场价格对比情况	是□	否□	
25	发行人销售成本情况	是否走访重要供应商、新增供应商和采购金额变化较大供应商等，并核查公司当期采购金额和采购量的完整性和真实性	是□	否□	
		是否核查重要原材料采购价格与市场价格对比情况	是□	否□	
26	发行人期间费用情况	是否查阅发行人各项期间费用明细表，并核查期间费用的完整性、合理性，以及存在异常的费用项目	是□	否□	
27	发行人货币资金情况	是否核查大额银行存款账户的真实性，是否查阅发行人银行账户资料、向银行函证等	是□	否□	
		是否抽查货币资金明细账，是否核查大额货币资金流出和流入的业务背景	是□	否□	
28	发行人应收账款情况	是否核查大额应收款项的真实性，并查阅主要债务人名单，了解债务人状况和还款计划	是□	否□	
		是否核查应收账款的收回情况，回款资金汇款方与客户的一致性	是□	否□	
29	发行人存货情况	是否核查存货的真实性，并查阅发行人存货明细表，实地抽盘大额存货	是□	否□	
30	发行人固定资产情况	是否观察主要固定资产运行情况，并核查当期新增固定资产的真实性	是□	否□	

（续）

序号	核查事项	核查方式	核查情况（请在□中打√）		备注
31	发行人银行借款情况	是否走访发行人主要借款银行，核查借款情况	是□	否□	
		是否查阅银行借款资料，是否核查发行人在主要借款银行的资金评级情况，存在逾期借款及原因	是□	否□	
32	发行人应付票据情况	是否核查与应付票据相关的合同及合同执行情况	是□	否□	
33	发行人税收缴纳情况	是否走访发行人主管税务机关，核查发行人纳税合法性	是□	否□	
34	关联交易定价公允性情况	是否走访主要关联方，核查重大关联交易金额真实性和定价公允性	是□	否□	
35	发行人从事境外经营或拥有境外资产情况		是□	否□	
36	发行人控股股东、实际控制人为境外企业或居民		是□	否□	
37	发行人是否在关联交易非关联化的情况		是□	否□	
二	本项目需重点核查事项				
38			是□	否□	
39			是□	否□	
三	其他事项				
40			是□	否□	
41			是□	否□	

（二）投资机构尽职调查一般工作底稿（见表12－3）

表12－3　投资机构尽职调查一般工作底稿

了解事项	信息获取情况
一、企业基本情况	
1. 企业基本概况	
1.1 企业名称	
1.2 企业成立时间	
1.3 企业注册资本	
1.4 企业经营范围	
2. 企业历史沿革	
2.1 企业历史	
2.1.1 企业历次注册资本变更情况	
2.1.2 企业历次注册资本变更股东会决议	
2.1.3 企业历次注册资本变更出资协议	
2.1.4 企业历次注册资本变更验资报告议	
2.1.5 企业历次注册资本变更工商登记	
2.1.6 企业历次注册资本原因	
2.2 企业由原国有企业改制而成的：	
2.2.1 原改制方案是否得到主管部门批准(省市政府、发改委、国资委)	
2.2.2 原改制方案是否得到有效执行	
2.2.3 改制过程中是否存在遗留问题	
2.2.4 改之前企业基本情况	
3. 企业股东及出资情况	
3.1 企业股东构成	
3.3.1 大股东自然情况	
3.3.2 大股东投资资金来源	
3.3.3 大股东家庭情况	
3.3.4 大股东基于何种原因进入该行业	
3.3.5 股东自然情况（如果为自然人股东已婚、未婚、子女、离婚）	
3.2 企业成立时拥有的主要资产和实际从事的主要业务	

（续）

了解事项	信息获取情况
3.2.1 企业成立时拥有的主要资产	
3.2.2 企业成立时实际从事的主要业务	
3.2.3 企业成立以来，在生产经营方面与主要股东的关联关系及演变情况	
3.2.4 股东出资资产的产权变更手续办理情况	
3.3 企业人力资源管理	
3.3.1 企业近三年员工人数及变化情况	
3.3.2 员工结构情况	
3.3.2.1 员工专业结构	
3.3.2.2 员工受教育程度	
3.3.2.3 员工年龄分布	
3.3.2.4 企业员工在各部门的分布	
3.3.3 企业员工社保缴纳情况	
3.3.4 企业员工待遇与当地其他企业比较	
3.3.5 企业员工主要福利项目	
3.3.6 在资产、人员、财务、机构、业务方面的独立性情况	
3.3.6.1 资产独立情况	
3.3.6.2 人员独立情况	
3.3.6.3 财务独立情况	
3.3.6.4 机构独立情况	
3.3.6.5 业务独立情况	
3.4 企业组织结构情况	
3.4.1 本次募资前企业股权结构图示	
3.4.2 公司内部组织结构图	
3.4.2.1xxx 部门职能介绍	
3.4.2.2xxx 部门职能介绍	
3.5 企业的对外投资情况	
3.5.1 企业子公司、分公司、办事处情况	

（续）

了解事项	信息获取情况
3.5.2 企业对外非主业投资情况	
3.5.3 企业对外非主业投资与企业往来情况	
3.5.4 企业投资下属企业情况	
3.5.4.1 企业控股子公司的基本情况	
3.5.4.2 企业控股子公司基本财务状况	
3.5.4.3 企业参股子公司的基本情况	
3.5.4.4 企业参股子公司基本财务状况	
二、企业所属行业情况：	
1. 主营业务、主要产品（或服务）及变化情况	
1.1 企业主要业务及其变化情况	
1.2 企业主要产品及用途	
2. 企业所处行业的基本情况	
2.1 行业基本情况	
2.1.1 行业产生的背景	
2.1.2 行业细分情况	
2.1.3 行业的重要特征	
2.1.4 发展本行业的重要战略意义	
3. 行业管理体制	
3.1 行业主管部门及监管体制	
3.2 行业的主要法律法规和政策	
4. 行业发展状况	
4.1 本行业在国际上的发展状况	
4.2 本行业在国内的发展状况及市场情况	
4.3 行业的竞争格局和市场化程度	
4.4 行业的利润水平及其变动趋势	
5. 行业竞争状况	
5.1 竞争格局和市场化程度	
5.2 行业内主要企业	

（续）

了解事项	信息获取情况
5. 3 市场供求状况及其变化情况	
5. 4 进入本行业的主要障碍	
5. 5 行业利润水平及变动趋势	
5. 6 主要竞争对手情况	
6. 影响行业发展的有利因素和不利因素	
6. 1 影响行业发展的有利因素	
6. 2 影响行业发展的不利因素	
7. 行业技术水平及发展趋势	
8. 行业的技术水平和技术特点	
9. 行业经营特征及模式	
9. 1 行业经营特点及模式	
9. 2 行业的周期性、季节性和区域性	
10. 公司所处行业与上、下游行业间的关联性	
10. 1 上游行业对本行业发展的影响	
10. 2 下游客户对本行业发展的影响	
11. 产品进口国政策、进口国同类产品的竞争格局及贸易摩擦对公司产品出口的影响	
11. 1 产品进口国的有关进口政策	
11. 2 进口国同类产品的竞争格局	
11. 3 贸易摩擦对产品出口的影响	
12. 影响行业发展的主要因素	
12. 1 影响本行业发展的有利因素	
12. 2 影响本行业发展的不利因素	
13. 公司在行业中的竞争地位	
13. 1 公司行业地位以及市场占有率情况	
13. 2 公司的主要竞争优势	
13. 2. 1 企业的技术优势	
13. 2. 2 企业的价格优势	

（续）

了解事项	信息获取情况
13.2.3 企业的渠道优势	
13.2.4 企业的资质优势	
13.2.5 企业的成本优势	
13.2.6 企业的产能优势	
14. 企业可比的上市/非上市企业	
14.1 企业与可比上市公司在申报期内比较	
14.1.1 企业研发模式比较	
14.1.2 企业技术先进性比较	
14.1.3 企业生产管理比较	
14.1.4 企业财务状况比较（收入、毛利、净利、现金流）	
三、企业经营管理情况：	
1. 生产管理	
1.1 生产计划制定	
1.2 生产计划实施	
1.3 生产工艺流程	
1.4 生产工艺流程图及描述	
1.5 生产设备先进程度及与同行业比较	
1.6 生产人员配备情况	
1.7 质量控制管理情况	
1.8 企业产品合格率	
1.9 企业生产管理的信息化程度	
1.10 企业设计产能与实际利用率（开工率）	
2. 主要产品的工艺流程	
2.1 主要生产工艺描述、流程图	
2.2 主要生产工艺与同行业对比	
3. 企业的主要经营模式	
3.1 采购及库存管理模式	
3.1.1 企业采购计划制定	

（续）

了解事项	信息获取情况
3.1.2 企业采购计划实施	
3.1.3 企业与原材料供应商的稳定性	
3.1.4 企业采购部门管理情况	
3.2 生产模式	
3.3 销售及定价模式	
4. 主要产品生产和销售情况	
4.1 近三年内企业主要产品产销情况	
4.2 近三年内企业主要产品销售收入情况	
4.3 企业的主要销售群体和销售收入情况	
4.4 企业主要销售群体的销售价格变动情况	
4.5 近三年内企业前五名客户销售情况	
4.6 企业销售资质（是否有自营进出口资质）	
4.7 企业在国内外市场的销售比重	
4.8 企业销售特点（订单式、年度总体供应合同、长期供应合同）	
4.9 企业销售网络构建情况（子公司、分公司、办事处或代理商）	
4.10 企业销售网络人员情况	
4.11 企业前五大销售机构情况（所对应的客户与企业的关系及与销售渠道的关系）	
4.12 企业销售团队的稳定性	
4.13 企业销售政策及与同行业比较	
4.14 企业销售地域分布情况	
4.15 企业销售地域分布特点对企业销售成本的影响	
5. 主要产品的原材料采购和能源供应情况	
5.1 近三年内企业主要原材料采购和能源供应情况	
5.2 企业近三年内原材料成本占主营业务成本的比重	
5.3 企业主要供应商情况	
6. 企业安全生产情况	
7. 企业环境保护情况	

（续）

了解事项	信息获取情况
7.1 现有生产装置的环境保护情况	
7.2 募资投资项目的环境影响评估与#####环境保护局的核查意见	
8. 主要固定资产和无形资产	
8.1 主要固定资产	
8.1.1 主要设备情况	
8.1.2 房产情况	
8.2 主要无形资产	
8.2.1 土地使用权	
8.2.2 商标	
8.2.3 专利	
8.2.4 软件使用权	
8.3 允许他人使用资产或作为被许可方使用他人资产情况	
8.4 特许经营权	
9. 企业技术和研发情况	
9.1 主要产品生产技术情况	
9.1.1 企业技术概况	
9.1.2 企业核心技术及先进工艺的基本情况	
9.1.3 企业主要产品生产技术所处阶段	
9.2 企业研发情况	
9.2.1 企业研发机构设置与研发机制	
9.2.2 企业研发项目及进展	
9.2.3 企业合作研究开发情况	
9.2.4 企业研发投入	
9.2.5 企业技术创新机制	
10. 企业产品质量控制	
10.1 质量控制体系及质量标准	
10.2 质量控制的具体措施	
10.3 质量控制体系	

（续）

了解事项	信息获取情况
10.4 质量纠纷	
11. 企业名称冠以“高科技”或“科技”字样的依据	
12. 产品进口国政策、进口国同类产品的竞争格局及贸易摩擦对企业产品出口的影响	
四、企业同业竞争与关联交易	
1. 同业竞争	
1.1 同业竞争情况的说明	
1.1.1 企业与控股股东是否存在同业竞争	
1.1.2 企业与控股股东控制的其他企业是否存在同业竞争	
1.1.3 企业实际控制人所控制的企业与本企业是否存在同业竞争	
2. 关联方与关联关系	
2.1 企业与其股东之间的关联关系	
2.2 企业实际控制人	
2.3 与企业受同一实际控制人控制的其他企业	
2.4 企业控股子公司	
3. 企业董事、监事、高级管理人员	
3.1 企业董事、监事、高级管理人员控制的其他企业	
3.2 企业董事、监事、高级管理人员及核心技术人员于关联方任职情况	
4. 关联交易	
4.1 经常性关联交易	
4.2 偶发性关联交易	
4.3 关联方往来	
4.4 关联交易对企业财务状况和经营成果的影响	
4.5 企业减少关联交易采取的措施	
4.6 企业关于关联交易决策权力和程序的相关规定	
5.《公司章程》《股东大会议事规则》和《董事会议事规则》关于关联交易的规定	

（续）

了解事项	信息获取情况
5.1《公司章程》相关规定	
5.2《股东大会议事规则》相关规定	
5.3《董事会议事规则》相关规定	
五、董事、监事、高级管理人员与核心技术人员	
1. 发行人董事、监事、高级管理人员与核心技术人员简介	
1.1 董事会成员	
1.2 监事会成员	
1.3 高级管理人员	
1.4 核心技术人员	
2. 企业董事、监事、高级管理人员及核心技术人员的其他对外投资情况	
3. 企业董事、监事、高级管理人员及核心技术人员最近一年在发行人及其关联企业领取薪酬的情况	
4. 企业董事、监事、高级管理人员近三年内的变动情况	
4.1 企业董事变动情况	
4.2 企业监事变动情况	
4.3 企业高级管理人员变动情况	
六、财务会计信息	
1. 财务报表	
1.1 企业财务报表	
1.1.1 企业最近三年及一期资产负债表	
1.1.2 企业最近三年及一期合并利润表	
1.1.3 企业最近三年及一期合并现金流量表	
1.1.4 注册会计师意见	
2. 财务报表编制的基础、合并报表范围及变化情况	
2.1 财务报表的编制基础	
2.2 合并报表范围及变化情况	
2.2.1 合并报表的编制方法	

（续）

了解事项	信息获取情况
2.2.2 纳入合并报表范围的子公司	
2.2.3 近三年合并报表范围的变更情况	
3. 近三年内采用的主要会计政策和会计估计	
3.1 收入确认和计量	
3.2 销售商品	
3.3 提供劳务	
3.4 让渡资产使用权在同时满足以下条件时，确认让渡资产使用权收入	
4. 主要会计政策、会计估计变更的说明	
5. 税项	
5.1 增值税	
5.2 企业所得税	
5.3 其他税项按国家和地方有关规定计算交纳。	
6. 经注册会计师核验的非经常性损益明细表	
7. 会计报表附注中的期后事项、或有事项及其他重要事项	
7.1 或有事项	
7.2 承诺事项	
7.3 资产负债表日后事项	
7.4 原始财务报表与尽调后财务报表的差异情况	
8. 财务状况分析	
8.1 财务状况分析	
8.1.1 资产结构分析	
8.1.1.1 流动资产构成分析	
8.1.1.2 非流动资产构成分析	
8.1.1.3 资产减值准备计提	
8.2 对资产质量的评价	
8.3 负债结构分析	
8.3.1 流动负债构成分析	

（续）

了解事项	信息获取情况
8.3.2 非流动负债构成分析	
8.3.3 对负债结构的评价	
8.4 偿债能力分析	
8.4.1 财务指标分析	
8.4.2 与同行业上市公司的指标比较	
8.4.3 对偿债能力的评价	
8.5 资产周转能力分析	
8.5.1 财务指标分析	
8.6 现金流量分析	
8.6.1 盈利能力分析	
8.7 营业收入分析	
8.7.1 主营业务收入的变动分析	
8.7.2 主营业务收入的构成分析	
8.8 营业成本分析	
8.8.1 主营业务成本构成分析	
8.8.2 分产品主营业务成本分析	
8.8.3 主营业务成本对原材料的敏感性分析	
8.9 经营成果变动趋势分析	
8.9.1 营业收入、营业成本	
8.9.2 期间费用分析	
8.9.3 营业外收支情况	
8.9.4 近三年及一期主要利润指标的变动趋势	
9. 主营业务毛利及毛利率分析	
9.1 综合毛利率及变动分析	
9.2 产品毛利率及变动分析	
9.2.1 主要产品毛利率的敏感性分析	
9.2.2 主要产品对公司综合毛利率影响的敏感性分析	
10. 其他影响利润的因素分析	

（续）

了解事项	信息获取情况
10.1 期间费用	
10.2 资产减值损失	
10.3 营业外收入	
10.4 营业外支出	
10.5 所得税费用	
11. 影响公司盈利能力连续性和稳定性的因素	
11.1 近三年及一期利润的主要来源	
11.2 影响拟投公司盈利能力连续性和稳定性的主要因素	
11.3 人民币（兑美元）升值对公司经营业绩的影响	
11.4 出口退税政策对企业经营业绩的影响	
11.5 非经常性损益	
12. 现金流量分析	
12.1 经营活动现金流量分析	
12.2 投资活动现金流量分析	
12.3 筹资活动现金流量分析	
13. 资本性支出	
13.1 近三年公司的重大资本性支出情况及影响	
13.1.1 购建固定资产、无形资产支出	
13.1.2 近三年及股权投资情况	
13.1.3 期重大项目投资和设备投资情况	
13.1.3.1 企业未来可预见的重大资本性支出计划	
13.1.3.2 重大担保、诉讼、或有事项及期后事项	
14. 企业的财务状况和盈利能力分析	
14.1 行业政策环境及细分产品市场的影响	
14.2 业务发展目标和募集资金投资项目的影响	
14.3 企业主要优势	

（续）

了解事项	信息获取情况
14. 3. 1 生产经营方面的优势	
14. 3. 2 财务方面的优势	
15. 企业面临的主要困难	
15. 1 当前宏观经济不景气公司未来盈利能力分析	
七、业务发展目标	
1. 企业募资当年和未来两年的发展计划	
1. 1 企业的主要经营理念	
1. 2 企业发展战略	
1. 3 业务发展目标	
1. 4 技术开发与创新计划	
1. 5 产品发展计划	
1. 6 人力资源开发计划	
1. 7 市场开发计划	
1. 8 再融资计划	
1. 9 对外扩张计划	
2. 企业拟定上述计划所依据的假定条件和实施上述计划所面临的主要困难	
2. 1 拟定上述计划所依据的假定条件	
2. 1. 1 企业所处行业处于正常发展的状态下，没有出现重大的国家产业政策变更和市场突变情形	
2. 1. 2 企业所处的宏观经济、政治和社会环境处于正常发展状态，各项经营业务所遵循的国家及地方的现行法律、法规及产业政策无重大改变	
2. 1. 3 企业各项测算依据的国家主要税种税率、银行信贷利率和外汇汇率无重大变化	
2. 1. 4 本次募资顺利完成，筹集资金能够及时足额到位，本次募资投资项目可以有效地实施	

（续）

了解事项	信息获取情况
2.1.5 无其他不可抗力及不可预见因素对公司损益造成重大不利影响	
2.2 实施上述计划将面临的主要困难	
2.3 本次募资对实现上述业务目标的作用	
2.3.1 完善公司产品结构，增强核心竞争能力	
2.3.2 提升企业知名度	
2.4 公司制定业务目标与现有业务的关系	
八、本次募资运用	
1. 本次募资投资项目计划	
2. 本次募资不足或富余的安排	
3. 募集资金投资项目进展情况	
4. 本次募资投资项目建设背景及市场前景分析	
4.1 项目建设的背景	
4.1.1XXX 产品简介	
4.1.2 项目的建设符合国家产业政策	
4.1.3 项目的建设将推动公司产品的 xxx，提高公司的核心竞争力	
4.2 该项目的市场状况及市场容量	
4.3 当前国内外经济形势、市场环境下项目发展前景分析	
4.4 项目建设的相关准备及可行性	
4.5 募集资金项目投入的必要性	
4.5.1 扩大产能的必要性	
4.5.2 提升技术中心能力的必要性	
5. 募集资金投资项目具体情况	
5.1 项目立项审批情况	
5.2 投资概算	
5.3 项目技术情况	
5.3.1 项目产品主要情况	
5.3.2 产品主要特点	

（续）

了解事项	信息获取情况
5.3.3 项目主要技术	
5.3.4 项目技术水平与技术来源	
5.3.5 劳动定员	
6. 主要原材料、辅助材料及燃料的供应情况	
6.1 主要原辅材料供应	
6.2 动力消耗	
7. 环保情况	
7.1 本项目设计采用的环保标准	
7.2 废水	
7.3 粉尘	
7.4 废渣	
7.5 噪声	
7.6 环境绿化	
7.7 环境管理与监测	
8. 项目选址	
9. 效益分析	
9.1 效益预测的基础和依据	
9.2 项目完全达产后的主要经济效益指标	
10. 募资运用对公司财务状况和经营成果的影响	
10.1 对财务状况的影响	
10.1.1 对公司净资产及每股净资产的影响	
10.1.2 对资产负债结构的影响	
10.2 对经营成果的影响	
10.2.1 新增固定资产折旧对经营业绩的影响	
10.2.2 对净资产收益率的影响	
11. 对公司主要财务状况及经营成果的影响情况表	

（续）

了解事项	信息获取情况
12. 投资亮点	
12.1 企业优势	
12.2 行业/技术领先优势（商业模式）	
12.3 其他	
九、投资风险因素分析	
1. 市场前景、行业经营环境的变化产生的风险说明	
1.1 主要原材料价格波动风险	
1.2 过度依赖单一市场产生的风险说明	
1.3 商业周期或产品生命周期产生的风险说明	
1.4 要产品市场饱和或市场分割产生的风险说明	
1.5 公司市场占有率下降产生的风险说明	
2. 经营风险	
2.1 公司采购、生产和销售等环节存在的经营风险说明	
2.1.1 公司采购环节存在的风险	
2.1.2 公司生产环节存在的风险	
2.1.3 公司销售环节存在的风险	
2.2 公司经营模式发生变化产生的风险说明	
2.2.1 公司经营模式发生变化的原因	
2.2.2 可能产生的风险	
2.2.3 应对措施	
3. 公司经营业绩不稳定产生的风险说明	
3.1 公司经营业绩不稳定原因	
3.2 可能产生的风险	
3.3 应对措施	
4. 财务风险	
4.1 应收账款	
4.2 结算方式	

（续）

了解事项	信息获取情况
4.3 主要数据	
4.4 资产抵押风险	
4.5 应收账款余额较大、增长较快的风险	
4.6 净资产收益率被摊薄的风险	
4.7 固定资产折旧大量增加而导致的利润下滑风险	
4.8 主要资产减值准备计提不足的风险说明	
4.9 汇率风险	
5. 募资投向风险	
5.1 募投项目风险	
5.2 因营业规模、营业范围扩大或者业务转型而导致的管理风险、业务转型风险	
5.3 因产能扩大而导致的产品销售风险	
6. 政策风险	
7. 技术风险	
7.1 技术发展滞后的风险	
7.2 核心技术流失风险	
7.3 公司技术不成熟风险产生的风险说明	
7.4 公司技术尚未产业化产生的风险说明	
7.5 公司技术缺乏有效保护或保护期限短产生的风险说明	
7.6 公司缺乏核心技术或核心技术依赖他人产生的风险说明	
8. 管理风险	
8.1 实际控制人控制风险	
8.2 库存管理风险	
8.3 公司未来规模迅速扩张引致的管理风险	
8.4 重大担保诉讼等或有事项风险	
8.5 公司经营场所过度集中或分散产生的风险说明	
9. 公司作为外商投资企业面临的风险	
10. 其他风险	

第三节　企业估值

一、企业估值的若干方法比较（见表 12-4）

表 12-4　企业估值若干方法比较

估值方法	公式或含义	适用对象
市盈率（PE）	每股价格/每股收益	轻资产型企业（如服务业）
市净率（PB）	每股价格/每股净资产	重资产型企业（如传统制造业）
市销率（PS）	每股价格/每股销售额	互联网等高科技新兴企业，以用户数、点击数和市场份额为远景考量，以市销率为主
可比公司法	主要以可参照的同行业上市公司依据，推断目标公司的价值	市场上较为常见的方法
现金流折现	对公司未来现金流进行贴现，公司价值即为未来现金流的现值	比较成熟企业、未来现金流相对可以遇见的估值方法

二、影响企业估值的因素

（一）市场规模

首先判断企业所处行业供求关系。判断行业拐点或需求拐点是关键。看该行业是否接近“天花板”（即企业或行业的产品或服务趋于饱和、达到或接近供大于求的状态）。比如钢铁行业，属于已经达到天花板的行业及极度饱和的行业。

其次判断企业所处行业的总体容量。

第三要明确目标公司面对行业天花板时的举措。面对天花板，企业都做了些什么，这是判断企业内在素质的关键所在。比如，对于诸如汽车行业和通讯等成熟行业，其投资机会在于技术创新带来新需求，代表新技术、新生产力的企业将脱颖而出，其产品和服务将逐步取代甚至完全取代旧的产品，如特斯拉电动车（TSLA）和苹果（AAPL）的创新对各自行业的冲击。

（二）商业模式

研究商业模式的意义在于：是不是个好生意；这样的生意能够持续多久；如何阻止其他进入者。这三个问题分别对应：商业模式、核心竞争力和商业壁垒。

商业模式指企业的盈利模式，核心竞争力是指实现前者的能力，壁垒是通过努力构筑的阻止其他公司进入的代价。

通常来说，我们尽可能投资那些用一句话就能说明白商业模式的企业。商业模式进一步分析涉及内容包括：企业所处的产业链的地位如何；处在产业链的上游、中游还是下游；整个产业链中有哪些不同的商业模式；关键的区别是什么；哪些是最有定价权的企业；企业与客户的关系是否具备很强的黏性等。

（三）核心竞争力

商业模式谁都可以模仿。但是，优秀的企业关键是具备构筑商业模式相应的核心竞争力。核心竞争力的内容包含：股东结构，领军人物，团队，研发，专业性，业务管理模式，信息技术应用，财务策略，发展战略等。

（四）商业壁垒

商业壁垒有时被俗称为“经济护城河”“防火墙”，通常用它来比喻企业抵御竞争者的诸多保障措施。上面所述的核心竞争力是护城河的重要组成部分，但不是全部。比如在产业链中具有定价权、品牌优势、战略客户的高度黏性、市场准入的许可证（比如军工四证）等都可以形成商业壁垒。

（五）成长性

投资者关注历史，更加关注未来的成长性，从这个角度看，投资就是投资未来。成长性需要定性、而无法精确地定量分析。对于新兴行业来说，历史数据的参考意义不大。而对于成熟行业来说，较长时间的历史数据（最好涵盖一个完整的经济周期）能够提供一些线索，作为参考还是很有必要的。

（六）安全性

一方面要关注财务指标的安全性。包括资产结构、负债结构、应收账款、成本控制、现金流，其关键是现金流。现金流是评估企业竞争力的关键指标；另一方面要关注公司治理规范、公司规范运行等。

第四节 对赌协议

一、案例解析（见表12－5）

表12－5 对赌协议案例解析

公司名称	上会时间	审核结果	问题解析
博拉网络股份有限公司	2017年第56次发审委会议于2017年11月29日	未通过	尤启明直接和间接持有发行人股份的背景，其出资1525万元资金来源均为借款且还款方式均为到期一次还本付息、还款期限均为2019年的原因，是否存在代持、对赌等其他利益安排
御家汇股份有限公司	2017年第46次发审委会议于2017年11月15日	通过	对赌协议是否会对发行人股权结构稳定性产生不利影响
伊戈尔电气股份有限公司	2017年第39次发审委会议于2017年11月10日	通过	请发行人代表说明目前发行人是否存在与其他股东的对赌协议，对赌协议解除是否真实彻底，是否存在其他替代协议安排；发行人、实际控制人等是否存在其他应履行而未履行的义务，发行人股权是否清晰，控股股东及受控股股东、实际控制人支配的股东持有的发行人股份是否存在权属纠纷
苏州春秋电子科技股份有限公司	2017年第36次发审委会议于2017年11月7日	通过	招股说明书披露发行人曾与新进投资人签署具有对赌条款的协议，但该协议已终止，发行人对赌协议/条款均已清理完毕。招股说明书披露发行人实际控制人为薛革文，薛革文前妻薛赛琴为发行人第三大股东。请发行人代表进一步说明对赌协议的清理情况，是否存在潜在法律纠纷
泰瑞机器股份有限公司	2017年第142次发审委会议于2017年9月12日	通过	发行人、公司控股股东及实际控制人与公司其他股东之间是否存在对赌协议

二、对赌协议一般条款

（一）业绩对赌

这是对赌协议的核心要义，是指被投公司在约定期间能否实现承诺的财务业绩。因为业绩是估值的直接依据，被投公司想获得高估值，就必须以高业绩作为保障，通常以“净利润”作为对赌标的。

（二）上市时间

关于“上市时间”的约定即赌的是被投公司在约定时间内能否上市。如果在预定的时间不能上市，就实行大股东回购股份或现金补偿。

公司一旦进入上市程序，对赌协议中监管层认为影响公司股权稳定和经营业绩等方面的协议须要解除。为消除上市失败风险，很多投资机构表面上递一份材料给证监会表示对赌解除，私底下又会跟公司再签一份“有条件恢复”协议。

（三）或有债务

该条款指若公司未向投资方披露对外担保、债务等，在实际发生后，投资方有权要求大股东赔偿。目的就是防止被投公司拿投资人的钱去还债。

（四）竞业限制

公司上市或被并购前，大股东不得通过其他公司或其关联方，或以其他任何方式从事与公司业务相竞争的业务。

（五）一票否决权

投资方要求在公司股东会或董事会对特定决议事项享有一票否决权。这一权利只能在有限责任公司中实施，《公司法》规定，“有限责任公司的股东会会议由股东按照出资比例行使表决权，公司章程另有规定的除外”。而对于股份有限公司则要求股东所持每一股份都有一表决权，也就是“同股同权”。

（六）引进新投资者限制

将来新投资者认购公司股份的每股价格不能低于投资方认购时的价格，

若低于之前认购价格，投资方的认购价格将自动调整为新投资者认购价格，溢价部分折成公司相应股份。

（七）反稀释权

该条款是指在投资方之后进入的新投资者的等额投资所拥有的权益不得超过投资方，投资方的股权比例不会因为新投资者进入而降低。

（八）优先分红权

公司或大股东签订此条约后，每年公司的净利润要按 PE、VC 投资金额的一定比例，优先于其他股东分给 PE、VC 红利。

（九）优先购股权

公司上市前若要增发股份，PE、VC 优先于其他股东认购增发的股份。

（十）优先清算权

公司进行清算时，投资人有权优先于其他股东分配剩余财产。若自己的优先清偿权因任何原因无法实际履行的，有权要求大股东以现金补偿差价。

（十一）共同售股权

公司原股东向第三方出售其股权时，PE、VC 以同等条件根据其与原股东的股权比例向该第三方出售其股权，否则原股东不得向该第三方出售其股权。此条款除了限制了公司原股东的自由外，也为 PE、VC 增加了一条退出路径。

（十二）强卖权

投资方在卖出其持有公司的股权时，要求原股东一同卖出股权。强卖权尤其需要警惕，很有可能导致公司大股东的控股权旁落他人。

三、对赌协议的注意事项

（一）回购主体的选择

最高法在海富投资案中确立的 PE 投资对赌原则：对赌条款涉及回购安排的，约定由被投公司承担回购义务的对赌条款应被认定为无效，但约定由被投公司原股东承担回购义务的对赌条款应被认定为有效。另外，即使约定由原股东进行回购，也应基于公平原则对回购所依据的收益率进行合理约定，否则对赌条款的法律效力亦会受到影响。

（二）回购意味着 PE、VC 的投资基本上是无风险的

投资机构不仅有之前业绩承诺的保底，还有回购机制，稳赚不赔。上述深圳 PE、VC 领域律师表示，“这种只享受权利、利益，有固定回报，但不承担风险的行为，从法律性质上可以认定为是一种借贷。”

《最高人民法院关于审理联营合同纠纷案件若干问题的解答》第四条第二项：企业法人、事业法人作为联营一方向联营体投资，但不参加共同经营，也不承担联营的风险责任，不论盈亏均按期收回本息，或者按期收取固定利润的，是明为联营，实为借贷，违反了有关金融法规，应当确认合同无效。除本金可以返还外，对出资方已经取得或者约定取得的利息应予收缴，对另一方则应处以相当于银行利息的罚款。